三毛传

朱云乔 著

长江出版传媒 | 长江文艺出版社

真正的快乐，不是狂喜，亦不是苦痛，在我很主观地来说，它是细水长流，碧海无波，在芸芸众生里做一个普通的人，享受生命一刹间的喜悦，那么我们即使不死，也在天堂里了。

——三毛

序言

很多年前，有一部漫画叫作《三毛流浪记》，很多年后，一个忧郁的女孩借用了漫画中那个流浪的小孩的名字。他们的人生有太多相似之处，只不过，漫画里的三毛，从一出生就开始流浪；现实中的三毛，追随着他的脚步流浪了半生。

世人眼中的三毛，是个才华横溢的浪漫女子。她的人生，不羁而又脱俗。她永远喜欢在梦里描绘自己的人生，从很小的时候开始，她就爱上了做梦。

一间黑暗的房间，藏了一个孤独的灵魂。她把自己关在里面整整七年，在本应最无忧无虑的年纪，思考一个沉重的课题——生命还要不要继续。

滚滚红尘中，她只是一个过客，平静而又炽烈地注视着繁华流转。三毛似乎不需要与任何人交流，她有属于自己的世界。她曾经想做毕加索的女人，年少时最大的愿望，就是年老的毕加索能耐心地等待她长大。

然而，美丽的愿望，终究没能抵挡住她对这个世界强烈的失望。一把锋利的刀在手腕上留下一道深深的伤口，涌出的鲜血，没能将她送往另一个美丽的世界。

她无奈地留了下来，继续在煎熬和痛苦中成长。她孤单，也孤独，文字与色彩，给予她少女时光仅有的快乐。

有那么一段时光，文字救赎了一个濒临破碎的灵魂。她用读书打发一眼望不到尽头的漫长人生，对文字爱到痴迷。

第一次在杂志上发表文章，三毛终于找到了生命的价值。一副年轻的容颜，却怀揣了一颗苍老的心。

她叛逆，痛恨世间一切规矩。她不羁，只想追寻自由的人生。功名利禄，比不上自由的脚步。她想要脱离束缚，走出去，看看外面的世界。

三毛是个天生的梦想家，哪怕身在异乡，依然活在浪漫的梦境里。她见过许多人，经过许多风景，漫无目的地漂泊是她最喜欢的生活方式。她仿佛从不需要归宿，流浪的脚步永远不会走到尽头。在热情的撒哈拉，曾有一人值得她相守，可这个人间，不允许她的停留。

当意识到甜蜜与温馨已成过往，三毛留下一声无奈的叹息。生命永远变幻莫测，曾以为可以相守一生的缘分，仓促间戛然而止。那片沙漠是她梦开始的地方，那片海岛是她梦凋落的地方。她终于意识到，原来梦境不总是美丽的，梦醒的那一天，就是噩梦到来的日子。

三毛曾许诺，不轻易结束自己的生命，可当她面对死亡，面对孤独，那勉强许下的诺言便不再坚定。她用浪迹天涯来逃避心头缭绕的阴霾，用文字再次救赎一颗绝望的心。她以为自己可以，世人也以为她可以，可惜，她的孤独只是被按下了暂停键，漂泊过后，孤独肆无忌惮地蔓延，终于将她吞噬……

人生终究还是一场梦，不要问她从哪里来，也不要问她到哪里去。对她而言，放下，才是真正的永恒。

目 录

第一章

序曲：记得当时年纪小

梦，始于硝烟

一声幽叹随风飘远，一生愁绪没能被风吹散。悄悄拾起往日旧梦，本以为曾经的欢喜忧愁，已随岁月流逝而淡然，却发现，满怀幽思，早已被岁月浸染。断鸿声声，诉说着忧伤的字句，写满一笺深情，不过是一纸被泪痕浸透的断墨残篇。

有多少人，能在人间行走出无拘无束的姿态？骄傲、任性、潇洒、不羁，仿佛一切不受拘束的字眼用在三毛身上，都再恰当不过。自我，也是一种人生态度。唯有心中盛开着一抹淡然的人，才能超脱于世俗对"优秀"的定义。

她从没有一刻是"安分"的，或许，三毛本身就是个矛盾的个体。她有世间最浓烈的情感，却又永远不疾不徐，将悲欢离合看淡。安静、温婉，从不是她想要成为的样子。她唯一的执着，就是想要拥有无怨无悔的人生。也许正因如此，她才能那样平静地与这个世界挥手作别，留下世人对她的依依不舍，她却早已无憾。

人们总是想要拥有很多很多，用来填补空虚的灵魂。唯有灵魂丰盈的人，才有勇气去寻找"本来无一物"的美。那是一种升华了的生活态度，"无一物"中尽藏无限可能，"未完成"更是一种残缺之美。于是，三毛没有按部就班地走完自己的人生，在她认为最恰当的时候，为自己的人生按下了终止键。

也许，从降生的那一刻起，三毛跌宕起伏的人生就已经注定。

那是一个不太平的年代，漫天战火席卷了整个中国。那是一场决定国人生死存亡的战争，将日寇赶出中国，是当时每一个中国人最大的心愿，其中，也包括三毛的父亲陈嗣庆和母亲缪进兰。

为人父母，谁不祈求儿女平安？在那样一个战乱的年代，能够找到一方太平净土，实在是莫大的幸事。即将出生的三毛，的确算得上一个幸运儿，还在母亲肚子里时，就被父母从浙江辗转带到重庆——那片战争中最后的净土。

如果三毛见过中国被炮火轰击得千疮百孔的样子，或许她的文字也会浸染上硝烟的味道。所幸，她有一对慈爱的父母，他们用纤瘦的身躯，为女儿们遮挡住炮火的滚滚浓烟，拼尽全力在支离破碎的天空上，为她们拼凑出一缕阳光，半抹彩虹。

1943 年，抗日战争已经进行到第十二年，中国百姓几乎已经忘记了太平世界的模样。他们面对着满目疮痍，偶尔也会回忆"幸福"的滋味，可搜遍味蕾，只能品尝出苦涩。

几乎每个人都因为这场战争失去了亲人或朋友，正因如此，陈嗣庆和缪进兰夫妇带着大女儿不远千里从浙江搬到重庆，就是为了在这片尚未遭受过硝烟污染的"世外桃源"里，给两个孩子一个安稳的家。

如果生命可以选择，三毛或许是不愿意出生在这个世界上的。长大后的三毛，曾不止一次提到过对日本童话《河童》的向往。在童话中，每个小孩在出生前都会被母亲问道：愿不愿意出生？如果小孩回答不愿意，那母亲就不会把他生下来。在三毛看来，这样的孩子才是真正自由的，可以不受诸多束缚，享受自己的人生。所以她说，我只想生活在童话里，如果我不想出生，请让我安静地停留。

这个世界从没有给过三毛安稳的感觉，于是，她一生都在颠簸流浪，行走于沙漠与山水之间，躲避滚滚红尘的喧嚣。这是她表达对这个世界抗拒的唯一方式，只有流浪在路上，她才不会觉得孤独。

三月的重庆，正迎来一年中最美的季节。这里是山城，也是雾都，烟雾迷蒙之间，青山绿树被笼罩出神秘的色泽，也在即将降生的三毛血液里注入了神秘的基因。

1943 年的重庆，是国民政府在抗日战争时期的陪都。曾经，蜀道艰难，少有人行，因此，重庆一度是安详静谧的。直到国民政府首脑们纷纷涌入重庆，这里才渐渐变得躁动不安起来，就连美丽的嘉陵江，都仿佛蜿蜒着血色。薄雾升起时，人们能闻到从江水中泛出腥甜的味道，这样危险的气息，总是能让人联想到死亡。

正是这种隐隐的不安，让国民政府首脑们不愿错过哪怕一丝一毫的享受机会。于是，曾经静谧无比的山城，硬生生被打造成比上海还要繁华的都市。他们在这里纵情欢乐，夜夜笙歌，用醉生梦死的方式欺骗自己，暂时忘却战争带来的煎熬与疼痛。

每一个来到重庆的异乡人，几乎都是一名逃难者。无论是军官、学生、百姓，还是商人，都曾经历过炮火的洗礼，感受过生命的无常。没有人知道，下一个在炮火中倒下的人会不会是自己，也没有人知道，自己能不能亲眼见证这场漫长的战争结束的那一刻。

在这些人中，商人是特别的存在。无论任何境况之下，他们总能敏锐地嗅出金钱的味道。越是乱世，商人越能发现生财的机会，尤其在政客集中的重庆，更能为他们提供大捞一笔的机会。

陈嗣庆的父辈，的确是商人，可如今的他和妻子缪进兰，在一大批向重庆迁徙的人群中，只是两个不起眼的存在。陈嗣庆是毕业于东吴大学法律系的高才生，曾经也是一个家境殷实的公子哥儿。早在民国初年，军阀混战时期，陈嗣庆的父亲陈宗绪就在南京担任"启新洋灰"江南五省的代理。那是袁世凯家族事业的一部分，主要经营木材、五金、冰厂、美孚煤油等获利丰厚的生意。那些年，陈宗绪积攒下殷实的家底，买下大片土地，还盖起五六十幢二层楼的房子。

如果战争没有爆发，陈嗣庆或许会和哥哥一起继承父亲的事业，把买卖延续下去，或许还会像父亲陈宗绪一样，一幢接一幢地盖房子。然而，随着混战的局势愈演愈烈，陈家的买卖也越来越糟，陈宗绪渐渐结束了在南京的买卖，回到故乡，建小学，盖医院，修桥铺路，吃斋念佛，直到生命的尽头。

白手起家的陈宗绪，太懂得颠沛流离之苦。因此，他不希望两个儿子像他一样做个奔波劳碌的商人，只希望他们学业有成，踏实安稳。于是，陈宗绪格外看重两个儿子的学业，生逢乱世，唯有掌握一技之长才能生存下去，他让两个儿子学习法律，这是乱世之中能让他们更好地活下去的职业。

其实，法律并不是陈嗣庆真正的兴趣。然而在乱世中长大的人，性格中被打上了谨小慎微、踏实正直的烙印，尽管放弃真正的理想是痛苦的，但陈嗣庆还是遵从父亲的意愿，考上了东吴大学的法律系。

毕业后，陈嗣庆留在上海任教，邂逅了正在读高中的缪进兰，从此陷入爱河。在上海出生、长大的缪进兰，像大多数上海女子那样，美丽、浪漫、娇媚，富有情调。高中一毕业，缪进兰就与陈嗣庆成了亲。他们的婚姻甜蜜而又幸福，唯一的美中不足，就是生活在那样一个动荡不安的年代，难得享受到静谧的日子。

婚后，陈嗣庆和缪进兰很快有了一个女儿。当再次发现缪进兰有身孕的时候，他们决定跟随大批知识分子一起迁往重庆，找一处远离硝烟的净土，平静地生活。

来到重庆之后，缪进兰的身子越发笨重起来。预产期眼看就要到了，可重庆城内的氛围却开始发生变化。曾经歌舞升平的景象渐渐不再，取而代之的是军人们霸道的咆哮，难民们仓皇的脚步和茫然失措的神情。

即将临盆的产妇，精神总是敏感的。缪进兰觉察出局势的变化，感觉腹中的孩子也开始变得躁动不安。缪进兰知道，孩子一定不愿意来到这个混乱不堪的世界，这个幼小的生命正在拼尽全力与命运抗争，抗争的过程，全部转化为缪进兰腹部的疼痛。

她只得柔声安慰肚子里的孩子，让孩子知道，即便这世界已如此黑暗，父亲和母亲也会替孩子遮风挡雨。

似乎是缪进兰的安慰有了效果，肚子里的孩子稍稍平静了下来。可是刚平静没一会儿，缪进兰又感受到剧烈的痉挛。已经生过一个孩子的她知道，这意味着孩子就要出生了。她连声催促着刚刚下班的陈嗣庆赶快去请产婆。

即将再次成为母亲的喜悦，与生逢乱世的悲伤，在缪进兰心头交织。她甚至不知道与这个孩子初见的刹那，自己是该哭还是该笑。她算不上一个心性淡然的女子，情绪总是容易被外界左右，直到一阵剧烈的腹痛再次袭来，缪进兰的胡思乱想才终于被打断。

无论情愿或是不情愿，这个孩子终究还是降生了。一阵锥心刺骨的疼痛，是这个孩子向母亲表达自己对这个世界不满的唯一方式。好在，漫长的疼痛终于过去了，随着孩子的落地，缪进兰的腹部终于轻松下来。

一声嘹亮的啼哭在缪进兰耳边响起，只有健康的孩子才能哭得这样底气十足。对于刚刚耗尽了全身力气的缪进兰来说，婴儿响亮的啼哭是世界上最好的催眠曲，伴着孩子的哭声，她沉沉睡去，睡得无比踏实。

一个有着大大眼睛，皮肤并不算白皙的女婴，被陈嗣庆小心翼翼地捧在手里。对他来说，这是无价的珍宝，虽然在别人看来，刚刚出生的三毛并不算漂亮，也不够可爱，可陈嗣庆就是觉得，世界上最娇艳欲滴的花儿，都不如自己怀里的女儿美丽。

婴儿三毛此刻正以一副乖巧的模样躺在父亲怀里，陈嗣庆为这个女儿的到来而眼眶湿润。这不是他第一次当父亲，也不是第一次拥有女儿，可不知为什么，只要看着这个小小的生命，一种莫名的情感就在陈嗣庆心底汹涌着，就连他自己也说不清究竟是喜悦，还是感动。

三毛冲着父亲眨着大大的眼睛，还不会说话，仿佛就已经能用眼神与父亲交流。陈嗣庆从女儿眼中看到了一抹灵气，在这一刻，他便大胆预测，这个孩子注定会走上一条不同寻常的人生之路。

陈嗣庆如同欣赏一件艺术品一般欣赏着怀里的女儿，他并不知道，未来的日子里，这个二女儿会让他余生都为之紧张、痛苦。

三毛仿佛生来心中就有一抹悲伤，尚未长大，就好像已经经历了岁月的苍凉。她总是能静下来，就连婴儿时期都很少哭闹，睁着一双大大的眼睛，看着时光缓缓地流淌，感受着与生俱来的寂寥。

三毛常说，生命不在于长短，而在于是否痛快地活过。这句话，曾经得到过陈嗣庆的解读，他觉得，三毛是为了确实掌握住人生的意义而生活。在这一点上，陈嗣庆虽然心痛女儿的燃烧，可是也同意她的想法。

在成长的过程中，三毛心底的孤独感从未淡化，反而随着时间越来越强烈，只有流浪，才是属于她一个人的狂欢。因为爱上流浪，她才为自己取名"三毛"，在居无定所的漂泊人生里，她才能找寻到真正的自己。

三毛在重庆的家，位于一个叫作黄桷垭的地方。生活在那里的人，都会唱这样一首歌谣："黄桷垭，黄桷垭，黄桷垭下有个家，生个儿子会打仗，生个女儿写文章。"

其实，对于陈嗣庆和缪进兰来说，孩子无论是能文还是能武，都不如一生平安、健康。在战乱年代，平安才是最大的奢望。为了给女儿一份美好的祝愿，他们决定，在她的名字里加上一个"平"字。

按照族谱，三毛这一辈的名字中应该有个"懋"字。刚刚出生的三毛，便有了"陈懋平"这个大名。

父母以为，平安、健康，就是女儿最大的幸福，可三毛凝望岁月的眼神，总是带着一丝忧郁的，仿佛尚未经历人生的五味，就已经能品尝出命运的苦涩。

岁月裹挟着情感，不断地奔涌、激荡、芬芳。靠着岁月的臂膀，三毛一天天长大，与生俱来的文学天赋也一天天显露出来。

小小的孩童，大多喜欢书中五颜六色的图画。三毛却不同，她喜欢故事，也读得懂故事，尤其喜欢故事中主人公跌宕起伏的人生。没人能想到，一个连字都认不全的小孩子，竟然会被书中人物的悲欢喜乐牵动情感，更没人能想到，像《红楼梦》这样一部大部头著作，竟然会成为三毛童年最爱、也是此生最爱的著作，反复品读。

大观园中的人物，能让三毛感受到数不尽的寂寞。书中的人看似轻松，实则活得沉重。他们永远搞不懂一个道理：人生本来就是一无所有的，因为想要的太多，才错过了"无一物"的快乐。

岁月的容颜，有时候也不那么令人依恋，三毛就坐在岁月的身边，彼此沉默，任凭时光闪烁。

三毛最大的幸运，就是拥有一个从物质到精神都富足的童年。虽然陈家早已不复当年的辉煌，但至少在三毛出生的年代，一家人依然能维持中产阶级的生活。从小，三毛就听过祖父陈宗绪的大名，父亲总是告诉她，祖父是个了不起的人物，他在十四岁时离开家乡浙江，只背着几件破旧衣衫和一床棉被，就开始了北上学徒的生涯。

陈宗绪一生白手起家，从学徒成为富豪，堪称传奇。三毛从未见过自己的祖父，但在她幼小的心灵中，对祖父有着满满的崇拜。于是，《陈氏永春堂宗谱》成为三毛最喜欢的读物之一，即便是长大后在外漂泊多年，只要一回家，三毛要做的第一件事便是捧起这本宗谱如饥似渴地阅读。

在陈嗣庆的观念里，女儿是要富养的。三毛从小就有专门的用人照顾日常起居，她说，自己躺在摇篮里时，就时常听到母亲用温柔的声音吩咐用人做事。她喜欢母亲的声音和语调，总能在母亲的轻声软语中安心入睡。

穷人家的孩子，即便是过年也难得穿上一身新衣服，三毛却从小就有数不清的衣服和鞋子，甚至连鞋子上的图案都是用人绣上去的。

她最喜欢让用人在自己的鞋子上绣梅花的图案，红色的鲜艳一团，像极了三毛炽烈的情感。小时候的她说不清自己为什么喜欢梅花，只是觉得看到那一抹鲜红，就莫名欢喜。

家里的每一个人，都喜欢这个美丽又聪慧的小女孩。她是在浓浓的爱中长大的孩子，却没能养成温婉的个性，与她的父母截然不同。

在三毛的记忆中，父亲永远是温柔的，她从未见过父亲发脾气的样子，温文尔雅的他，也总能迅速地接受新鲜事物，再分享给自己的妻子和孩子们。因为经历过放弃理想的痛苦，陈嗣庆对孩子们的教育一直比较开放。做过教师的他懂得因材施教的道理，为此还专门去发掘儿女们的兴趣爱好。

当时的父母，认为搞艺术是又穷又不体面的事情，可陈嗣庆偏偏不这样认为。他鼓励孩子们学画画、学钢琴，在他的四个孩子当中，三毛看上去是最适合成为艺术家的一个，可惜，三毛却总是不肯配合，虽然把画画坚持了下来，却也坚定地认为自己没有做画家的天分。

三毛的母亲，永远是美丽而又活泼的。似乎上海女子骨子里便有着高贵的气韵，三毛的母亲温柔、优雅，却不喜静。她喜欢各种各样的运动，读书时还经常跑到篮球场上去打篮球。

这样恩爱的一对父母，让三毛从小耳濡目染着爱情的甜蜜。她从父母身上学到了如何去爱对方，可惜，却没能学会如何爱惜自己。

披着糖衣的童年

　　童年就像一盒五味糖，五颜六色的糖纸包裹着酸甜苦辣咸。并非所有糖果的内心都是甜蜜的，只有亲口尝过的人才知道，甜蜜过后显露出的是怎样的滋味。

　　冰心曾说，童年，是梦中的真，是真中的梦，是回忆时含泪的微笑。童年仿佛有一种魔力，无论时隔多少年，每当回忆起来，眼前心中都会盛开繁花。

　　三毛记忆里的童年，是惬意而悠然的。她最喜欢坐在自己的小床上，看用人们在面前忙来忙去，母亲则在一旁时不时地柔声吩咐着。阳光透过窗棂，照得身上暖暖的，母亲走起路来，裙角摩擦出窸窸窣窣的声音，无比好听。

　　院子里，比三毛大一些的用人家的孩子们跑来跑去地玩耍，他们笑着，闹着，三毛眼巴巴地看着他们，却因为年纪太小，没有办法加入。偶尔，那些孩子们也会跑到三毛身边，逗一逗她，再笑着跑开。三毛也咯咯笑着，大大的眼睛笑成弯弯的月牙，那是她最无忧无虑的时光，只需要单纯地绽放，青涩而又明朗。

父母的谈话声，是三毛年少时关于爱情的最初印象。在那个新旧文化交替的年代，陈嗣庆和缪进兰夫妇是难得的精神伴侣。他们有着相同的兴趣爱好、相同的宗教信仰。据说，他们是因基督教而结缘的，两个温柔的人，把乱世中的一个小家经营成温馨的避风港。

陈嗣庆和缪进兰唯一的一次"争吵"，就是在给三毛起名字的时候。原本，他们希望三毛能一生平安，所以把"平"字加入她的名字。可是，缪进兰却觉得，"懋平"两个字，怎么听都不像是个女孩儿的名字。在她看来，女孩儿的名字听起来应该给人蕙质兰心的感觉，可陈嗣庆觉得，在这个特殊的历史时期，每个人都应该以国为大，国家太平，小家才能兴旺。

为了三毛的大名，他们第一次争得面红耳赤。三毛懵懂地看着父母你一言、我一语，谁也不肯退让，她有些莫名其妙，一向和睦的两个人，为什么因为一点点小事就吵成这个样子。她并不知道，女儿的名字对他们而言并非小事，而是天大的事情。

幼小的三毛把父母的争吵当成正在上演的一出好戏，在一旁兴致勃勃地加油。究竟谁吵赢谁，对她而言并不重要，血液里的不安分基因第一次显露出来，她就是不喜欢生活平淡如水的样子，尚在懵懂年华，就已经希望生活是炽烈而又张扬的。

最终，还是缪进兰让了步，她终究还是希望把"平安、和平、平稳"的寓意送给女儿，也送给这个战乱中的国家。

三毛觉得，自己一生问心无愧，唯独愧对了名字里的这个"平"字。她的国家实现了和平，她却从来不欣赏平稳的生活。一生漂泊，就是她对"平"字最大的背叛。

她知道自己的名字承载着父母最美好的祝愿，不过并不领情。

或许这与三毛的星座有关。三毛是白羊座，有人说，白羊座女孩大多热情，却又过分倔强。这似乎是对三毛个性最好的总结，她的确倔强，近乎执拗，并且从小就是这样，连父母都改变不了她的想法。

她就是这样一个女孩，喜欢流浪，害怕麻烦。三毛第一次拿笔写自己的名字的时候，就被笔画繁多的"懋"字难住了。她对着那个字描了很久，歪歪扭扭的笔画怎么都拼不出一个完整的字。这一刻，她骨子里的洒脱不羁战胜了执着认真，既然难写，索性不写。每当写自己的名字，三毛便将中间的"懋"字省略，只写"陈平"两个字。

父亲为此批评过她很多次，可三毛既不撒娇，也不流泪，只平静地眨着两只大眼睛看着父亲，一声不吭，只有紧紧抿着的一张小嘴出卖了她的倔强。

无论父亲怎么劝说、"威胁"，三毛就是不肯在名字里加上那个"懋"字。面对倔强的女儿，父亲终于无奈妥协。他发现，自己争得过妻子，却无论如何争不过这个女儿。在他看来，一个能坚持自己想法的孩子，日后或许真的能有所成就。

或许这就是父亲对女儿的宠爱，无论她坚持什么，都只能妥协接受。取名字如此，放任她去沙漠中流浪亦是如此。

从此，三毛的大名正式改为"陈平"。这是三毛第一次真正为自己的想法抗争，并且赢得了胜利。她的内心闪过一丝小小的窃喜，在这场抗争中，她没有撒娇、没有哭闹、没有哀求，只是默默地坚持，便赢得了一场小小的胜利，她为此感到骄傲。

三毛从来都承认自己是个孤僻的孩子，她倔强的模样让人欣赏，更让人心疼，这也是父亲向她妥协的原因之一。

在大她三岁的姐姐面前，三毛从来都不是一个可爱的妹妹。虽然年龄相仿，姐妹俩却很少玩在一起。三毛有自己的小世界，有时候，她的一些奇怪举动或奇怪言语甚至会让姐姐害怕。

　　在很小的时候，三毛就表现出来对某些灵异事件的感知能力。即使母亲后来回忆起来，也不禁感到惊悚。据母亲回忆，三毛有时候会突然变得眼神空洞，牢牢地盯着一处，又好像什么都没有看，她的周身仿佛都散发着一股灵异的气息，没有人敢靠近。

　　那时候，三毛家附近有一处坟场，就连大人都尽量避开那里，小孩子更是不敢靠近，可三毛偏偏将那里当作自己的游乐场。长大后的三毛回忆起这段经历，总觉得冥冥之中有一股神秘的力量在驱使着自己向那里靠近。

　　或许，对于幼年的三毛而言，坟场的静谧，才是真正的和平。那里有许多"人"，却能如此安静。她可以在那里肆意撒欢、奔跑、跳跃，也不会遭到任何"人"的指责。

　　她还记得，自己第一次来到坟场的时候，没有感觉到任何恐惧。那时的她，并不知道死亡意味着什么，更不觉得死去的人有多么可怕。她的脸上依然是一副淡漠的神情，内心却因为这里诡异的静谧氛围而雀跃着。

　　那里各式各样的墓碑让三毛感到惊喜，无论是精致的墓碑还是简陋的墓碑，在三毛眼中都是一幅奇异的画，尤其是上面那些奇异的文字，总是让她情不自禁地摸了又摸。有时候，她还会把鼻子凑近墓碑，用三毛自己的话说，她可以嗅到灵魂的味道。

　　这种奇异的气息竟然让三毛感到亲切，她索性爬到坟头上，开心地玩起了泥巴，玩得忘乎所以，就连天黑了都没发觉。

　　母亲终于在坟场里找到趴在坟头上玩泥巴的三毛时，惊讶得几乎说不出话来。母亲不敢大声斥责女儿，生怕吓到她，只能柔声地哄着她，牵起她的手，带她回家。

　　三毛显然还没从玩耍的快乐中抽离出来，一路上都是蹦蹦跳跳的，精神极其亢奋，还高兴地告诉母亲："他们跟我说话了。"母亲的脸霎时变得惨白，小心翼翼地问三毛："你知道这里是什么地方吗？"

　　母亲以为，能在坟场玩得开心，不过是小孩子的无知者无畏。没想到，三毛的回答更让她毛骨悚然。三毛满不在乎地说："我知道，有很多死去的人都埋在这里呢！"

　　她的语气却是那样镇定，镇定得让人害怕。三毛觉得，死去的人并不可怕，甚至比活人要好，至少他们不会伤害别人。尤其是在异乡漂泊的那些日子里，三毛总觉得灵魂是一件温暖的东西，像小狗温软的舌头在舔着你的伤口。

　　B型血的女孩子，阴晴不定，又敏感极端。有时候，即便看着生命的离去，她也可以无动于衷；然而有时候，只是亲人的一场远行，就能让她哭得惊天动地。可当亲人远走之后，她又能仿佛什么都没有发生，依然笑语盈盈。

　　三毛这样形容自己，虽然常常晴天落大雨，可是雨过天晴亦是来得很快。一种叫作忧伤的东西，总是突然在她心底流淌，又突然消失无踪。即便是在幼小的年纪，心底的那抹忧伤也能让她感受到灵魂的温度。

　　可是在别人看来，三毛是个太过独特的孩子，独特到很少有人愿意与她亲近。他们永远读不懂三毛的内心，不明白她的欢喜与忧愁。在她成长的岁月里，虽然有年龄相仿的姐姐陪伴，可三毛觉得，自己大多数时候都是孤独的。

她曾说，老二就像夹心饼干，父母看见的总是上下的那两块，夹在中间的其实更可口，但是不容易受注意，所以常常会蹦出来捣蛋，以求关爱。

三毛的确总是做一些在别人看来"出格"的事情，可她又何曾在意过别人的眼光？自己愿意做的事情就去做，是三毛的人生信条之一。她从不在乎别人说她特立独行，幸运的是，她有一对开明的父母，总是鼓励着她，尊重自己内心的声音。

"陈平"这个名字，虽然没能给三毛的人生带来平静，却真的实现了父亲的美好寓言——饱受战火摧残的中国终于见到了和平的曙光。

十四年抗战，终于在三毛出生后不久结束了。胜利的喜悦洋溢在每一个中国人的脸上，就连常年弥漫在重庆上空的浓雾都刹那间消散，阳光照耀在人们身上，激起一阵阵欢呼与沸腾。

日本无条件投降了，人们再也不需要过躲躲藏藏的日子。大批人潮从重庆涌出，重新迁徙回更熟悉的地方。三毛一家也在此时离开重庆，搬到了南京生活。

那时的南京，早已被毁去了千年古都的庄重。就在几年之前，一场惨绝人寰的浩劫，让三十万生灵惨遭涂炭。三毛眼中的南京，并没有一座大城市该有的样子，反而像一位刚刚遭受一场重病折磨的老者，奄奄一息，不复生气。

穿城而过的秦淮河水，奔涌不出昔日欢快的节奏。那里曾带给人们无尽享乐，如今却瑟缩着不敢发出声响。

然而，三毛却喜欢这城市的每一处伤痕，斑驳的城墙就如同她的心境一般苍凉，那是她最熟悉，也最喜欢的气息。南京宽广的街道上，满是小孩子欢快奔跑的身影，却唯独不见三毛。大多数时间里，她一个人躲在角落静静地思考，小小的身躯仿佛承载了数不尽的心事。

鼓楼头条巷四号，是三毛在南京的家。那是一座西式风格的宽敞宅院，明亮的大窗户和教堂里的一模一样。这里见证了三毛一部分的童年，如今，那座已经被铁门保护起来的建筑，不知是否还能记得那个忧郁的小小身影。

三毛几乎是没有什么朋友的，从小她就是一个不合群的孩子。即使是一群孩子玩在一起，三毛也是缄口不语的那一个。有时候，三毛尝试开口说话，可她说的话太古怪，寻常的孩子根本无法理解，就连大人也不明白她小小的脑袋里到底在想些什么。

渐渐地，大人们不再关注三毛，小孩子们也不愿与她接近。三毛反而乐得清静，她可以沉浸在自己的世界里浮想联翩，在别人看来，这个孩子越发古怪了。

那时的孩子们都喜欢玩"打鬼子"的游戏，这个游戏需要一群孩子参与，孩子们分成两队，一队扮演日本鬼子，另一队扮演抗日英雄。或长或短的树枝，被孩子们想象成手枪和机关枪，拿在手中指向对方，一时半刻，谁也不肯服输。

这个游戏玩到最后，通常是一群孩子"混战"到一起。不过，无论混战的过程多么激烈，孩子们都会默契地保留同样的结局——日本鬼子总是要被打败的，抗日英雄一定会取得最终的胜利。

简单的游戏，被孩子们重复得不亦乐乎，大人们在一旁看着热闹，因孩子们的童真而露出笑容。三毛的脸上，却总是挂着一抹不屑的笑。她从来不是一个幼稚的孩子，甚至有些过于早熟。她真的不明白，像这样一个人人都知道结局的游戏，还有什么乐趣？孩子们打来打去，不过是装模作样地比画一番，根本不会见血，这让三毛觉得无趣。

不知为何，小小年纪的三毛，竟能被鲜红的血激起莫名的兴奋。她最喜欢看家里宰羊的场景，别的孩子根本不敢靠前，她却能看得津津有味，小脸上洋溢着满足的神情。

或许对她而言，鲜血代表着死亡，她是从来不恐惧死亡的，甚至对死亡有着莫名的向往。当小羊一身洁白的毛被鲜血染红，哀号渐渐止息，三毛甚至替小羊高兴——它终于离开了这个世界，它解脱了！如果那时的三毛能意识到人的生死还能由自己来掌控，不知会不会早早地选择逃离这个她并不愿意来到的世界。

她不仅乐于见到小动物的血，就连见到自己的血，也能表现出常人无法理解的兴奋。曾经，小三毛骑着脚踏车，一不留神跌进一口废弃的井中。她没有呼救，也没有吓得哇哇大哭，而是无比冷静地自己爬出了井口。累得气喘吁吁的三毛坐在井边，这才发现自己的两个膝盖摔伤得很严重，甚至露出了脂肪和骨头。

看着自己狰狞的伤口，三毛满脸玩味的神色，仿佛在欣赏一件精美的艺术作品。她恍然大悟地自言自语："烂肉里裹的一层油原来就是脂肪。"刺骨的疼痛，根本不被她当一回事，她仿佛发现新大陆般兴奋着，只有她自己懂得那是怎样一种无法描述的快乐。

在伤痛与死亡面前，三毛早早便显示出了冷静的特质。即便是自己挣扎在死亡边缘的时候，她也能倔强地沉默着，靠自己的力量与死神抗争。

有一次，家里的大人们正聚在一处吃饭，三毛独自一人在院子里玩耍。大人们已经习惯了三毛的安静，根本想象不出这样一个安静的孩子能玩出多么危险的游戏。可是这一次，三毛不知不觉来到了水缸旁边，一不留神，大头朝下栽进了盛满水的水缸里。

小小的身体几乎被水缸里的水吞没了，只剩下两只小脚在水面上奋力地扑腾，可被淹在水底的那颗小脑袋却异常冷静。三毛知道自己没办法出声呼救，大人们一时半刻也不会发现她正处于危险当中，能救她的只有自己。她竟然保持着倒栽葱的姿势开始思考自救的办法：尽量把手臂伸直，撑住缸底，试图凭借自己的力量把自己撑起来。可惜她的力量实在太小，尝试了几次都失败了。所幸大人们听到了她在水缸里折腾的声音，赶忙跑出来将她从水缸里提起来。

大人们正不知道如何安慰一个刚刚死里逃生的孩子，却见到浑身湿漉漉的小三毛一本正经地长出一口气，又用小手拍着自己的胸脯，虔诚地说了一句"感谢上苍"，说完还从嘴里吐出一口水来。

这样的三毛让大人们简直不知道该哭还是该笑，更不明白她的淡定并非对生命的珍惜，而是对死亡的蔑视。

长大后的三毛，总觉得自己对灵魂有一种无形的感知能力，虽然无法考证，但童年的三毛的确做出过一些科学无法解释的事情。

父亲陈嗣庆记得，自己曾经带着五岁的三毛去机场，接一位从日本来的朋友。三毛虽然从小性格古怪，却是个懂礼貌的孩子，见到长辈总能礼貌地问好。可这一次，三毛见到父亲的朋友，却一直远远地躲在一旁，不愿靠近半步。父亲虽然有些不悦，但并没有当着朋友的面责怪三毛。

从机场回家的路上，三毛主动向父亲解释，她悄悄地说，这位从日本来的叔叔家里刚死了人。父亲以为这只是小孩子的胡说八道，马上制止了她，让她别再说话。

可是，回到家后，那位朋友主动提起，自己的儿子在几个月前不幸夭折了，全家人为此伤心了很久。陈嗣庆这才想起三毛在路上说的一番话，惊讶得久久没有出声。

像这样无法用科学解释的事情，在三毛身上还发生过很多。比如，她曾预言自己会嫁给一个西班牙人，果然后来遇到了荷西；她还经常能预感到有人会打来电话，每当她急匆匆地跑到电话旁边，电话铃声总是立刻响起。或许，三毛的这些预言都是巧合，可是，当巧合接连不断地发生在同一个人身上，就更加重了这个人神秘的气息。

人们不明白三毛的"特殊感觉"来自何处，她也懒得向世人解释，或许她喜欢保持这样的神秘感，就连她离开这个世界的原因，也成了一个谜团，留给世人去猜想。

生命最初的漂泊

对幼年的三毛而言，流浪是个遥不可及的梦。人生尚未正式开始，就已经能感觉到岁月在一天天逝去。她还没有力量放任自己漂泊的脚步，只能蜗居在偌大的城市里轻轻叹息。

身体和心灵，总有一个要在路上。行走，是三毛与生俱来的梦想。既然脚步只能暂时困守原地，她便放任自己的思绪天马行空。

于是，母亲常常看到这样一个怪异的场景：幼小的三毛独自一人站在窗前，口中念念有词。母亲听不清三毛嘴里在念叨些什么，只能感觉到她的情绪异常欢喜。母亲忍不住上前询问，小三毛抬起脸来，大大的眼睛里盛满喜悦，她高兴地告诉母亲："我正在举行一场盛大的婚礼呢！"

母亲尴尬地笑一笑，实在不知道怎么跟女儿把话题继续下去。她永远无法理解女儿的奇思妙想，可转念一想，小小的女孩幻想着举办一场婚礼，听起来也是很可爱的。不过，在大人们看来，小小年纪的孩子总喜欢独处，毕竟不是什么好事情。于是，母亲叫来了大女儿陈田心，让她多陪妹妹玩一玩。

只可惜这个小妹妹的个性实在古怪，姐姐尝试了很多次，都没办法和三毛玩到一处。同样还是小孩子的姐姐耐心有限，索性丢给妹妹几本书，随便打发了她。

正是姐姐这样一个不耐烦的举动，为三毛打开了书籍中的广阔天地。三毛第一次知道，原来有人比自己的幻想更加天马行空，书中那些故事是她从来都没有经历过，更不曾想到过的。三毛一下子沉浸在书的海洋里，她能通过书中的故事，走入作者的内心，与作者进行灵魂上的对话。她发现，书中的世界太过精彩，那些写书的人和她一样，都喜欢把欢喜与忧伤埋进心里，再写成故事。

有了书的陪伴，三毛可以尽情地孤独下去。她在书中放逐着自己的灵魂，捡拾着他人的感触。只有读书的时候，她才能感受到活着的快乐。

三毛的父母向来是鼓励子女们读书的，就连用人们的孩子都可以随意进出陈家的书房读书。来到南京以后，陈嗣庆开了一间律师事务所，一家人的经济条件改善了不少，也有更多的钱为孩子们购置书籍。

陈嗣庆在家里的二楼单独开辟了一间大大的书房，里面放置了许多大书橱，摆满了各种各样的书。他还为这间书房取名"读心室"，寓意着书籍可以帮助人认清心智。

年幼的三毛不懂得何为心智，她只知道自己疯狂地爱着这间书房，也爱书房窗外的景致。每到五六月份，书房窗外的梧桐树就会开出满树淡紫色的花。三毛天生对色彩敏感，尤其喜爱一切炽烈的颜色。只要看着那些花，她的心里就无比舒服，因为在她看来，紫色象征着忧伤，淡紫色就是淡淡的忧伤，正契合她内心的情愫。

那时的三毛还没有上学，并不认识许多字。然而借着书里的那些图画，她竟然也能把书中的故事理解得八九不离十。有时候实在太想认识书里的某个字，她就捧着书"噔噔噔"地跑下楼去问姐姐，得到答案之后再"噔噔噔"地跑上楼。就这样楼上楼下地跑着，三毛读懂了张乐平的漫画《三毛流浪记》。

那是三毛在"读心室"里读懂的第一本书，也是她第一次跟随着书中的人物或悲或喜。

书中的三毛是个可怜的孤儿，独自在繁华的上海流浪，遇见了许多坏人，也遇见了许多好人。无论生活是悲是喜，书中的三毛永远懂得苦中作乐，看到可怜之处，现实中的三毛也曾为书中的三毛落泪，仿佛自己化身成那个可怜的流浪儿，融入书中的故事里。

她觉得，"三毛"两个字就代表着流浪。于是，多年以后，她拿起笔书写自己的灵魂，放任自己的脚步在天地间漫无目的地行走时，毫不犹豫地把"三毛"当作了自己的笔名。

张乐平的《三毛流浪记》和《三毛从军记》，激发出三毛对流浪的热爱。多年以后，三毛终于见到张乐平老人时，曾流着泪对他说，在我最孤独的时候，我不是和周围的人说话，而是和书里的三毛说话，他从来不反驳我，只是默默地听着，我觉得好温暖。我觉得他与我很亲近，我和他是一样的，我们都是您的孩子。

是书籍让三毛开始了人生最初的旅程，那是一场灵魂之旅，也是一场生命之旅。

南京城温润的阳光，见证了三毛一天天的成长。她的个性似乎不像幼年时那样古怪了，南京城的大街小巷里，也终于开始出现三毛奔跑的身影。有时候，她的身边也会陪伴着几个朋友。不过，朋友眼中的三毛，从来不是个乖巧的女孩子，而是像个男孩子一样，把竹竿当作骏马骑，高兴时还会身手矫健地爬上高高的桑树，骑在树杈上摘桑果吃。有时候，三毛甚至像个野孩子，看到鹅群就大步追上去，吓得鹅群仓皇逃窜，扑棱着翅膀晕头转向地找不到方向，三毛在后面追得不亦乐乎，笑得畅快。

对于女孩子喜欢的洋娃娃，三毛向来是不屑一顾的。她只热衷于收集花花绿绿的糖纸，那才是令她爱不释手的宝藏。

可是，陈家的家教是不允许小孩子花钱大手大脚的。三毛身上并没有很多零用钱，能买到的糖有限，能得到的糖纸也就有限。为了收集更多糖纸，三毛第一次动了"邪念"。

有一次，三毛趁着父母不注意，偷偷溜进了他们的卧室，找到母亲的钱包，从里面偷偷拿走五块钱。对于当时的小孩子来说，五块钱简直是天文数字，即便是对经济条件有所好转的陈家来说，五块钱也不是个小数目。

三毛原本以为，这五块钱能让她买到足够的快乐。可是，她真的把这五块钱攥在手里的时候，心里却有点不是滋味，仿佛是有谁正在对她进行无声的谴责。

整整一天，三毛都把这五块钱攥在手里，无数次鼓起勇气要把钱花掉，又无数次打起了退堂鼓。她第一次感受到内心煎熬的滋味，父母的良好教育让三毛懂得什么叫作道德，"偷钱"就是一种不道德的事情，她没办法原谅自己。

到了晚上，三毛趁着母亲不注意，把那五块钱揉成一个小团，偷偷扔回父母的卧室。这一刻，她终于如释重负，原来有时候，快乐并不意味着得到了什么东西，而是能够放弃一些东西。

随着年龄渐渐长大，收集糖纸的爱好也渐渐被三毛丢弃。童年的许多爱好，都是在不知不觉间丢失的，唯有对读书的热爱，被三毛坚持了一生。

很小的时候，三毛就读完了《格林童话》《苦儿寻母记》《木偶奇遇记》《爱的教育》等书籍，那时的她甚至还不识字，就已经纵情遨游在童话故事里。只有在童话中，才有能一剑杀死恶龙的勇士；也只有在童话故事里，王子和公主可以幸福地生活在一起。

不知是不是因为童话读得太多，三毛将现实生活也当成一场童话来对待。因为害怕鼻子变长，她从不敢撒谎；因为羡慕王子与公主的浪漫，她对爱情奋不顾身。童话中的故事，涤荡了三毛的灵魂，让她一生都如赤子般纯净，也在那片浪漫的沙漠里，遇到了一个与她一样拥有最纯净灵魂的人。

是童话教会了三毛善良，多年以后，即便自己身处"地狱"，三毛也从不吝惜送给他人天堂。许多在贫病中挣扎的撒哈拉威人，都曾得到过三毛赠送的糕点，也得到过三毛的救治。她的医学知识并不多，但也足够帮助那些对医学一窍不通的撒哈拉威人缓解病痛。

每当自己茫然无助的时候，三毛就会想起小时候读过的《爱的教育》。她是一个在爱中长大的孩子，即使生性孤独，爱的种子也早已在她心底生根。她愿意把爱分享给更多有需要的人，只有内心纯净的人，才能滋养出更多爱的果实。

书籍是上天送给三毛的伙伴，因为有书可读，她才能孤独却不寂寞。日月悄然更迭，奔跑在南京城中的那个女童渐渐成长为一名少女。转眼，三毛已经到了上学的年纪。

幼年时读过的那些书，成为初入小学的三毛骄傲的资本。在同龄的孩子里，三毛读书最多、识字最多、文笔也最好。刚发下来的国文书，三毛两天就能全部读完，还能帮老师给其他同学讲解其中的含义。语文老师眼中的三毛，几乎是语文天才，尤其是她写作文的文笔，有着与她这个年龄不符的流畅与深度，让老师们赞叹不已。

可惜，命运留给三毛的骄傲注定是短暂的。她好不容易爱上了这座生活了几年的城市，爱上了被人称赞的滋味，却又不得不统统割舍。南京，只是她生命中的一座驿站，遥远的台湾，已经准备好迎接她的到来。

古朴的南京城，猝不及防变成三毛生命中的一段过往。她几乎已经把这里当成了故乡，深爱着这里的苍老与斑驳。如果不是战争爆发，三毛一家或许会永久地在这座拥有丰厚底蕴的城市生活下去。

当初从重庆迁往南京，是三毛一家主动选择的；而这一次从南京迁往台湾，却有些不情愿的滋味。在三毛的记忆中，那时的中国似乎每天都在打仗。突然有一天，战争结束了，三毛本以为这是好事，却不明白家人脸上为什么都蒙着一层愁云惨雾。

父亲告诉她，一家人要搬去台湾生活了，还把家里的金银细软都换成了一种叫作"金圆券"的东西，母亲则带着家中的用人收拾杂物。仓促之间，父母不能将全部用人带走，被留下来的那些则躲在角落偷偷地抹着眼泪，为未来的生活担忧。

三毛不明白，战争结束有什么好忧愁的。用人家的孩子们和三毛一样懵懂，在一旁兴奋地大叫着"解放了""解放了"！很快就有紧张兮兮的大人过来把他们拉回家。

对于只有六七岁的三毛来说，搬家并不是太伤感的事情。她的血液里流淌着对流浪的渴望，行走在路上，反而让她比困守原地更有安全感。

从南京到台湾，是一场漫长的旅程。三毛是一行人中最兴奋的一个，然而没过多久，三毛就感受到了长途跋涉的艰辛与无聊。

这一次迁徙，在三毛记忆中留下极为深刻的印象，直到多年以后，她还能回忆起乘船漂过台湾海峡时的感觉。那里的水面仿佛一张摇床，他们乘坐的船在上面摇来摇去，却非常不舒服。母亲几乎一路上都在呕吐，姐姐也不舒服。只有三毛和弟弟不晕船，两个人却又玩不到一起去。三毛觉得自己仿佛坐牢一般无聊，整个航程变成了一场漫长的煎熬。

好不容易等到船靠岸，三毛却依然高兴不起来，因为他们的新家比南京小了太多，并且还要和大伯一家挤在一起住。父亲从大陆带来的那些金圆券贬值得相当厉害，到最后甚至一文不值，成了小孩子手里的玩具。

三毛一家原本富庶的生活，一下子变得拮据起来，并且一连很多年都没能改善。

唯一让三毛觉得新鲜的，是他们的房子。那是一幢日式建筑，位于中国台北建国北路一个叫作朱厝仑的地方。里面的家具全部都是日式风格的，三毛第一次见到榻榻米，觉得在这样的"床"上睡觉简直有趣极了。

她是个对钱没有概念的孩子，哪怕家里比从前贫穷了许多，三毛也并不在意。陈嗣庆原本打算在台湾继续开办律师事务所，可是那些金圆券都变成了废纸，短时间内，他拿不出那么多钱来创业。

两家的孩子加起来一共有八个，光是吃饭、穿衣，就已经是一笔不小的开销。三毛记得，在很长一段时间里，父亲的脸上总是挂满忧愁。她不懂得如何安慰父亲，因为她的心底也流淌着一股莫名的愁绪。那并非对生活拮据的忧虑，而是对台湾最初的新鲜感过去之后，三毛发现，自己对古城南京开始了疯狂的想念。

第二章

成长：不求深刻，只求简单

浪漫拾荒路

湿漉漉的风、没有月光的晚上、惨白的灯光，在这个远离故乡的地方，都显得那样悲伤。

不同于以往的生活在台湾开始，三毛却始终无法融入这个陌生的城市。许多个夜晚，她都在做同样的梦，梦见一条长长的漆黑走廊，走廊尽头有一丝微弱的光芒。她独自穿过走廊，摸索着向光芒奔跑，步伐越来越快，却永远跑不到走廊的尽头。

每当三毛从这样的噩梦中醒来，额前的头发都被汗水打湿了。她无助地坐起来，拥着被子，感觉整个世界都是寂静无声的。风从窗口灌进来，带着一种无法抵抗的荒凉。

她曾在《惑》中写道："……天黑了，我不敢开灯，我要藏在黑暗里。是了，我在逃避，在逃避什么呢？……一次又一次我跌落在那个虚无的世界里，在里面喘息、奔跑、找寻……找寻……奔跑……醒来汗流满面，疲倦欲绝。……我感到失落的狂乱，我感到被消失的痛苦……一种极端矛盾的伤感。"

这样的荒凉与伤感，是三毛潜意识里的期待。带着这样的期待，多年以后，她行走在荒凉的撒哈拉沙漠，风裹挟着沙粒打在脸上，有那么一刻，她突然回想起多年前那个拥着棉被，靠在床边度过的夜晚，嘴角扬起一抹满足的微笑。

台湾的冷清，与南京的繁华截然不同。三毛已经习惯了南京的热闹，喜欢每日穿梭于人来人往之中，看街道上车水马龙，脑海中天马行空地上演着奇思妙想。可是到了台湾，再也见不到大街小巷遍布商铺的场景，日子仿佛变成了白开水，平淡无味。

三毛喜欢玩，也会玩，在南京时，宽广的城市能为她提供无数游戏的素材，让她每天都能想出许多新奇的游戏打发时间。可在台湾，每一天的生活都是周而复始的，三毛想不出还有什么样的游戏能让自己重新兴奋起来。

刚到台湾的那段时间，三毛是不喜欢那里的。台北的雨，仿佛永远也下不完。小孩子最讨厌下雨天，因为不能出门。空气中裹着一层黏腻，贴在身上，怎么都甩不掉。习惯了孤独的三毛总是一个人静静坐在屋檐下，默不作声地看雨。寂静之间，她觉得雨丝是忧伤的，雨丝落地的声音，仿佛就是在耳边柔声倾诉着自己的忧伤。

趁着没人注意的时候，三毛悄悄对着雨丝伸出了舌头，想要尝一尝雨的滋味，更想知道那些忧伤的雨，尝起来会不会是苦涩的味道。

雨水无味，像极了在台北的生活。三毛失望地咂咂嘴，又不甘心地反复品味着，竟然真的被她品出了寂寞，也品出了时间的沉默。

寂寞之中，对南京的思念在心底疯狂地滋生，南京的旧日场景更加频繁地入梦，她能在梦中踩上南京青石板路上湿滑的青苔，用手拨弄着秦淮河上漂不完的水草，甚至能看见家附近那座坟场上空飘荡着数不清的灵魂，它们在与她说话，都是忧伤的语调。只可惜，三毛看不清它们的脸，它们原本应该长着五官的地方，在梦中都是模糊不清的一团。

该是多么寂寞的一颗心，才渴望死去灵魂的陪伴？三毛的寂寞，是刻在骨子里的忧伤，她的灵魂世界是空旷的，别人无法轻易走进，更无法揣摩，她自己也不知该如何表达。

一场迁徙，让三毛觉得自己的童年变得不再完整，也让她渐渐拥有了与年龄不符的成熟。这份成熟是她的面具，面具背后隐藏着她的忧伤。

别的孩子早已顺利地融入了新的环境，三毛却依然没办法对台北产生感情。独处得久了，她越发相信灵魂是真的存在的，像个美丽而又神秘的吉卜赛女郎。

尘世喧嚣，心却荒凉，三毛自己仿佛就是一个穿越前世来到今生的灵魂。她总是觉得自己和别人不同，又说不出不同在哪里，于是，她需要一个安静的角落让自己躲藏起来，静静地寻觅那些已经模糊不清的回忆。

她说："童年，只有在回忆中显现时，才成就了那份完美。"三毛的童年是不完美的，因此她才享受孤独。对于三毛来说，孤独是一种静美，既不繁华，也不喧嚣，能让她在静谧中尽情享受一个人的清欢。直到母亲把三毛送进小学，那份孤独中的宁静才终于被打破了。

子女的教育向来被三毛的父母当作头等大事，三毛已经六岁，到了上学的年纪，她被母亲送进台北的小学，成了一名小学生。

她的身材比同龄的孩子瘦小一些，老师特意将她安排在第一排的座位，上学第一天，老师就注意到了这个眼睛里写满聪慧的孩子。

三毛永远是安静的，眼睛中甚至流露出一丝忧郁。她很少和同学一起玩闹，大多数时间，她都安静地坐在座位上，看上去有些自闭。其实，三毛有自己的小心思。姐姐陈田心学习成绩很好，常常得到家人夸奖。没有一个孩子不渴望家长的鼓励，三毛也开始拼命地学习，希望用成绩换来父母的一句称赞。

写作，是三毛灵魂中的闪光点。每当写起作文来，必是洋洋洒洒，措辞优美，几乎每一篇作文都会被老师当作范文来朗读。小小的自信，就这样一点一点地建立了起来。上学变成了一件快乐的事情，每一天，三毛都会早早地起床，期待着上课铃声响起。母亲曾经觉得三毛是个"怪孩子"，如今看她勤奋学习的样子，欣慰着自己的二女儿终于变成了一个"乖孩子"，就连老师也偏爱三毛对文字的驾驭能力，把她当成一个值得培养的好苗子。

台北湿漉漉的雨季，似乎永远都不会过去。渐渐地，三毛终于习惯了台北时不时地落雨，也学会了用自己的体温烘干潮湿的心情。雨，渐渐变得可爱起来，因为那是大自然的馈赠。同样被三毛喜爱的，还有那些随时可能出现在眼前的废弃物品，别人叫它们垃圾，三毛却把它们当作上天赠予自己的礼物。

在三毛看来，这个世界上没有垃圾，一件东西只要还有利用价值，就是宝物。这个世界上不缺少美好的事物，只缺少发现美的眼睛。这个世界也没有所谓的完美与残缺，任何一件废弃物品，都能被懂得欣赏它的人打造成精美绝伦的艺术品。

三毛对废弃物的喜爱，源自一根在路上发现的树枝。她觉得，那根树枝就是上天送给自己的礼物，因而珍贵无比。

　　从此，三毛养成了低着头走路的习惯，并且惊讶地发现，低着头走路竟然有许多好处。即便有熟人从面前经过，也可以低着头不用看见，免去上前打招呼的尴尬，也不用担心别人说自己不懂礼貌，跑到父母面前去告状。

　　更重要的是，低头行走可以发现一个异常美妙的世界，路上每一件零碎的破烂，都是三毛寻觅的宝藏。她会从中挑选出自己十分钟爱的物件，捡起来，带回家，好好地珍藏。

　　从此，三毛正式开始了对拾荒的喜爱，并且保持了大半生。或许是因为独特的思维与视角，能让三毛发现常人无法发觉之美。一颗小小的玻璃弹珠，被三毛想象成一枚开启魔法城堡的钥匙。她把弹珠放在眼前，透过五彩的玻璃，能看到一个扭曲而又绚烂的童话世界。一枚泛着青光的贝壳，被她想象成与时光的对话器。她用手轻轻抚摸贝壳的表面，想象着自己能聆听到时光的声音，贝壳正向她徐徐讲述着一段被遗弃了的爱情故事。一把断了齿的梳子，上面还嵌着主人的头发，三毛则想象着它的主人可能已经离开了人世，抱着这把"无家可归"的梳子泣不成声……

　　因为感性，所以感动。面对世人的眼神，三毛总是小心翼翼的。她并非一味地想要躲避，有时候，她也希望有人接近自己、懂得自己。可惜，这样的人太少，她只能在脑海中为自己勾勒出一个异彩纷呈的世界，一旦觉察到"危险"，便躲进那里，轻易不肯出来。

　　被丢弃的垃圾，被三毛当成被遗弃的灵魂，让她有一种同病相怜的感觉。因为心疼，她爱惜地将它们捡拾起来，潜意识中，她也希望有人能像她爱惜这些垃圾一样，把她当作上天馈赠的珍宝，用爱呵护。

三毛希望有更多人像她一样发现垃圾的价值，于是，她把捡来的胸针戴在胸前，果然收获到小伙伴们艳羡的目光。这样的目光让她感到小小的骄傲，并且用流畅的文笔将这份骄傲写进了作文中。

　　老师们实在无法理解一个孩子对垃圾的疯狂迷恋，曾经，语文老师布置下一篇作文，题目叫作"我的志愿"。在老师看来，孩子的志愿应该是宏大的，可三毛的志愿却是这样的："我有一天长大了，希望做一个拾破烂的人，因为这种职业，不但可以呼吸新鲜的空气，同时又可以游走于大街小巷，一面工作一面游戏，自由快乐得如同天上的飞鸟。更重要的是，人们常常不知不觉地将好多还可以利用的东西当作垃圾丢掉，拾破烂的人最愉快的时光就是将这些蒙尘的好东西再度发掘出来……"

　　当三毛骄傲地站在座位上大声朗读自己的作文时，老师简直怒火中烧，一下子将黑板擦扔了过来。三毛吓了一跳，不敢再读下去了。老师拍着桌子大喊："这是什么文章？乱写！乱写！将来要是拾破烂，现在书也不必再念，滚出去好了！对不对得起父母？重写！"

　　拾破烂是三毛最初的理想，满是童真，也充满了对自由的向往。大人们的心灵早已经过层层掩饰，他们无法理解三毛的童真，便只能认定那是错的。

　　老师的愤怒让三毛胆怯，她虽不知自己错在了哪里，也只能小心翼翼地服从。在第二篇作文中，三毛重新修改了自己的志愿。她的一切志愿都与自由有关，像这样一个纯粹的灵魂，从未想过还可以在作文中"说谎"。

　　于是，三毛在自己的第二篇作文中再一次实话实说，她写道："我有一天长大了，希望做一个夏天卖冰棒、冬天卖烤红薯的街头小贩，因为这种职业不但可以呼吸新鲜空气，又可以大街小巷地游走玩耍，更重要的是，一面做生意，一面可以顺便看看，沿街的垃圾箱里有没有被人丢弃的好东西……"

那时的三毛天真到近乎执拗，滚滚红尘，纷扰世界，一个人若能让心纯粹、简单，该是多么美好的事情。三毛的毕生志愿，不过是呼吸自由的空气，过无拘无束的人生。可是大人的世界太复杂，偏要逼迫着孩子在虚伪中成长，认为只有那样才能获得所谓的坚强。

这一次，三毛没有遭到老师的责骂，只是在自己的作文本上看到一个大大的红叉。鲜艳的红，是三毛最喜欢的颜色，此刻却在提醒她，遵从自己的本心，说不定是错的。

三毛忽然明白了一个道理：大人们只喜欢听华丽的辞藻，违心的话语，既然如此，那就写一些他们喜欢看、认为对的东西吧。

她将自己的"志愿"再一次修改，这一次，三毛写道："有一天我长大了，要做医生，拯救天下万民。"这一次，三毛终于见到老师欣慰的笑容，一个"甲等"的成绩，是对虚伪的褒扬，老师仿佛觉得只给一个好成绩还不够，还要在作文下方留下一行评语："这才是一个有理想，不辜负父母期望的志愿。"

三毛神情淡漠地看着老师留下的评语，默默在心中祭奠成人世界里死去的真诚。

她依然还是那个执拗的孩子，改得了表象，却改不掉本真。对她而言，那所谓的远大志向，不过是让自己不再挨老师骂的权宜之计。三毛虽然对成年人的虚伪表示无奈，但也只能配合着他们做做样子。

走到课堂之外的三毛，依然是那个低头寻找"宝藏"的孩子。

因为有人反对，她反而越发执拗，对拾破烂的喜爱越发强烈。从此，她不再满足于捡拾一些小玩意，捡回去的东西越来越大，种类也越来越杂。

十三岁那一年，三毛在路边发现一段被人丢弃的树干，她如获至宝，当成一件重要的收藏品拖了几里地，好不容易拖回了家。树干上散发出的自然气息让三毛迷恋，她觉得自己就应该属于大自然，当一棵会行走的"树"，爱上哪片土地，就在哪里扎根，尽情享受那里的阳光雨露。如果待腻了，就拔出根来，继续流浪，寻找下一片让自己心甘情愿扎根的土地。

为了摆放那段树干，三毛特意清空了房间的一个角落，郑重其事地把树干摆放在那里。从此，那段树干成为三毛房间里最得宠的一件饰品。

艺术之美不在于具象，而在于想象。一向天马行空的三毛，拥有一双善于发现艺术的眼睛，却总是不能被人理解。曾经，三毛看上了家里女工当成凳子坐的木墩，觉得它越看越像复活节岛上的人脸石像。于是她找来一块空心砖给女工当凳子，把木墩换了下来，小心翼翼地捧在怀里，仿佛捧着一块易碎的水晶，带回了房间，郑重地摆了起来，搞得女工满脸莫名其妙。因此在他人眼中，三毛还是一个古怪的孩子。

唯有父母尊重三毛的每一个喜好，他们知道女儿喜欢收藏，就会在去海边散步时花上几个小时，为三毛寻觅两颗彩色的石头，兴致勃勃地带回去送给她。那两块石头点亮了三毛的一双大眼睛，没有什么比父母的爱与支持更让她感动的，她将这两块石头取名为"痴心石"，还专门写道："我相信父母的爱，一生一世的爱，都藏在这两块不说话的石头里给了我。父母和女儿之间，终于在瞬间，在灵性上，做了一次最完整的结合。"

在父母面前，三毛可以尽情地做一个任性的孩子。她要父母向自己保证，无论将来把家搬到哪里，都不能丢掉她珍藏的这些宝贝。父母同意了，也做到了，他们总是这样温暖，用柔柔的爱抚慰三毛灵魂中最脆弱的部分。

在亲情与爱情方面，三毛是幸运的。无论是父母还是丈夫荷西，都愿意给她的拾荒梦留出一个小小的空间，再小心地守护。父母保留了那些旧物的完整，荷西则对三毛捡回的旧物亲手改造，用那些变废为宝的物件，见证他们灵魂相契的完美爱情。

红尘缱绻，岁月悠长，温暖的岁月里，因有一人懂得自己，而更觉花香。荷西眼中的三毛，永远是可爱的，独特的，他从不嫌弃她带回来的任何一件破烂，总是在那些破烂上投入极大的耐心，尽可能地将之变成有用的东西。他们在撒哈拉的家，就靠近一座巨大的垃圾场，那里是三毛的游乐场，只有荷西懂得三毛对旧物的迷恋，他轻轻地笑着，看着这个永远也长不大的女孩在别人避之唯恐不及的垃圾场中尽情撒欢儿，或许这才是爱情最美的模样。

轻倚岁月的门扉，回望走过的光阴，人世间最幸福的事，就是有人与自己灵魂相通。爱不是彼此占有，而是彼此懂得，那些被捡拾回的旧物，承载着三毛与荷西的灵魂相依与心灵守望。感情有一天变旧了，若也能被重新捡拾，认真打磨，或许会比最初的情更加炽烈，更加悠长。

三毛曾说，有一天当她老了，要动手做一本书。在这本书中，把自己从童年到老年捡拾的所有东西都写上去，书写成后，她要把书包起来，再丢进垃圾场。如果有一天，有另外一个人捡到这本书，将它珍藏起来，同时也开始捡垃圾，那么三毛做了一生的拾荒梦，就总算有人来继承了。她坚信，就连垃圾都会因此而欢喜。

多年以后，三毛果然制作了这样一本纪念自己拾荒人生的画册。不过这本画册有没有被她丢进垃圾场，有没有被人捡走，已无从考证。爱三毛的人，都希望她的每一个梦想都能成真。或许，真的有那么一个人，在垃圾场中将这本画册轻轻拾起，在某个不为人知的角落继续着三毛的拾荒梦。

在文字中邂逅自己

文字是有魔力的，沉浸于文字中，能让人躲避凡尘俗世的纷扰，褪去红尘中的嘈杂与纷乱，让一颗浮躁的心慢慢沉淀下去。

大部分独处的时间里，三毛都是与书为伴，从文字中感受着作者们的喜悦、郁闷、幽默、洒脱，从中寻找情感的共鸣。与文字对话，滋养了三毛的灵魂。如果一定要在读书与拾荒之间做一个选择，三毛或许会痛苦，但一定会选择前者。没有书读的日子，仿佛丢了魂，只有徜徉在书海里，灵魂才是熨帖的，一颗无处安放的心才能找到停泊的港湾。

文字无声，却是最直白的沟通。写书的人向来喜欢在文字中表露自己最真实的情感，通过文字去读一个人，比面对面的交往更让三毛觉得真实。那是一种丝毫不加掩饰的交流，点墨留香，是真正的良辰美景。

读书或多或少改变了三毛性格中的某些特性，让她学会了内敛与淡然。读不完的书仿佛偌大的花园，她就是飞舞的蝴蝶，扇动着美丽的翅膀，在每一处花蕊上停留，汲取着浓郁的芬芳。

因为有书可读，三毛的生命才多了几分色彩。读书是永远不会累的，与人相处才更累，至少三毛是这样觉得的。与小伙伴们一同玩耍，还要时刻顾及小伙伴的感受，与其如此，三毛宁愿把所有的空闲时间都花在读书上。

家中藏书虽多，也抵不过三毛读书的速度。渐渐地，能读的书都被她读过一遍，语文课本中那些浅显的文章也勾不起她的兴趣。唯一能让三毛期待的，就是姐姐订阅的《学友》和《东方少年》两本杂志。当年，那几乎是每个孩子的必读杂志，陪伴了一代人的成长，三毛和姐姐都在其中。

好不容易盼来了杂志，三毛还要耐心地等待姐姐先看。好不容易把两本杂志拿到手时，三毛甚至有些舍不得翻开封面，以她的阅读速度，这两本杂志很快就会读完，到时候又要进入漫长的等待，期盼着下一期的杂志早些出版。

起初，杂志中还有许多三毛读不懂的地方，姐姐也乐于为她讲解。渐渐地，三毛读不懂的地方越来越少，到最后再也不需要姐姐帮忙。从这一刻起，三毛终于体会到了身处文字中的自由，同时逐渐开始迷恋杂志封面上那些璀璨的色彩。

文字固然美丽，但色彩更别有韵味。三毛开始因为某个封面而喜欢上一本书，尤其青睐线装的古书，那些简约的线头，在三毛眼中代表着历史的厚重。

到后来，她自己的书也一定要包上美丽的封皮。自己不会包，就央求母亲来做。母亲安静包书皮的样子，仿佛一场默片艺术电影，三毛在一旁托着腮帮静静欣赏，也会因为母亲对这本书付出了劳动而倍加珍惜。

遇见一段文字，心弦在不经意间被轻轻触动，一幅美丽的画面在眼前氤氲开来，无限情思让心头泛起温暖的涟漪，那是一种多么美妙的感受。三毛沉浸于这样的美好，每一次看完姐姐订阅的两本杂志，都恨不得时间快些流走，早一点看到新的杂志。

等待的间隙漫长而又煎熬，三毛想了许多方法打发空闲的时间，还是觉得不如读书让自己感到满足。书籍已成为三毛生命的养分，一点一滴，日积月累，滋养着灵魂。当文字在心底流动的时候，三毛仿佛能感觉到自己的灵魂越来越纯净，心境越来越平和。

无书可读的日子，心里仿佛有一只小小的爬虫，搅得心痒难耐。于是，三毛打起了堂哥、堂姐的主意。和大伯一家住在一处，最大的方便就是可以向堂哥、堂姐借书。三毛的阅读能力已经远超过同龄的孩子，起初向二堂哥借书时，二堂哥满脸不屑，根本不相信以三毛的年龄能读懂鲁迅先生的《风筝》。二堂哥打算为难一下三毛，让她读过之后讲述一下自己对文章的理解。

这哪里难得倒三毛？她用最快的速度读完整篇文章，之后平静地向二堂哥讲述自己的读后感："这个孩子玩耍的天性，完全地被他的大哥摧毁了。本是质朴合适的事情，却被留下阴影，也许这个孩子的一生都因此而毁掉了。"

二堂哥惊讶得合不拢嘴，他再也不敢小瞧这个堂妹，更惊奇于她的聪慧，也欣赏她对书籍的爱惜。每次三毛借书，二堂哥总是爽快地答应，三毛向来守时，总能在约定的时间之内把书还回来，并且保证每一本书都完好、干净，这是属于兄妹之间的游戏规则，她愿意遵守。

书本让三毛感到由衷的快乐，她因此而深爱着读书。每一次与书本接触的时光，都是值得珍惜的，书中的文字总能让她感动，那些感动的瞬间，都化作生命中美丽的永恒。

后来三毛拿起笔开始写作，她在文字中邂逅了另一个自己——灵魂深处的自己。那个她不是平日里人们能见到的三毛的样子，仿佛一棵幼嫩的春笋，剥开层层笋衣之后，以最纯真的姿态投入大自然的怀抱里，用另一种方式行走于自己的前世今生。

拥有一本新书，被三毛当成了一种期待和幸福。一颗心在文字中滋养着，升华着生命，抚慰着灵魂。只要是捧起书，徜徉在文字中，三毛的心中就会流淌出一丝快慰。她喜欢在书摊上流连，任由书香像风一样，穿越自己的思想，整个世界仿佛都重归沉静。

大人们眼中的三毛，总是一副忧郁的表情。她是个与众不同的少女，不似其他少女那样将明媚的神情挂在脸上，只有见到书的时候，她才会不自觉地翘起嘴角，笑出好看的弧度。即便如此，三毛的神态还是超过了她这个年龄应有的老成。

家人们觉得，见到书时的三毛，仿佛正在经历一场美好的爱情。她见到书时的神情是那样痴迷，笑容不由自主地在脸上绽放，那是少女见到心爱之人才会有的表情。读书的时候，三毛喜欢把自己关在房间里，仿佛正与手中的书进行一场浪漫的约会。有时，她会一直读书到深夜，云和月都已入眠，只有三毛和文字对坐，相望相惜。

后来，三毛一家搬了新家，终于不用再和大伯父一家挤在一幢小房子里。让三毛兴奋的并不是居住空间变大了，而是在新家附近的长春路上，有一间租书店，里面装满了三毛从来都没有读过的书。她仿佛发现了新大陆般兴奋，迫不及待地冲进店铺，在一排排书架前"贪婪"地浏览着。

租书店的老板人很好，自己也喜欢读书，最欣赏像三毛这样喜欢读书的人。看到三毛在书架前犹豫不决，拿起这本又舍不得那本的样子，便主动上前提供意见。老板很会选书，总能找到适合三毛的年龄以及阅读喜好的书，比如《三剑客》《基督山恩仇记》《唐·吉诃德》《飘》《简·爱》《傲慢与偏见》《呼啸山庄》《雷绮表姐》，等等，每一本都让三毛爱不释手。

更重要的是这里租书的租金非常便宜，只需要一角钱，就能换取几天的读书时间。每一次从租书店回来，三毛都会把心爱的书捧在怀里，急匆匆地直奔房间，关上房门，迫不及待地去感受书里的悲欢喜乐。

她虽少年老成，但毕竟还是个少女。成人世界的许多烦恼与痛苦，是她无法真正理解、体会的。但仅仅是品读那些优美的文字，就已经是三毛莫大的享受。对于那些属于成人世界的深奥道理，她也试着去体会，也曾为书中成人世界的悲伤而悲伤。对于三毛而言，读书的过程更像是对即将到来的成长的一次次预演，对于长大后的五彩人生，她已经开始萌生隐隐的期待。

每次回想起那个和善的租书店老板，三毛心中都是满满的感激。是他推荐的那些书，帮助少女时期的三毛构建起对生活的态度。那是每个孩子在成长道路上最敏感、也最重要的时刻，人生观与价值观已经初具雏形，却也能被轻易改造。那位租书店老板和那些书，无形中守护住了三毛心底的纯净，留住她最原始的本真。

三毛对书太过痴迷，只要沉浸于书中的世界，就再也无心贪恋现实世界的风景，春夏秋冬轮转，她就像个闭关修行的女侠，不知今夕何夕。

三毛也想不明白，为什么自己一开始读书，接触的全部都是国外的著作。在当时，能找到的外国名著几乎已经被三毛读了个遍，后来才发现，许多中国小说不仅不逊色于外国著作，甚至比外国小说描写得更加深刻。

她读的第一部中国小说，是徐訏的《风萧萧》。书中三位美丽的女子都是间谍，为了各自的利益而进行着你死我活的斗争。那是三毛永远也想象不出来的生活，像她这样心思纯净的女孩，无论如何也搞不明白，人为什么要彼此算计着活着。

但是，《风萧萧》的故事深深地吸引了三毛，她对作者徐訏无比敬佩。就连她自己也没有想到，二十年后，这位集浪漫与才华于一身的老者，成了三毛的干爸，也是三毛最亲近的人之一。

那是书籍为三毛架起的缘分之桥，这个流浪的孩子，在书中找到了许多自己的亲人，徐訏如此，张乐平也是如此。那缘分带着天定的默契，只等三毛从文字中找寻。

读的文字越厚重，三毛越觉得语文课本中那些文章浅显无趣，认为学校教如此简单的东西就是糊弄人。原来那个喜欢三毛的语文老师被调去了别的班，单纯的三毛把自己所有的真实想法都告诉了新来的语文老师，于是，在新老师眼中，三毛成了个自大的学生，不是每个老师都懂得欣赏学生的长处，在新老师那里，三毛开始受到排挤。

复杂尘世，有几人能活得纯粹？蒙尘的心永远不懂得欣赏不染纤尘的灵魂。新来的语文老师总觉得三毛是在有意无意地针对自己，于是对待三毛的态度也渐渐恶劣起来。

幸好，没能参透人情世故的三毛，暂时也读不懂别人眼神和语言背后暗藏的玄机。她依然沉浸在书籍堆砌的世界里，拉上窗帘，隔绝室外的四季轮回。

许多人终其一生，都没能读懂《红楼梦》的韵味，三毛却在十来岁的年纪便理解了那"满纸荒唐言，一把辛酸泪"。因为觉得语文课文太浅显，三毛把《红楼梦》带上了课堂，读得津津有味。

曾经，三毛在课堂上读《红楼梦》读到投入，那一回写的是"甄士隐详说太虚情 贾雨村归结红楼梦"，那是《红楼梦》的最后一个章回，所有人物的悲欢离合在此尘埃落定，三毛觉得自己被深深地吸引到了故事情节当中，直到多年以后，回想起那一次课堂上读《红楼梦》的经历，她依然记忆犹新，还专门写道：

"当我初念到宝玉失踪，贾政泊舟在客地，当时，天下着茫茫大雪，贾政写家书，正想到宝玉，突然见到岸边雪地上一个身披猩猩大红氅、光着头、赤着脚的人向他倒身大拜下去，贾政连忙站起来要回礼，再一看，那人双手合十，面上似悲似喜，不正是宝玉吗，这时候突然上来了一僧一道，挟着宝玉高歌而去——'我所居兮，青埂之峰；我所游兮，鸿蒙太空。谁与我逝兮，吾谁与从？渺渺茫茫兮，归彼大荒！'当我看完这一段时，我抬起头来，愣愣地望着前方同学的背，我呆在那儿，忘了身在何处，心里的滋味，已不是流泪和感动所能形容，我痴痴地坐着，痴痴地听着，好似老师在很远的地方叫我的名字，可是我竟没有回答她。"

三毛并没有意识到，当时的她脸上已满是眼泪，整个人的状态都是恍惚的，仿佛已进入书中，站在远远的地方，看着贾宝玉似悲似喜的神情，以及决绝的眼神。突然之间，三毛仿佛能理解贾宝玉的感受，他的心中一片空茫茫，再无一物，渴望与喧嚣红尘做一个了断，在没有烦恼的地方了此残生。

看到三毛这个样子，老师也吓到了，不敢大声呵斥，只是轻轻地走上前，摸了摸三毛的额头，问她是不是哪里不舒服。

那是三毛第一次与书中人心意相通，竟然觉得周身通畅舒爽。这样的感受让她惊喜，为自己终于能读懂书中的精髓而喜悦着。《红楼梦》是三毛反复品读了无数次的著作，书中的章节字句，已经渗透进她的骨髓，对于书中的许多精彩段落能够信手拈来。

她时常对父亲提起《红楼梦》中的《好了歌》，多年以后，当三毛远离家乡，父亲还在给她的信中写道：

"你曾与我数次提到《红楼梦》中的'好了歌'，你说只差一点就可以做神仙了，只恨父母忘不了。

"你三度给我暗示，指着那幅照片讲东讲西，字里两个斗大的'好了'已破孔而出。

"这两个字（好了），是你一生的追求，却没有时空给你胆子说出来，大概你心中已经好，已经了，不然不会这么下笔。

"《红楼梦》之所以讨你的喜欢，当是一种中国人生哲理和文字的混合体。平儿，我看你目前已有所参破，但尚未'了'。"

领略文学的灵魂之美，成为三毛在懵懂年华便已具备的能力。余生与书相伴，也是她在那时便许下的心愿。在后来的许多年里，那些文字伴着她穿越喧嚣世界的人群，她的脸上挂着最纯粹的笑，做着最让自己幸福、快乐的事情。

向着光亮的地方

因为有满天星辰的陪伴，夜晚并不孤单。每个人降临于尘世的那一刻，心里都带着一束光。岁月流转，那束光是生命开始的地方，亦是灵魂所在的地方。曾经，在那束光的照耀下，我们为自己画下一张人生蓝图，不是所有人都能看懂那幅图画，也不是每个人都能有幸遇到懂自己的人。渐渐地，那束光在失落中一点点微弱下去，心底的阴影越来越大，一颗心蒙上灰暗的底色。

三毛心底的那束光，来自对自然世界的向往。只有广阔的自然才是无拘无束的，从身体到心灵可以尽情释放。可是，规矩繁多的学校，在三毛与自然世界之间竖起了一道有形的围墙，她越来越渴望一场出逃，逃离那个令人窒息的"囚笼"，畅快地呼吸一下自然界的空气。

刚刚进入小学时，三毛只有六岁，正是孩子最纯真的年纪。喜欢天马行空的人，最害怕受到精神的束缚。从老师反复让三毛在作文中修改"志向"开始，三毛就已经开始排斥当时学校的教育方式。精神不能自由，哪里还有童真？上课的时候，三毛的视线开始不由自主地飘向窗外。那里才是真正的大自然，近在咫尺，却遥不可及。

身体不能前往，她只能放飞灵魂。学校不远处有一片树林，三毛无数次渴望能在上课时间去那里自由奔跑。于是，坐在课堂上的她，眼神渐渐变得空洞，她的心已经飞到树林上空，在每一个角落里寻觅别人丢弃的"宝藏"。

换了新的语文老师之后，就连三毛最喜欢的语文课也变得枯燥无趣，她对学校仅存的一点好感终于耗尽了。她本以为，老师应该是让学生仰视、崇拜的，他们应该无所不知，为了找到这种仰视的感觉，三毛给了老师很多机会，可是每一次，当听到老师站在讲台上，讲解着那些她早就烂熟于心的内容，三毛彻底失望了。

上课，再也不能引起她的任何兴趣。于是，一棵在窗外随风摇摆的小草，或是自在飞舞于花丛间的蝴蝶，都能轻易转移三毛的注意力。课堂上的枯燥与教条让她透不过气，她的反抗情绪愈演愈烈，催促着她逃离课堂。

三毛的个性里，有些"不计后果"的特质。她生来随性，一切随心，想做的事情就去做，从不会因为所谓的"后果"犹豫不前。于是，当她再也无法容忍老师在讲台上重复那些毫无养分的知识时，三毛毫不犹豫地逃学了。

无论是小时候在坟场玩耍的经历，还是被淹在水缸中的淡定，都足以证明，三毛是个不知道害怕的孩子。她或许知道，逃学是一定会受到责骂和惩罚的，可是与投入大自然的怀抱收获到的快乐相比，这些又有什么值得恐惧的？

校园外的风，是那样自由，三毛觉得每一口呼吸都是新鲜的。逃离校园之后，她并没有具体的目的地，只放任脚步随意地走着，让心带自己去它想去的地方。

三毛会漫无目的地坐在树荫下，抬起头，眯起眼睛，看阳光为飞舞的柳絮镀上一层金色的光晕。这一刻的时光仿佛是静止的，身边流动的空气明显放缓了速度，生怕打扰到这难得的静谧。生活仿佛一下子美好了起来，三毛闭上眼睛，再慢慢睁开，想象着自己进入了梦幻的童话世界。

在童话世界里，她是美丽的公主，即将与潇洒的王子邂逅，牵着彼此的手，幸福一生。至于去哪里寻找自己的王子，三毛并不知道。那索性就漫无目的地走走吧，说不定王子被女巫施了魔法，失去了本来的面目。这样想着，眼前的一草一木都仿佛是王子的化身，就连身旁一蹦一跳的青蛙，三毛也想凑过去亲吻一下，幻想着王子的真身就被困在丑陋的青蛙外壳里，等待着她的吻来救赎。

灵魂一旦放飞，就再也不能忍受拘束。第一次逃课成功之后，三毛越来越讨厌上学。每次一进入校园，她感觉自己根本无法呼吸，身体的每一个器官，仿佛都被套上一把无形的枷锁，就连思想也被牢牢锁住，自己就像一只提线木偶，一举一动都在别人的操控之中。

她开始寻觅每一个能逃离课堂的机会，每次逃课，三毛都会去树林中寻觅，渴望能找到一株神奇的植物，赐予自己神秘的力量，让自己获得自由。

可惜，整整三年，三毛都没能找到让自己再也不用上学的神奇植物。她无奈地在学校里挨过一堂又一堂课，学校里拘束的氛围没有丝毫改善，反而变本加厉。

九岁时，三毛按照学校的要求剪了"西瓜头"，那是全校学生的统一发型，远远望去，根本分不清谁是谁。从发型到着装，学校都有严格的要求，学生们的个性在这里不容许被释放，三毛觉得在这个被同化的空间里，真实的自己仿佛正在逐渐透明，逐渐消失。

青春总是迷茫的，尤其是当个性被牢牢捆绑，眼前便蒙上了一层迷雾。有人渐渐丧失了反抗的欲望，最终无奈妥协，变成一个个从模具里走出来的人偶，千篇一律。

那段岁月，对三毛而言是灰暗的，她不愿过多回忆。精神上的束缚已经让三毛无法忍受，到后来，肉体上的折磨，终于让三毛崩溃。

体罚，是那个年代台湾很多学校都会使用的惩罚方式。那时的大人们似乎并不懂得孩子也有尊严，无知地认为只要让孩子肉体上吃些苦，就会学乖，就会心甘情愿地钻进大人们准备好的模具，雕塑出一个"完美无瑕"的人形。

几乎每一天，学校都会上演体罚的闹剧。曾经，三毛班里的一个男同学犯了错误，老师恶狠狠地把他叫上讲台，拿出鞭子狠狠地抽打在他的身上。起初，那个男孩子还会喊痛，可他越喊，老师就打得越重。到后来，他已经失去了叫喊的力气，整个人被鞭打得血肉模糊，气息奄奄地滑坐在地上。当惩罚结束，那个男孩子已经站不起来了，在老师的怒斥声中，他虚弱地一点一点爬回自己的座位，身后留下一条清晰的血痕。

三毛惊恐地瞪大了双眼，看着一场"恐怖片"在自己眼前上演。那是她第一次清晰地感觉到害怕，那种浑身战栗，发不出声音的感觉，成为她一生都甩不掉的噩梦。长大后的三毛甚至有些责怪自己，当年为什么不敢站出来替那个男同学说情？其实，她知道答案，因为害怕那无情的鞭子挥落在自己身上，这份胆怯让三毛久久不肯原谅自己。

这段人生被三毛记录在文字里，言语间满是讽刺，她写道："一群几近半盲的瞎子，伸着手在幽暗中摸索，摸一些并不知名的东西……"她在讽刺那些被学校管束到麻木的同学，其中也包括曾经的她自己。

三毛曾经以为，人只要长大了，就能摆脱条条框框的约束，获得真正的自由。于是，她渴望一夜长大，长到二十岁，像学校里年轻的女老师那样穿着漂亮的连衣裙，踩着高跟鞋走出摇曳的姿态。

不到十岁的三毛，开始对美丽有了懵懂的憧憬。她觉得，穿着透明长丝袜的女人有一种别样的魅力，渴望自己也能穿上这样一条丝袜，这样就仿佛拥有了一个代表着已经长大的符号，或许到那时就再也不会有人要求她做自己不愿意做的事。

多年以后，她的确拥有了属于自己的丝袜。那不仅成为她成长的符号，也成为她亲手结束自己生命的道具，或者说，成为她打开另一个世界大门的钥匙。

梦想与幻想，虽只有一字之差，含义却截然不同。有人说，梦想是美好的激励，幻想是不切实际的空想。那时的三毛还分不清这二者的区别，她喜欢幻想，只有相信那些别人眼中的不可能早晚会变成现实，日子才能丰盈饱满起来。

在三毛幻想出的世界里，身为公主的她曾经与王子举办过盛大的婚礼。然而，她从未想过，在现实的世界里，自己竟然能与一场懵懂的"爱情"不期而遇。

那是三毛读四年级的时候，学校为了欢送六年级毕业生，准备排演一场话剧。三毛也被选为演员之一，只不过是个既没有名字也没有台词的小角色，代号"匪兵乙"。

排演话剧时，一个与众不同的男孩子突然闯入三毛的视线，那一瞬间，仿佛一团绚丽的烟花突然在眼前炸开，美丽得措手不及，让三毛晕头转向。

别的同学都留着学校统一的蘑菇头，唯有那个男孩子，剃了个大光头，仿佛是在公然向学校的制度抗议，无声地捍卫着自己的人权。不知这是不是三毛单方面的幻想，总之，她的视线里从此只剩下这个与众不同的男孩子，他走到哪里，三毛的视线就追随到哪里。

她读过很多书，看到过许多对爱情的描述。有些书里的女主人公见到心爱之人便会乱了心绪，此刻的她就是这个样子。于是，那时的三毛坚信，自己遇到了爱情。

可惜，直到整场话剧演完，三毛也没有勇气主动上前和那个男生说话，那个男生也根本不知道三毛的存在。三毛在心里默默地称呼他为"匪兵甲"，因为她根本不知道那个男孩的名字，只能用这样的代号把彼此联系在一起。他是"匪兵甲"，她是"匪兵乙"，就好像"新郎"和"新娘"、"王子"和"公主"。三毛在心里反复地喊着这两个称呼，心底流淌过一丝甜蜜。

三毛甚至幻想过，有一天可以成为"匪兵甲"的妻子。然而，"匪兵甲"只是"匪兵乙"生命中的过客，那次话剧演出之后，三毛再也没有见过"匪兵甲"。"匪兵甲"也永远不会知道，曾经有一个小女生，躲在角落里，向他投去关注的目光。

"匪兵甲"的小学毕业典礼上，三毛期待能与"匪兵甲"重逢。可惜，她依然没能在人群中搜索到他的身影。这一刻，三毛觉得自己"失恋"了。"匪兵甲"小学毕业这一天，也成为三毛人生中最痛苦的回忆之一。

因为未曾走近，所以别样美丽。那些没有真正开始的爱情，总是让人记忆犹新。直到几十年后，三毛还能清晰地描述出与那个男孩子初遇的场景："只记得他顶着一个凸凸凹凹的大光头，显然仔仔细细被剃刀剃得发亮的头颅。幕布后的他，总也有一圈淡青色的微光在顶上时隐时现……"

四年级那一年，仿佛是上天故意让三毛经历一场考验，"爱情"与"友情"同时降临，也几乎同时失去，让三毛一下子感受到幼小的生命不可承受之重。

那一年，学校突然来了一队驻军。一群成年男兵在学校的操场上操练、生活，打乱了校园以往的宁静。

一天，三毛作为值日生，负责替班里打开水。她一手拎着一个装满开水的水壶，穿过操场往班级的方向走。突然，一头疯牛不知从哪里跑到了操场上，一面从鼻子里喷着粗气，一面在操场上疯狂地转圈。

三毛一下子惊呆了，站在原地一动不敢动。她原本希望等疯牛跑开了，自己再赶紧跑回教室。可是疯牛竟然注意到了她，撒开四蹄朝她冲了过来。

就像多年前掉入水缸时一样，三毛没有慌乱，没有站在原地哇哇大哭，而是迅速转身，飞快地跑开，一边跑，一边还不忘扔掉手里的水壶减轻负重。水壶摔在地上，溅起的热水烫伤了三毛，她也顾不得检查伤口，脑袋里只有一个字：跑。

三毛第一次知道，人在情急之下竟然能跑得这么快，一会儿就跑到了操场的尽头。她的面前是操场的围墙，身后是发狂追赶的疯牛，眼看无路可逃，三毛突然急中生智，转了个弯，绕着操场跑起了圈子。

哪怕是在疯狂逃生的过程中，三毛的头脑依然是冷静的。她边跑边留意每个班级的门，只要有一扇门是打开的，就等于为她开辟了一条生路，可以让她躲进去。可是，学生们都被疯牛吓坏了，所有门都被关得死死的，生怕疯牛冲进来。

胆子大一些的孩子，纷纷挤在窗边看疯牛狂奔。三毛在众目睽睽之下绕着操场跑了一圈又一圈，隐约还听到有人在嘲笑自己的狼狈。她觉得自己一定像极了一个小丑，既无助又伤心。

出于求生的本能，三毛丝毫不敢放慢逃生的脚步。可她毕竟是个小孩子，哪里跑得过一头发狂的疯牛？没过一会，三毛就觉得自己的双腿像灌了铅一样，几乎抬不起来了。她大张着嘴拼命呼吸，却呼吸到一股腥甜的味道。就在她几乎想要放弃逃生的时候，眼前突然出现了一个转角，三毛拼尽最后一丝力气跑过去躲了起来，一下子瘫坐在地上再也站不起来。被开水烫伤的地方越来越痛，三毛也顾不上多看一眼，靠在墙上闭着眼大口地喘气。

当呼吸渐渐平稳，三毛终于确认自己"死里逃生"了。直到这一刻，她才突然感觉到后怕，因为没人帮助自己，她无比委屈；因为大家都在看她的笑话，她感觉无比屈辱。当看到自己因为拼命逃生跑丢了一只鞋的时候，三毛再也忍不住了，"哇"的一声大哭起来。

好在，清晨出操的驻军回来了，把疯牛赶出了校园。可三毛实在吓坏了，还是没有站起来的力气。为了逃生，她丢掉了水壶，既没有完成值日，又破坏了公物，在三毛看来，这比被公牛追上的后果更加严重，因为会被风纪股长记名字。

就在三毛因为恐惧而无力起身的时候，她突然发现被自己扔掉的水壶和跑掉的鞋子出现在面前，它们被一只大手提着，另一只大手则伸在她的面前，试图把她拉起来。

三毛茫然地抬起头，发现那双大手的主人正慈厚地微笑着，她对这张脸有印象，是学校驻军的一员。那人看到三毛满脸泪痕，蹲下来轻轻地帮她擦去眼泪，动作很温柔，却一句话都没有说。

这种无声的帮助让三毛心底流过浓浓的暖意，她后来才知道，这个士兵是部队里的炊事兵，他不会说话。因为这次帮助，三毛和他成了朋友，她亲切地称他为"哑巴"。

因为不会说话，哑巴经常受到其他士兵的欺负。在某种程度上，他和三毛是一样的，都是别人眼中的"异类"，遭受着各种各样的排挤。于是，他们愿意陪伴彼此，相互鼓励，相互依偎。

三毛和哑巴最主要的沟通方式就是写字，可是哑巴会写的字不多，三毛就把写字、画画、打手势结合在一起，两个人竟然也能毫无障碍地沟通。

一个成人，一个孩子，因为有着同样纯净的心灵，成为忘年交。三毛教哑巴写字，哑巴则一边画画，一边打手势，给三毛"讲故事"。

他"告诉"三毛，自己的家乡在四川，他原本是个种田的农民，在家乡有妻子，并且孩子也即将出生。就在妻子即将临盆的那一天，哑巴出门去给妻子买药，却在途中被军队抓了壮丁。从此，他再也没有回过家，也从来没有见过自己的孩子。

或许是在见到三毛的第一眼，哑巴就把三毛当成自己的孩子看待。他的孩子应该和三毛年纪相仿，他想象不出自己孩子的模样，甚至不知道孩子是男是女。哑巴觉得，如果自己有一个女儿，一定会像三毛一样可爱吧。于是，他开始像个父亲一样，每天站在学校门口等三毛上学，只要三毛的身影一出现，哑巴就会伸出粗糙的大手，接过三毛的书包，一直把她送到教室的门口。

只要一下课，三毛就会立刻跑到哑巴身边。哑巴一定是个称职的父亲，他会陪三毛玩跷跷板，也会用芭蕉叶子做出小小的工艺品送给三毛。三毛开心地收下哑巴送来的每一件礼物，唯有一次例外。

那一次，哑巴神秘兮兮地把三毛叫到一边，在没有人的角落里摊开手掌，把一枚金光闪闪的戒指递到三毛面前。那是枚黄金打造的戒指，三毛知道，那一定是哑巴身上最值钱的东西，她不敢收。

哑巴看三毛迟迟不收，竟然把戒指递到她面前，三毛吓得把双手紧紧背在身后，坚决不敢接受。哑巴有些着急，找到一根树枝，在地上写下送礼物的原因。原来，部队就要撤离了，他希望把这枚戒指留给三毛做纪念。可三毛并不懂得怎样的拒绝才能不让哑巴伤心，害怕的情绪占了上风，她竟然转身跑开了。

三毛没有看到身后哑巴的表情，后来她想，哑巴一定是很失落的吧？她不敢去想象哑巴失望的眼神，因为从那以后，她开始刻意躲避与哑巴的接触。

疏远哑巴并不是三毛的本意，而是学校的老师们觉得哑巴接近三毛这样一个小女孩，一定是别有用心。他们明令禁止三毛与哑巴接触，还威胁她，如果不听话，就会挨打，还会被记大过。

哑巴不明白三毛为什么一下子对自己变得如此反感，一次趁着三毛去打热水，哑巴主动上前帮她拎水壶。三毛并没有拒绝，只是一路沉默着。在教室门口，哑巴蹲下来，在地上画了一个问号。三毛明白，他想知道自己为什么不理他了，可是一想到老师的威胁，三毛不敢说出实情。憋在心里的委屈化作泪水夺眶而出，她一面含泪摇头，一面大喊着"不是我"，之后抢过哑巴手里的水壶，再一次转身跑开。

部队撤离的那一天,焦急地四处寻找三毛,好不容易找到她之后,哑巴郑重地在她手里塞了一个纸包。那是一大包三毛最爱吃的牛肉干,里面还夹着一张纸条,上面写着哑巴的地址。之后,哑巴郑重地向三毛敬了一个军礼,他只能用这样的方式向三毛说一声再见。

那一刻,哑巴的眼圈是红的。三毛目送着部队离开,看着哑巴的身影越走越远,那张写着地址的纸条就捏在手里,那是这段友情仅存的一条连接线。

可突然之间,手中的纸条被老师一把抢走,撕得粉碎,纸包也被打落在地,牛肉干撒了一地。无情的大人,永远不懂孩子心底的真诚,一段纯洁的友情,偏偏被人为地蒙上一层不干净的色彩。

三毛恨老师的无情,也恨自己的无力。在《炊兵》中,她曾经写道:"那是今生第一次负人的开始,而这件伤人的事情,积压在内心一生,每每想起,总是难以释然,深责自己当时的懦弱,而且悲不自禁。亲爱的哑巴'炊兵',请求给我一封信,好叫我买一大包牛肉干和一个金戒指送给你可不可以?"

此去经年,三毛与哑巴炊兵再无联络。也许,他根本不知道三毛后来成了一名作家。并不怎么识字的他也不会去买三毛写的书。但三毛可以确定的是,如果哑巴还活着,一定一直在苦苦等待她的来信。三毛也渴望能联络到他,问问他是否回到了家乡,找到了自己的妻子和孩子。再考一考当年教给他的那些字,最重要的,是问一问哑巴,有没有责怪过她在这段友情中表现出的懦弱。

然而,有些人注定是生命中的过客,一转身就是一辈子。那个沧桑而又伤感的脸孔,那个落寞转身离去的身影,都成为三毛此生的遗憾,无法修补完整。

第三章

迷茫：抵达繁华，必经一段荒凉

逃不出的心牢

在成长的最初，所有的悲欢都是带着泪的。成长的路注定要一个人走，从哭着回忆过往，到笑着回忆悲伤，是一段漫长的过程。不是每个人都能学会微笑面对，不谈悲欢。也不是所有人都能学会把全部经历只当成一段回忆。

许多故事，尘封在心中，堆积出一层又一层的心事。那是一生最不敢触碰的过往，也是破茧成蝶之间必须要忍受的孤独与荒凉。

失去了一段珍贵的友情，三毛很长一段时间都无法适应。每次下课，她还是会习惯性地搜寻哑巴的身影，茫然四顾许久，才无奈而又失落地认清现实。

若是一辈子没有尝过糖果的滋味，便永远不会因为生命中少了一抹甜蜜而遗憾。与哑巴的交往，让三毛第一次感受到友情的美好，那是一个人独处时感受不到的温馨。哑巴离开之后，三毛觉得自己的生命中缺失了一块重要的东西。于是，她开始渴望新的友情填补那块空缺。在寻觅友情的过程中，三毛渐渐意识到，想要收获友情，不能只等待别人主动，自己也应该试着向别人靠近。

打开一扇窗，放出一颗忧伤的心，便能感受到阳光的温度。在同龄人眼中，三毛曾经是个孤僻的女孩。当她主动抛出友谊的橄榄枝，很快一大群朋友便涌到了她的身边。

她再也不是一个独来独往的女孩，无论走到哪里，身边都有一群好友环绕。和三毛关系最好的几个女孩子，都是她的同班同学，加上三毛，整整七个女生每天形影不离。因为感情好到不知要怎么办才能表明心迹，七个女孩子决定结拜成姐妹。她们的结拜仪式很简单，七个人在校园内的一棵树下勾了七下手指，又报了各自的生辰，就算正式结拜了。三毛的生日最小，排行老七，她们还为自己这个小小的"金兰同盟"取了名字——"七姐妹"。

早晨上学时，哪怕绕一些弯路，七个女孩子也要结伴而行，早出来的人一家一家地走过去，在门口喊着姐妹的名字，直到姐妹蹦跳着跑出来为止。到了午饭时间，大家各自交换自家的菜肴，哪怕只有十几分钟的吃饭时间，也要聚在一起边吃边聊。为了抢时间，大家聊天的语速明显加快，三毛觉得那是她一生中最快乐的时光。

童年的友情，因为少了成人世界所谓责任和义务而更加纯粹。三毛第一次觉得，在朋友面前是可以无话不说的。七个女孩子时常凑在一起"叽叽喳喳"，聊生活的日常，以及对未来的畅想。

那时，"七姐妹"中的一个女孩子发育较早，第一个来了月经。生理上的变化让那个女孩子十分惊恐，坐在自己的座位上一直哭。几个姐妹都围过去，问她发生了什么，她却死活不肯讲。还是老师站出来安慰大家："好啦！这种小事情将来每个同学都要经历的，安静回座位去念书呀！不要再问了。"

中午吃饭时，大家又聚在一起讨论这件事。有人听见那个女生的妈妈讲，她流血了。三毛忙问："流血什么意思？"

有人说："就是完蛋了！"

三毛又问："怎么完？"

又有人说："就是一拉男生的手就要死了。"

旁边又有人打断："不是真死了！傻瓜，是会生出一个小孩子来。"

不知又是谁加了一句："没有那么简单，真笨！还要加亲吻的，不亲只拉手小孩子哪里会出来？"

还有人说："一亲一吻，血跟男人就会混了，一混，小孩就跑出来了。"

三毛曾经问过妈妈，小孩子是哪里来的。母亲总是腼腆地笑着回答："是垃圾箱里捡出来的呀！"三毛从来不相信这个答案，但是关于小孩子到底是哪里来的，直到上过初中生理卫生课之前，三毛都没能找到真相。

她第一次听说，小孩子竟然是这样来的。三毛和其他女生一样信以为真，甚至庆幸自己还没有让血和男生的混在一块儿。大家甚至煞有介事地一起发誓，一定要洁身自爱，不要说接吻，就连手都不要和男孩子拉一下。三毛尤其当真，就连在学校看见自己的堂哥都不讲话。

女孩子们在一起聊的最多的话题还是关于男孩子的。"七姐妹"中的女孩子，一旦有人有了喜欢的男生，几个女孩便会七嘴八舌地对这个男生进行点评，帮自己的姐妹当"爱情参谋"。

刚刚读六年级的女孩子，哪里有什么真正的爱情。那不过是青春时期对异性的懵懂认知，但越是懵懂的感情，回忆起来就越是美好。

岁月极美，在于它必然的流逝。
春花、秋月、夏日、冬雪。

——《岁月》

在那个懵懂的年纪，三毛也如万千少女一样，在最美的年华尽情绽放。年少之所以美好，就在于不用为了所谓的"意义"去做事。所有能幻想出来的美好，都可以毫无顾忌地尝试着实现，现实的残酷击不碎美好的梦，小小的失败也可以当作生命的体验。

"七姐妹"决定在毕业之前做些"刺激"的事情。对于一群只有十来岁，并且坚信和男孩子亲吻就会怀孕的女孩子来说，最大的冒险就是和男孩子约会。

在那时孩子的心目中，男生与女生说话就已经是了不得的事情，平时，男生和女生都要装出相互讨厌的样子，哪怕心中有了喜欢的人，表面上也要装作满不在乎。"七姐妹"中的一个女生竟然和隔壁班的男生说了几句话，并且带给其他姐妹一个"惊天消息"——隔壁班也有七个要好的男生，他们打算找一天约女生们到学校附近的一个小池塘边去。

女孩子们好不容易鼓足了和男生约会的勇气，但没人有勇气去确定约会的时间。

到了第二天，准备和"七姐妹"约会的七个男生结队来到三毛班级的门口，指明骂"七姐妹"，还拿粉笔头丢她们，到后来索性丢过来一小布袋的断粉笔。"七姐妹"一面回骂，一面冲出去捡起布袋，七个人围成一个密密实实的圆圈，从布袋中拿出一张纸条，上面写着："就在今天，池塘相会。"

如此曲折的约会方式，让三毛想起小说中"私会"的男女主角，实在是既惊险又刺激。可是一想到真的要去约会，三毛有些纠结，如果去，担心妈妈知道了会伤心；如果不去，又在姐妹们面前丢了面子。

思来想去，还是面子为大。一下课，七个女孩子背起书包一路狂奔到池塘边，却连男生的影子都没有见到。直到夕阳西下，男孩子们也没有露面。七个女孩子觉得自尊心受到极大的伤害，难堪极了，可是又不敢直接去问人家为什么失约，只能默默伤心，在毕业之前的那段日子里，假装什么都没有发生。

或许是因为毕业在即，七个男孩子终于鼓起了勇气。他们传话给"七姐妹"，想约她们看电影。

三毛觉得，和男生看一场电影，也算是了了约会的心愿，只要不和男生靠近，不拉手就没有问题。

那一天，七个女孩子去了六个，大家一同行动，距离电影院越近，大家心里就越紧张。远远地，女孩子们发现七个男孩子就等在电影院门口，看见女孩子们来了，便立刻走到窗口买票，女孩子们则在后面远远跟着。

好笑的是，男生和女生们只各自买了自己的电影票，并且不好意思让售票小姐把男女生的座位安排在同一排。于是，电影院中出现了这样一个好笑的场景：男生一排坐在单号左边，女生一起坐在双号右边好几排之后。

三毛整个过程都是慌乱的，根本不知道电影在演什么，更不知道电影散场之后该怎么和男生继续约会。

电影散场时，女生们决定去吃仙草冰，男生则站在远远的地方等着。女生吃完仙草冰，大家上了同一辆回家的公车，男生和女生又分别坐在前后车厢，一路都没有讲过话。直到下车之后，男生和女生才有了一次简短的眼神对视，之后便男生和男生道别，女生和女生说再见。这一场"拼了命"去赴的约会，就这样始于仓促，终于慌乱了。

盛夏时光，是毕业的季节，记录着青葱岁月，承载着太多别离。在干净透明的年纪里，时光不快不慢地过着，转眼，六年的小学时光就要结束了。同学们唱着《青青校树》，眼里含着离别的泪水，三毛却无比平静，她不明白为什么要流眼泪，毕业不是代表着终于获得自由了吗？

当老师把联考志愿单发给三毛，她竟然拒绝填写，并且告诉老师，自己不打算上中学了。老师又惊又怒，她问三毛："你有希望考上，为什么气馁呢？"三毛沉默不语，她知道，无论怎么解释，老师都不会明白她有多渴望逃离学校的刻板与教条。

老师执意把志愿单留在三毛桌上，临走前冷冰冰地甩下一句"叫你妈妈明天到学校来。"

三毛并不打算为这点小事惊动父母，她乖乖地把志愿单带回家，看着父亲一笔一画地在志愿单上勾勒着她的未来。三毛再一次觉得，当小孩子实在是无聊又无助，大人们永远不会在乎小孩子究竟想要过怎样的一生。那一天她早早睡下了，却睡不着，蒙在被子里，眼泪流了满脸。

联考结束后的那个暑假，三毛把自己丢进茫茫书海，尽量不去想发榜的事情。当录取通知书发下来的时候，就连三毛自己也不明白，像她这样一个整天看闲书的人，是怎么考上省中的。

长辈们都忙着为三毛联考取得的好成绩庆祝，三毛却在为即将再一次失去自由而失落。点滴的心思，汇聚在无声的雨里。她已不再是个偷偷品尝雨水味道的小女孩，却也常常对着雨滴倾诉心事。雨水从不会将她的心事过分解读，只将所有的不快裹挟而去，冲入地底，消散无形。

三毛还来不及好好祭奠自己逝去的自由，便迫不得已成为一名中学生。省中离家很远，三毛第一次坐公车上学。周围的环境和脸孔都是陌生的，每个新入学的孩子都是满脸意气风发的样子。三毛突然觉得自己不能被别人比下去，于是，她拼命学习，努力做一个乖孩子，甚至为此舍弃了自己真实的意愿和兴趣。

初中课程比小学丰富了许多，当看到课程表上还有"美术""音乐""历史""博物"这些课程时，三毛浪漫的思维里立刻呈现出许多美丽的故事，就连枯燥的数学课都被她想象成一部侦探小说，一步步演算、推理，多么美妙的过程。

可惜，现实总比想象残忍。老师们已经将授课当成一场机械式的工作，枯燥的教学方式让三毛实在找不到任何学习的乐趣，在中学苦苦挨了一年，三毛只取得了中等的成绩，虽然不太如意，也还不至于留级。

暑假开始的时候，三毛觉得自己终于又活了过来。她迫不及待地冲向租书店，抱回一摞又一摞的"闲书"，又在父亲的樟木箱子里发现了一堆早已被父母遗忘的书籍——《水浒传》《儒林外史》《今古奇观》……那些用白线装订的古书，有毛笔画出的封面，一行行端庄秀美的毛笔字体，简直如同精美的艺术品。

那一整个夏天，三毛如同一只把头埋在书里的鸵鸟，父亲总是提醒她把书拿得远一点，否则就要变成瞎子了，三毛却充耳不闻。她已经和书融合在了一起，直到暑假结束，上了初中二年级的三毛还是一头扎进"闲书"堆里不肯出来。

她想要做一个快乐的人，行走在慵懒的时光里，任风扬起微尘，在阳光下轻舞，与一切美好的事物邂逅。于是，只要是自己喜欢的学科，三毛便会多下苦功；对于不喜欢的学科则听天由命。

初中二年级的第一次月考，三毛有四门功课不及格。那一次，三毛遭到了父母的严厉警告，如果成绩继续糟糕下去，就要留级了。

三毛从来不是个志向远大的女子，只要有书可读，就已经是最大的快乐。至于在遥远的未来能成为什么样的人物，靠什么谋生，她才懒得去想。不过，在疼爱自己的父母面前，三毛总是尽量让自己看上去懂事一些。成绩不好，总是对不住父母的，这样想着，三毛挣扎着从"闲书"堆里爬了出来，开始认真听每一堂课，背书上的每一处知识，就连枯燥的数学公式和数学习题也一道一道死记硬背下来。

那是三毛在初中时代对学校最大的妥协，结果却让她遭受到最无情的践踏。或许这是命运成心对她进行考验，在她成为传奇之前，必将经历一段黑暗到令人窒息的人生。

一连三次数学小考，三毛都得了满分。数学老师根本不愿意相信，一个数学考试从来没有超过五十分的学生会突然之间变得聪明起来。她曾经不止一次指着三毛的数学成绩骂她是"猪"，觉得三毛的智商实在是低到无可救药。

在数学老师心目中，三毛就是个不折不扣的"差生"，并且认定"差生"就应该一直差下去，如果考了好成绩，一定是作弊了。

内心阴暗的人永远无法相信阳光下的美好，数学老师拿着三毛一百分的卷子逼问她是如何作弊的，三毛惊讶得瞪大了眼睛。被人质疑的滋味如此糟糕，她并不期望数学老师会因为几次满分的成绩就将她视为数学天才，但至少不要用"作弊"两个字抹杀掉她全部的努力。

愤怒的火焰在三毛眼睛里燃烧，她告诉老师："作弊，在我的品格上来说，是不可能的，就算你是老师，也不能这样侮辱我。"

三毛的义正词严，只换来数学老师一声轻蔑的冷笑。三毛听得出来，她的笑声是带着怒意的。紧接着，数学老师让全班同学做习题，又单独为三毛准备了一张试卷。那张试卷上的方程式，三毛没学过，更没见过。考试铃声结束，数学老师"心满意足"地收走了三毛的白卷，在上面画了个大大的"0"，并且告诉三毛，她的数学考试成绩也会变成零分。

似乎是觉得只用试卷上的"鸭蛋"来羞辱三毛还不够，数学老师又用粉笔在地上画了一个圈，让三毛站到圈里不许动。老师的脸上带着恶毒的笑，手里拿着一支毛笔，已经蘸饱了墨汁。她笑着对三毛说："你爱吃鸭蛋，老师给你两个大鸭蛋。"

三毛觉得童话里最恶毒的巫婆也比不过数学老师此刻的狰狞，她拿着毛笔的手向三毛一点点靠近，三毛想躲，却又不敢违抗老师的命令。笔尖触碰到脸上的那一刻，三毛感觉一阵刺骨的凉意。数学老师在三毛眼眶四周画了两个大圆圈，多余的墨汁顺着脸流下来，朝嘴巴的方向流去。三毛只得抿紧了嘴唇。

数学老师的笑容越发狰狞了，她让三毛转过身去，给全班同学看看她的丑态。她的样子立刻引来一阵哄笑。强烈的屈辱感，让三毛的精神有些恍惚，但在理智即将崩溃前的一刹那，她突然看到，班里竟然有一个同学没有笑，低下头好像要哭出来一样。这个世界上从来没有真正的感同身受，那一点点的同理心就足以让三毛觉得无比珍贵。

三毛觉得耳边的笑声和说话声变得空洞悠远，仿佛被时空撕扯着，拉长了语调，扯向另一个空间。数学老师的声音仿佛从远方缓慢地飘过来，不过三毛还是听清了，她让三毛顶着这两个"鸭蛋"到走廊上去走一圈。

　　三毛觉得像数学老师这样一个灵魂肮脏的人，根本不配去雕塑学生的灵魂。"老师"的头衔，成为这个无耻之徒肆意羞辱践踏学生尊严的保护伞，在学生面前，这个本应受人尊敬的头衔竟然变成了权力的符号。于是，三毛顶着两个流淌着墨汁的"鸭蛋"走出了教室，来到走廊。她每走一步都是僵硬的，几乎已经失去了意识，只是机械地重复行走的动作。每一个见到她的人先是一愣，之后便爆发出一阵大笑。刹那之间，三毛在自己的学校出了名，可她宁愿没有人认得她。

　　在走廊里"游行示众"了一圈之后，一位好心的同学拖着三毛去洗脸。在整个过程中，三毛都是麻木的，她忘了哭泣，忘了难过，心中充斥着愤怒。"

　　那天放学，三毛一个人在街上走了很久，直到天黑，忍了许久的眼泪才终于决堤。所有的屈辱一下子涌上心头，她终于感觉自己又活了过来，任由眼泪尽情地流着。只有等眼泪流干了，她才能装作若无其事地回家，将自己的表情隐藏在阴影下，藏起自己所有的屈辱，不愿被看透。

成长伴随痛楚

记性太好，有时是人最大的烦恼。如果记忆可以手术，三毛宁愿将那段噩梦般的记忆割除掉，当再次苏醒，一切都变成崭新的开始。

那些灰暗的片刻，烙印在三毛成长的时光里。这样一场羞辱，让三毛再一次紧紧关上了心门，也将自己隔离在世界之外，像一只受伤的小兽，带着惊恐的眼神，舔舐着自己的伤口。只要有人靠近，便不禁周身战栗。

三毛曾经尝试着与这个世界和平共处，可惜，数学老师对她所做的恶行，让她彻底丧失了与这个世界接触的信心。

学校从此成为三毛心中的噩梦。她看似和平时一样，按时起床、吃饭、出门、坐上开往学校的公车。可是，当学校的大门出现在三毛的视线中，她就会感觉自己的呼吸变得越来越急促，一颗心怦怦乱跳，随时可能窒息、晕倒。

一天早晨，三毛站在远处遥望学校米黄色的屋顶，突然开始问自己："我到底是在干什么？我为什么没有勇气去追求自己喜爱的东西？我在这到底是在忍耐什么？"直到走到学校门口，三毛依然没能找到说服自己的答案。她看了一眼校门，心底发出长长的叹息："这个地方，不是我的，走吧。"

当不知如何与心中的痛楚和解时，三毛就会选择逃离。逃离所有的纷扰复杂，逃离无处安放的屈辱与恐惧，哪怕只能逃离一个瞬间。或许，逃离是懦弱的表现，但至少她不曾伤害任何人，自欺欺人地暂时忘却所有痛楚，也算是一种无奈的美好。

那一天，三毛背着书包，坐上了一辆通往公墓的汽车。从那时起，三毛再次成为各个坟场的"常客"，就连一片连名字都没有的野坟，也时常出现她的身影。

三毛曾说："世上再也没有比跟死人做伴更安全的事了，他们都是很温柔的人。"内心极度的不安全感，让三毛痴迷上坟场的静谧。那里的环境并不优美，下起雨来更是满地泥泞。可三毛就是不愿离开那里，她静静地坐在坟场看书，陪伴在她身边的是一个个沉默却友好的灵魂。

父母并不知道三毛逃学的事情，每天照常给她午饭钱。三毛把那些钱省下来，买了一本《人间的条件》，那是三毛有生以来自己出钱买的第一本书。她用文字修补着心底的伤口，对父母的愧疚却越来越重。

为了不被父母发现，三毛每逃课两三天，就会去学校坐一天，在老师面前露个脸，之后再消失几天。在逃课的时光里，三毛将自己的心情完全释放，有某些瞬间，她几乎忘记了在学校遭受的屈辱，安然地享受起这难得的静谧光阴。

没过多久，学校将三毛逃课的事情写信告诉她的父母。三毛知道，这一天迟早是要到来的，那一刻，她甚至有一种参透世事的喜悦，仿佛一名命运的写手，正在书写人间悲喜的结局。

父亲来学校的那一天，三毛没有恐惧，没有慌乱，一如既往地平静。父亲看着三毛的眼睛，仿佛从她的眼底看到了内心的伤痛。于是，父亲一句话都没有讲，只是长长地叹了一口气，将三毛带离了学校。

三毛感激父亲的宽容与懂得，如果那时父亲动手打人，或许三毛连活下去的勇气也会失去了。

一纸休学手续，让三毛拥有了整整一年的自由。可是，她的脸上再也没有出现过跟快乐有关的表情，紧紧关闭的心门，封锁了她对快乐的感知能力。三毛就像一个飘荡在人间的游魂，一会儿这里停一停，一会儿那里愣一愣，从精神到肉体都没个着落。

曾经纤尘不染的灵魂，变得不再清澈透明。她开始刻意躲避阳光，只有在黑暗的角落才能找到些许安心。

第二年开学时，三毛不得不在父母鼓励的眼神中再次穿上那件让她厌恶至极的学校制服。父母说："你要做一个现实的人。"可是她问自己，如果强迫自己做不喜欢的事，又怎么能称之为现实？

为了确保三毛不再逃学，每一天都是母亲把她送到学校，亲眼看着她走进教室。三毛不敢看母亲的双眼，那里面盛满了默默的哀求。环绕在三毛身边的都是陌生的脸孔，她忧郁地低下头，心里却因为被母亲的爱绑架了而疯狂呐喊。

好不容易熬过第一节课，三毛觉得再多坐一秒钟都会把自己逼疯。她抓起书包冲出了学校，这一次，她没有跑去墓地，而是直接跑去省立图书馆。那里是台湾藏书最多的地方，三毛觉得心底的伤口被撕裂得更大、更深了,亟须更多的文字来修补。

沉默并没有平复心底的忧伤,反而让它在岁月中沉淀了太久,等不到一个更好的流年来安放。从此,三毛的心中下起了大雨,不分昼夜,再无晴朗。

父母终于意识到,上学已经成为女儿的噩梦。他们无奈地同意让三毛再次休学,试图用爱来修复她心底的伤痕。

日子终于变得空闲起来,但三毛并没有因为不用上学而表现出兴奋。她的神情总是淡淡的,既不哭也不笑,甚至平静得连一丝叹息也不曾发出过。那是一种痛到极致的麻木,看似不悲不喜,却已痛不欲生。

每个晚上,三毛都会无数次回忆起在学校经历过的每一个屈辱的瞬间。每一次回忆,都是一次痛苦的累加,阴霾终于挤走了三毛心底最后一丝光亮,她的精神世界崩溃了。

有时,三毛会长时间地盯着盛开的花朵发呆,她的瞳孔渐渐聚焦,嘴角也露出一抹阴鸷的笑。她转身跑去厨房,打来一壶开水,对准花的根部一股脑儿浇下去。一簇簇绚烂的生命在她面前逐渐枯萎、凋零,三毛内心竟然流淌过一抹畅快,稍稍缓解了疼痛。

于是,她的个性变得越来越灰暗,对人的防备与恨意越来越深,就连最亲近的人也不例外。曾经,三毛和堂弟因为一点小事发生了争执,暴躁的怒火瞬间击垮了三毛的理智,她竟然拿起一把钢梳向堂弟的脸扎过去,堂弟疼得哇哇大哭,三毛才终于觉得怒火得到了释放。多年以后,三毛回忆起自己对堂弟所做的恶行,总是懊悔不已。她不明白,当时的自己为什么能下如此狠手,并且在当时毫无愧疚之情。

她开始厌恶一切阳光照耀下的东西，漫无边际的黑暗，成为三毛最喜欢的色调。她讨厌自己的卧室被阳光照亮，也讨厌置身于阳光之下感受到的那一抹暖意。她的心已经是冰冷的，轻易就能被阳光灼伤，从心底散发出腐烂的味道。

于是，她让父亲在自己卧室的所有窗户上都加上铁栏杆，又在门上焊上铁锁，她把自己关在里面，关上灯，在漆黑的世界里放逐冰冷的灵魂。

刚休学的那段日子，三毛还能和一家人在一张桌子上平静地吃饭。可是，姐姐和弟弟难免在饭桌上提到学校的生活，"学校"两个字轻易便能刺激到三毛敏感的神经，她再也不愿听到任何与学校有关的事情。

于是，每到吃饭时间，三毛就把自己关在卧室里，无论家人怎么呼唤也不肯出来。母亲无奈，只能把饭菜送进去。三毛一个人躲在房间里静静地吃饭，远离与学校有关的一切话题，这才能找到少得可怜的安全感。

在白天，三毛是轻易不肯走出房门的，偶尔出来，去得最远的地方就是家里的院子，并且一定要选择一个院子里没有人的午后才肯出来。每次出来，三毛都会穿上自己的旱冰鞋，在院子的水泥地上默默地滑行，一圈又一圈。她不需要任何人陪伴，只要自己的影子在身边就足够了。每滑一圈，她的心底仿佛便加上一把锁，将心事锁得更牢。

漆黑的夜，埋没了白天的光明。只有在这个时候，三毛才愿意走出院门。黑夜深沉，让人睁大眼睛也无法看透。三毛可以把自己尽情隐匿在黑夜里，与黑夜融为一体。夜晚仿佛可以吞没她的忧伤，安抚她敏感的神经，将她牢牢包裹在安全的保护膜中，不会遭受任何伤害。

越是人迹罕至的小路，三毛越是喜欢走。家门前的那条长春路本就僻静荒芜，路边的荒草地上横七竖八地堆着许多又粗又长的水泥管子，到了晚上，更有一种不同于白日的荒凉。三毛沉浸在这个荒凉的黑暗世界里，在冰冷的水泥管子里钻进钻出，和自己的影子捉着迷藏，这是三毛在那段时光做过的最有趣的游戏。

最难越的狱，是心灵的监狱。此时的三毛是一个心灵的囚徒，并且执意不肯翻过心灵的围墙，用自我囚禁的方式寻找安全感。

她喜欢一切能遮挡白昼的事物，热爱黑夜，也热爱浓雾。秋天的浓雾几乎能遮挡大半个世界，三毛就把自己扔进化不开的浓雾中，在寂静的凝滞的时空里汲取安慰。

在最美的花样年华里，三毛的灵魂却在干枯、腐朽。曾经的浪漫与热爱被悲伤注满，整整七年，她在痛苦的泥淖里苦苦挣扎，却越陷越深。

多年以后，三毛在南美旅行时发现，那里的人们崇拜一种神，名叫"自杀神"。她曾说，自己对"自杀神"是很感兴趣的，这就不难解释，为何三毛一生几次尝试以自杀的方式逃离这个世界，并终于在最后一次成功解脱。

三毛的第一次自杀，就发生在这段灰暗的自闭时期。那是一个台风呼啸的夜晚，三毛感觉自己的灵魂正被痛苦剧烈地撕扯着，那是一种言语无法表述的痛。她再也不堪折磨，用刀片划开了左手腕的动脉。鲜血喷涌而出的那一刻，三毛心底终于流淌过一丝轻松，她觉得，自己终于快要解脱了。

三毛醒过来时，看到一脸哀愁的父母就在身旁，这才意识到自己并没有死去。她的手腕被缝了二十八针，如同一条拉链，将她和这个世界的痛苦严严实实地拉在一起。

三毛有些绝望地闭上眼睛，父母孱弱的哀求声从一旁传来，他们求她活下去。三毛无力地睁开眼，看向父母的方向，却惊讶地看到，他们竟然一夜之间苍老了许多。在三毛心目中，父母一向是坚强无比的，她可以在他们面前任性，也可以违逆他们的要求。然而此刻，这样孱弱的父母让三毛不忍心拒绝，为了他们，她只好强忍痛苦，继续活下去。

医生说，三毛得了抑郁症。她的心里装满了蓝色的悲伤，几乎将她淹没。父母带三毛看遍了台湾的心理诊所，却并没有找到任何一种药物能让她心底的颜色鲜活起来。唯一让父母感到欣慰的，是三毛终于放弃了自杀的念头，除此之外，她还是那个被美好遗忘了的孩子，在忧伤中经历破碎的人生。

心理医生告诉三毛的父母，她的智力测验成绩只有六十分。这意味着三毛的智力只相当于低能的孩子。从此，在陈家的亲戚朋友眼中，三毛成了"低能"，成了"异类"，他们甚至毫不避讳地当着三毛的面对她指指点点，三毛仅剩的一点自尊心被击溃了，自卑与恐惧在她心里打了一个死结，任由心理医生用尽办法和药物都无法解开。

父亲将更多的时间花在三毛身上，每天一下班，就陪她畅游书海。在某些方面，三毛是幸运的，她拥有世界上最慈爱的父母，他们的爱与不放弃，一次次让三毛打开紧锁的心门。只可惜，她对这个世界的自卑与防备实在太重，只肯将心门打开一丝小小的缝隙，很快又牢牢锁上。

在一篇希腊神话中，三毛认识了一位名叫 Echo 的山林女神，因为遭到天后嫉妒被贬到下界。一天，美男子纳西索斯来到森林中，Echo 对他一见钟情。可惜，因为天后的惩罚，Echo 失去了表白爱情的能力，无法正常说话，只能重复对方话语的最后三个字。

她的爱情注定无法被纳西索斯感受到，Echo 只能怀着满腔悲伤，默默地跟在他的身后。

纳西索斯发现了 Echo，便问："谁在这里？"

Echo 回答："在这里。"

纳西索斯又说："不要这样，我宁死也不愿让你占有我。"

Echo 又答："占有我。"

纳西索斯将 Echo 当作轻薄的姑娘，满脸不屑，转身离去。Echo 的脸上写满忧伤，却无法向心上人表露心迹。

天帝得知了这一切，决定对纳西索斯进行惩罚。一天，纳西索斯从湖水里看到自己的美貌，竟恋恋不舍，久久不肯离去。天帝于是把他变成一株水仙花，但 Echo 并未因此减少对纳西索斯的爱，从此成为一名深爱水仙花的女神。

"Echo"这个名字，在三毛心中成了满腹哀愁的代表。她决定，将"Echo"当作自己的英文名，它的中文含义，叫作"回声"。

三毛的心中，同样住着一朵美丽的水仙。一颗心无论阴晴，都要靠她自己来取暖，在漫长的悲苦之中，只有她自己能给那颗自闭的心以救赎。

穿越时光的交谈

带着心底的一抹忧伤，轻轻走过故事里的曾经，那些沉重的过往让人不忍流连，寂寞与荒凉仿佛永无终点，一颗寂寞的心变成一座空城，仅剩少许的温存，也被冰封冻。

三毛心底的伤迟迟不肯结痂，好在父母用爱为她营造出一间心灵的疗伤室，任何能让三毛快乐的东西，他们都愿意提供；任何能让三毛快乐的事情，他们都愿意去做。

快乐，对于那时的三毛而言，是个陌生而遥远的形容词。她不奢求快乐，只要有足够的书可以读，痛苦就能减轻许多。

心理医生的治疗见了效果，三毛不再把自己封锁在院门以内，偶尔，她也会在白天走出院门，一个人来到寂静的海边，找一处没有人的海滩，捡一只美丽的贝壳，向它倾诉自己的心事。她需要一个倾听者，哪怕对方给不出任何回应，至少能让三毛找到一个宣泄情绪的出口。

三毛独来独往的身影让父母难过，他们渴望女儿能重新变成一朵娇艳的花儿，绽放在阳光之下，绽放在人群之中。他们试着让三毛重新回到集体生活当中去，希望她能与更多的人沟通，冲淡她的痛苦。于是，父亲为三毛申请到一所美国人创办的学校学习的机会。他以为，只要远离台湾学校的规矩，三毛就能适应学校里的生活。可惜，"学校"两个字是三毛心底不可触碰的痛，无论是哪个国家的学校，对三毛而言都是一场噩梦。

一想到三毛可能因为痛苦而发病，父亲立刻打消了让三毛回到学校的念头。三毛早已习惯了孤独，她有一张青春的容颜，却再也回不到青春的时光。她的眼神总是忧郁的、躲闪的，仿佛只要与别人的目光对视，就会揭开心底的伤疤。

母亲不忍心让三毛荒废掉大好时光，于是决定和丈夫一起负起教育她的责任。这个决定是明智的，无论从才华还是教学经验而言，再加上对女儿的父爱，陈嗣庆都是教育三毛最合适的人选。

从此，陈嗣庆有了父亲以外的另一个身份——三毛的家庭教师。

家教的科目，主要是语文和英文，以及钢琴。每天下班回来，哪怕再劳累，陈嗣庆也要准时给女儿上课。《古文观止》中的文章，陈嗣庆每讲一篇，便让三毛背诵一篇。

三毛记性极好，文学悟性极高，陈嗣庆为她讲李白、杜甫、白居易、唐宋八大家、宋词元曲……到后来，父女二人竟然一同沉醉在诗词的世界里，三毛的古文底蕴就这样被那些唯美婉约的字句堆砌得深厚起来。

陈嗣庆看重英文，对三毛的英文教育不肯放松。三毛学习英文的主要方式，便是阅读英文读物。

陈嗣庆为三毛挑选的第一本英文读物，是欧·亨利[1]的《浮华世

---

[1] 三毛在《雨季不再来》中写的欧·亨利，但此书作者疑为萨克雷。

界》，后来的每一本英文读物，几乎都是由陈嗣庆夫妇亲手挑选的：《小妇人》《小男儿》《李伯大梦》《无头骑士》《灰姑娘》，等等。

母亲只要上街，都会带一些英文漫画故事书给三毛，里面既有英文也有图画，浅显易懂。三毛读过几次，便能将全部内容背下来，英文一天天流畅起来。

在父亲的印象中，二女儿三毛是最有可能成为艺术家的一个。学习钢琴，是父亲在三毛自闭的岁月里为她寻求的另一条"出路"。一架钢琴对当时的陈家来说，是昂贵的奢侈品。可是为了女儿，陈嗣庆甚至咬牙动用了孩子们的健康"急救金"，买回了一架钢琴。

他将所有的爱与精力都投入在儿女身上，即便三毛不情不愿，陈嗣庆还是要"逼"着她和姐姐、弟弟一起上钢琴课。孩子们弹琴时，他就在一旁打着拍子，有时还大声地唱和着。可惜，三毛总是把上钢琴课当作"苦刑"，总是一脸不耐烦的样子。

父亲用平和的语气告诉孩子们："我这样期望你们学音乐，当你们长大的时候，生命必有挫折，那时候，音乐能化解你们的悲伤。"

三毛心底的悲伤已经泛滥，那时的她还不能理解父亲的良苦用心。直到多年以后，她痛失了最爱的荷西，独自对着加纳利岛的黑夜，用口琴吹奏一曲《甜蜜的家庭》，这才体会到父亲那段话的深意。

父母几乎将全部的耐心都用在三毛一人身上，他们的爱照耀着三毛走过了那段生命中最黯淡的日子，一点一点撬开她紧锁的心门。

他们从不阻止三毛读书，哪怕三毛对书疯狂、痴迷，父母依然愿意让她在文字中疗养心灵。渐渐地，三毛对书的痴迷从内容延伸到书的外形，甚至把封皮精美的书当成房间里的装饰品。

在三毛心目中，父亲为她购买的书橱是最珍贵的礼物，那里摆放着她最爱的《莎士比亚全集》，以及许多英文翻版的哲学书籍。也是从这些书中，三毛认识了许多名字：亚里士多德、柏拉图、康德、黑格尔、伏尔泰……从这些名人当中，三毛第一次开始思索：究竟什么才是生命的意义？

从诗歌中，三毛似乎找到了些许答案。那是泰戈尔的诗，诗中写道：

"生命有如渡过一重大海，
我们相遇在同一条狭船里。
死时，
我们同登彼岸，
又向不同的世界各取前程。"

三毛对死亡的关注，似乎也源自读书。《河童》中的蛙人国，代表着对现实社会极大的反叛。诗人托克曾说："蛙人国里求偶，总是雌蛙玩了命地追逐雄蛙。蛙人国书里的知识，全是'驴子的精髓'，而哲学家的箴言，不过是'阿呆的话'而已。最惊心的，是蛙人国信奉的宗教——生活教，庙里供奉的偶像，都是一些著名的自杀人物——尼采、梵高、瓦格纳……"

书中消极的人生观以及对自杀的疯狂崇拜，深深地影响了三毛。如果生命可以选择，三毛一定会像蛙人国中的小孩一样，对这个世界大喊一声："我不愿出生！"

浮生若梦，一缕微风便能涂抹出一片五彩斑斓。在云淡风轻的日子里静坐时光，打开一扇心窗，晒干心底的寂寞，看阳光下最寻常的人间烟火，那些开得热闹的花簇，将忧伤熏染上甜蜜的芬芳。

绚烂的色彩有时能治愈灰暗的心灵，父亲认为，女孩子总是爱花的，花儿盛开的姹紫嫣红或许能唤起三毛对生命的热爱，于是问三毛想不想学插花。三毛犹豫了半晌，勉强地点了点头。她毕竟已经答应父母好好活下去，至少也要做做样子给他们看。

可惜，上了几次课之后，三毛对插花彻底失去了兴趣。与花相比，三毛更喜欢海。海的低鸣与怒吼，三毛都听得懂。浪花总能把美丽的贝壳送上沙滩，三毛就在那里乐此不疲地捡拾着，只有这一刻，她才能回归十几岁少女应有的样子。她将捡来的海螺贴在耳边，倾听"大海"的声音，心头的褶皱被一点点熨平，心门缓缓打开，她开始将自己的心事一点点讲给父亲听。

三毛告诉父亲，自己脑海中时常会出现美丽的图画，父亲突然意识到，说不定女儿的心事也能随着五彩的颜料一同溶解在水里，涂抹在画布上。于是，他小心翼翼地问三毛，愿不愿意学画画。对于画画，三毛一下子便能联想出大块大块的色彩，简单地堆砌，便是一幅美丽的图画。学习画画能让她拥有掌控色彩的魔力，这样的诱惑，三毛无法拒绝，她的眼神中盛满喜悦。

对于色彩，三毛有天生的敏感。她有属于自己的精神世界，她笔下的线条与色彩在别人眼中是怪异的，没人看得懂她勾勒出的那些无声无息的纷乱。

小学美术课上，美术老师总是把一些方形、圆形的石膏放在讲台上，让学生们照着画。老师的评判标准，是画得像不像，只有"像"才能拿高分。

三毛永远是那个拿不到高分的孩子。她画的桌子只有三只脚，人和动物只能一律向左看，向右看就不会画了。在美术老师眼中，三毛是个没有艺术天分的孩子，总是罚三毛给他打扫房间。瘦小的三毛吃力地提着半桶水，一面给老师洗地，一面痛恨美术：如果一定要画得一模一样才不会受惩罚，那为什么不干脆用照相机拍下来呢？

她原本丰富的想象力在美术课上一次次被老师扼杀，到后来，三毛甚至为自己没有美术天赋而自卑了许久，但潜意识中，对于学习美术的渴望却越发强烈。

小学时的三毛，仿佛总有用不完的体力。她喜欢把自己倒挂在单杠上，一直挂到流出鼻血才高兴地翻下来。一次，三毛正在擦鼻血时，被驻扎在学校的一位少校军官看见，他把三毛带到自己房间，用毛巾帮她擦去脸上的血。

三毛发现，少校房间的墙上挂了一幅素描画，画上是一张女孩子的脸，在光影的衬托下，画上的小女孩如同天使般纯净美好。三毛突然觉得自己的心中澎湃出一片汪洋，那一瞬间，她仿佛顿悟了，竟从一幅素描画中参透美的真谛。

她几乎忘记了自己身在何处，也忘了自己在干什么，只是盯着那张画看，那画上的女孩仿佛变成了三毛自己，她的灵魂也仿佛飘入了画中。三毛眼神发直、浑身发僵的样子吓坏了军官，他赶忙提醒三毛上课时间到了，三毛这才缓过神来，向军官鞠了一躬，转身跑向教室。

从那天起，三毛对军官房间里的那幅素描画念念不忘。只要下课铃声响起，三毛便快速冲出教室，跑向军官房间所在的方向。她不敢进入房间，只敢隔着窗户痴痴地望着那幅画，竟然从中感受到一种缠绵的爱意。

身边要好的同学都被三毛拉到窗边欣赏那幅画，大家虽然觉得好看，却并不太关心。只有三毛自己，每天要跑去看七八次，在她心中，已将看画当成一场庄重的仪式，或者说，当成自己与美术的一场亲密约会。

一日黄昏，下课后的三毛又迫不及待地跑去军官的窗口。太阳已经西斜，一抹斜斜的光打在画上，画上女孩的笑容也因光影的变化和白天有些不同。静谧的夕阳下，三毛对画中的女孩深深地眷恋着，几滴泪流过脸颊，三毛觉得就连这泪都是顺理成章的。

她没能在自己的美术老师那里学到什么叫艺术之美，却无意中在一位军官那里学到了。部队离开学校时，那幅画被军官带走，三毛竟从未有过一丝向军官讨要那幅画的想法。对三毛而言，那幅素描画出现在她生命中的意义，就是让"美"深入她的心灵，那是谁也拿不走的财富。

与"美"的相遇，好像命中注定。遥望红尘岁月，尽是诗意的美，只要能读懂岁月，光阴的尽处便堆满温柔。

然而，一回到学校的美术课堂上，三毛又会被迫从好不容易感悟到的美中抽离出来。初中的美术课画静物，美术老师拿来的道具是蜡制水果。那是假的生命，光与色都不自然，三毛对画这些东西产生了本能的抗拒。

她也曾尝试着骗自己：这些都是真的水果，是那种让人看了就想咬上一大口的水果。可惜，三毛的天马行空却偏偏在此时失了效用，心目中的水果终究还是画不出来，带着满满的挫败感，她终于收起了成为艺术家的美梦。

此刻，父亲的提议再次让三毛心底的艺术家梦活了起来，一抹久违的笑容竟然挂在她的脸上。那样生动鲜活的表情让父亲看呆了，这才是那个他熟悉的女儿，那个满眼灵动的"活"的女儿。他一面满心喜悦地感激着上帝，一面忙不迭地替女儿寻找美术老师。

山水画大师黄君璧先生，是父亲为三毛聘请的第一位美术老师。陈嗣庆不惜重金聘请，才能请来这样大师级的老师为三毛授课。

然而，循规蹈矩的教学方式不适合从不受规矩约束的三毛，艺术本就是放任思想自由的，黄君璧先生让三毛用毛笔一笔一画地临摹别人的画作，那不是三毛对美术的想象。她心目中的美术，是将画笔交给思想，让画笔自己在画纸上呈现出脑海中最真实的画面，无所谓像与不像。若硬要让她画得像，那画画的过程简直太枯燥无味了。

两三个星期之后，三毛丧失了画画的兴趣。她再也不愿临摹那些大师画作，宁愿将自己与生俱来的孤独信手涂鸦，落笔成殇。

父亲不能眼睁睁看着三毛好不容易敞开的心门再次紧闭，既然黄先生的教学方式不能引起三毛的兴趣，那索性就再聘请一位老师。

三毛的新老师，同样是美术界的知名人物，名叫邵幼轩，是著名画家邵逸轩的女儿，也是张大千先生的弟子。邵幼轩笔下的牡丹雍容华贵，自然流露着高雅的气质，于是便有了"牡丹王"这一美誉。

邵幼轩的个性和她的画一样，既有女子的细腻，也有大丈夫的豪爽之气。她从陈嗣庆那里得知了三毛的遭遇，既气愤又心疼。在一名合格的老师眼中，没有"低能"的学生，只有未被发现的才华。邵幼轩一眼就看出，三毛不是个普通的孩子，她忧郁的眼神里写满了对艺术的渴望，她略显麻木的神情背后一定隐藏着一个五彩斑斓的世界。

于是，邵幼轩专门为三毛制定了一套教学方法。三毛喜欢自由，邵幼轩就由着她天马行空。每次学画画，她都会留出专门的时间，让三毛把脑海中的画面画在纸上。这才是三毛想要的学习方式，每到这个时候，三毛都抑制不住心底的快乐，忙不迭地拿起画笔，随意地在纸上涂画着。这些画没有主题约束，没有笔法限制，有的只是她对画画最天然的理解和领悟。

一笔笔流畅的线条，勾勒着三毛脑海中的世界。她想象着曾经的自己，有世界上最自由的灵魂。那灵魂汇聚成一抹光，被画笔点入一只小鸟的眼睛里。那是世界上最像三毛的一只小鸟，眼神中流淌着天然的灵气，毫无绘画技巧的修饰。

艺术就是要用尽真情实感，最高级的艺术往往来自最纯粹的灵魂。在绘画技巧上，三毛是个初学者，但在表达真情实感方面，她却具备与生俱来的天赋。三毛笔下的花与鸟，并不完全与现实世界的花鸟相似，却比真实的花鸟更加传神。

黑暗中的一抹色彩，驱散了心底的阴霾，也绚烂了三毛生命的底色。生命仿佛在这一刻有了价值，画笔勾勒出的世界如同黑夜里的水泥管子一样，有种独特的安全感。这是她内心的世界，融入色彩的光晕里，就连忧郁都被涂抹上明快的颜色。

第四章

天赋：点燃窥见梦想的蜡烛

你好，毕加索

寄居在灵魂深处的孤独，若没了依附，也就走到了穷途末路。飞花似梦，花开相惜，三毛的灵魂已渐渐迎来暖阳，照耀出馥郁盈鼻，温润了心头的忧伤，隐藏了心底的伤痕。春暖花开时，她一人独行，即将走出寂寥的戈壁，将一片荒芜远远甩在身后。

艺术没有规律，更不需要偏见，是用彻底的自由来任意重塑这个世界。于是，三毛爱上了毕加索，那个拥有自由灵魂的绘画者。

三毛记得，自己第一次看到毕加索的画，还是在二堂哥陈懋良的房间里。那时她们一家还与大伯父一家同住，读高中的二堂哥因为爱上了音乐，再也不肯上普通学校，还在三毛父亲面前撕掉了自己的学生证。长辈们无奈，只得将他送到作曲老师萧而化那里做私人学生。

就是在那时，三毛在二堂哥那里发现了一本巨大的画册，里面全部都是毕加索的平生杰作。

艺术是相通的，整天都在弹琴的二堂哥同样喜欢毕加索的画。他和三毛——陈家的两个"另类"孩子，因为这本画册产生了相同的兴趣，成了最好的朋友。

三毛曾说："这一生，由画册移情到画家身上，只专情地对待过毕加索。他本人造型美，而且爱女人，这又令我欣赏。艺术家眼中的美女，是真美女。毕加索画下的女人，个个深刻，是他看穿了她们的骨肉，才有的那种表达。那时候，我觉得自己也美，只有艺术家才懂的一种美。"

毕加索的画里，有三毛想看的那种生命，从他的桃红时期、蓝调时期、立体画、变调画直到后来的陶艺作品中，三毛寻找到自己心灵深处的生命之力与美。

在那段将灵魂关闭在黑暗中的时期，三毛曾听二堂哥说，他想要成为一名作曲家。三毛心底也有一个愿望，却只能告诉自己：她想做毕加索的另外一个女人。急着怕他不能等，急着怕自己长不快。

毕加索在法国拥有的那幢古堡，被印成图画，也被三毛看了又看，那是她梦想中将来与毕加索一同生活的地方。只可惜，她长大的速度还是不够快，却又因为太急着长大，失落了今生无法再拾回的少女时代。

她终究还是没能见到毕加索，不过，三毛并不为此后悔。当从报纸上得知毕加索的死讯时，三毛已经拥有了许多毕加索的画册。他的死，对三毛而言，反而成了一种教化。从那一刻起，三毛忽然认知到，艺术家会死，艺术却永远不会死。她甚至没有为毕加索的死掉下一滴眼泪，有他的艺术作品相伴，三毛觉得已经足够。

毕加索的全部"性爱素描"作品在西柏林展出时，三毛去了一次又一次。她第一次知道，性爱竟然也能在毕加索的画笔下呈现出"惊心动魄"的美，那是毕加索给予三毛的另一次教化，人的双手竟然能创造出自然界创造不出的美。

从此，毕加索的真迹在三毛的心底烙下了执念，她成为西班牙巴塞罗那城毕加索美术馆里的常客，每一幅毕加索的名画真迹前面，都曾无数次出现三毛流连忘返的身影。从每一幅画里，三毛都能感受到毕加索的灵魂，她觉得毕加索的灵魂就在美术馆中注视着她，让她不舍得离开。

三毛最大的遗憾，便是此生没能与毕加索见上一面。三毛想和他聊一聊当年那个喜欢倒挂在单杠上的小女孩，被一幅贴在军官卧室墙上的素描画带入艺术殿堂的故事。

若不是二堂哥当年的那本画册，三毛与毕加索的邂逅不知要推迟到何时。她永远记得自己第一次从画册中看到《格尔尼卡》时，从那充满血腥与暴力的画面中感受到的艺术张力。

那幅画的右边，一名妇女举着手，从着火的屋顶上掉落下来，另一名妇女垂着双手，似乎是在夺命狂奔；画的左边，一位母亲怀里抱着死去的孩子，仰望苍天，哀号不止；一个战士的尸体倒在地上，手里还握着一把剑，剑的旁边却有一朵盛开的鲜花；一匹老马站在画的中心，一根长矛由上而下贯穿了它的身体，它痛苦的嘶鸣被一旁的牛听到，牛茫然地顾盼着，一只鸟站在牛、马之间，举头张喙，仿佛正在哀鸣。一只从窗口伸进来的手臂，举着一盏灯，照亮这血腥的场面。整幅画中没有任何彩色，只有黑、白、灰色的大色块，却能营造出震人心魄的层次感。

三毛只觉得自己的心灵被剧烈地撞击到了，却不能理解画中更深的含义。直到多年以后，她才知道这幅画描绘的是西班牙小镇格尔尼卡遭到德军飞机轰炸后的惨状，那个怀抱死去孩子的母亲，似乎源自哀悼基督的圣母像；举着油灯的手，让人联想起自由女神像；那个高举双手从屋顶掉落的妇女，则与戈雅画中爱国者就义的姿态相似；那个倒地的士兵，似乎源自意大利文艺复兴早期某些战争画中的形象。从这些元素中，三毛对毕加索的敬佩更深了一层，她从前只知道毕加索有叛逆精神，敢大胆创新，后来才知，他对传统艺术竟然也如此精通，并且尊崇。

因为毕加索，三毛爱上了美术。毕加索使用的色彩和表达情绪的方式都是浓烈的，像极了三毛灵魂深处的炽烈与张狂。或许，这也是她爱上毕加索的原因，他们都有着反叛的灵魂，也有如孩童般最质朴的纯真。

毕加索曾说："我的每一幅画中都装有我的血，这就是我的画的含义。"三毛觉得，毕加索的血透过那些画连入她的血脉，为她的世界注入了一丝活力。

三毛越发沉浸在绘画的世界里，那里比现实中的生活更加纯粹，闪耀着用灵魂点燃的光芒。美术世界的大门已正式向三毛敞开，机缘巧合之间，她发现自己对油画的热爱更胜过对中国的山水花鸟画的热爱。

或许是冥冥之中早已注定，要有这样一个人引领三毛走进油画的世界。这个人就是陈骕，是三毛的大姐陈田心的好朋友。

那一年，三毛十五岁，姐姐过生日，邀请好朋友陈缤与陈骕姐弟来家里玩。三毛还是无法融入喧闹的世界，别的孩子在一旁玩得不亦乐乎，只有三毛一个人躲在角落里不愿加入。不过，三毛已不再排斥身边的喧哗，偶尔，她也会将目光投向孩子们玩耍的方向。他们似乎正在进行一场关于"打仗"的游戏，孩子们分成两个阵营，一边呐喊一边挥舞手中的"武器",将"战争"进行得有声有色。

三毛左耳喧哗,右耳沉静,一会儿沉浸于闲情之中,一会儿置身于纷扰红尘。孩子们玩耍时的对话,她没有仔细听,可是从零星飘入耳朵里的字句中,三毛突然听到了"画画"两个字。

这两个字立刻吸引了三毛的全部注意力,目光在孩子们中间搜索着,发现一个男孩子被其他孩子们围在中间,手里正拿着一些画画的工具。他提议,把战争的场面画下来,孩子们热烈地响应着,争相拿起画笔在画布上涂抹着。

提议画画的男孩就是陈骕,也是整幅画的主要创作者。三毛在角落里看不见画的内容,只能看见孩子们把那幅画拿在手中争相传阅着,嘴里不停地发出赞叹的声音。三毛的注意力完全被吸引了,强烈的好奇心被激发起来,终于忍不住走出角落,却依然不愿走入孩子们当中,只站在远远的地方,想要从孩子们的手上欣赏这幅画的内容。

可是孩子们总是把画争来抢去,三毛看不真切,只能大概看出画的是一场印第安人与骑兵之间的战争。好在,小孩子的注意力总是短暂的,没过一会儿,大家又扎堆儿去玩其他游戏,那幅画不知被谁随手丢在一边。

直到孩子们一窝蜂地跑去院子里,三毛才捡起那幅被丢在一旁的画,悄悄地看了个够。她的视线一遍又一遍在那幅活泼的油画上反复摩挲着,那画上有倒地的战马,中箭的白人,号叫的红种人,以及在大火里燃烧的篷车……在三毛眼中,每一幅画都是有生命的,这幅色彩浓烈的油画一下子撞击到三毛的灵魂,心底的某些灰暗地带竟在不经意间沾染上浓烈的油彩,变得鲜亮起来了。

学油画，刹那之间变成了三毛的梦想。当灵魂被梦想点亮，一切都开始变得不同起来。后来，十九岁那一年，三毛拥有了人生第一座油画比赛的奖杯，也是此生唯一一座。

那次比赛，三毛是悄悄参加的。所有获奖的画作都会在西门町的"海天画廊"展出，三毛的画是最后被展出的一批。在此之前，三毛的国画作品已经参加过十几次联展，还参加过两次台湾地区美术展。这一次，是三毛第一次用油画作品来参赛，或许是因为信心不足，她并没有告诉家里人。

得知自己的画被选中，三毛想去看一看，却又不想在父母面前宣扬。于是，她借口去西门町看电影，想要在去电影院之前，感受一下自己的画被展览在画廊里是什么心情。

父亲不放心三毛一个人出门，申请陪她同去。三毛推脱不掉，只好带着父亲来到画廊。那里有很多画正在展出，其中油画部分有两幅三毛的作品。直到进入画廊之前，三毛并不知道这次比赛是给奖杯的。在画廊门口的签名处，立着金、银、铜三种奖杯，父亲的热情好像一下子被奖杯点燃了，三毛明显能感觉到他在签名时就已经开始亢奋的心情。

父亲草草几笔签完了名字，快速进入会场绕了一圈。走到一半，突然在一幅油画下面发现了三毛的名字。父亲快步向三毛走过来，语气中难掩惊讶，说道："妹妹，你居然有一张画挂着嘛！"三毛却一下子有些不好意思，只是抿嘴一笑，什么都没有说。

十九岁的三毛走在四十七岁的父亲身边，总是很少说话。女孩子长大了，与父亲的关系渐渐生涩起来，三毛略有些不自在，与父亲沉默地走在画廊里，静静地继续看画。

突然之间，另一幅写着三毛名字的油画出现在父女二人眼前，与三毛的名字并排的，还有一条红带子，上面写着三个字——"铜牌奖"。猝不及防地在父亲面前发现自己得了奖，三毛几乎惊到了，还有些害羞，几乎要转身夺路而逃。多年以来，三毛那扇关闭的心门终究还是没能完全打开，在她和父亲之间，仿佛已经形成了一条深不见底的沟壑，父女二人隔着沟壑遥遥相望，偶尔对话，却再也没办法靠近彼此，给彼此一个热烈的拥抱。

得了奖的三毛低着头站在父亲面前，仿佛做错了什么事情，脸上不见笑容。她印象中的父亲从不是个内心情感丰富的人，甚至谈不上开朗，可是这一次，他竟然高兴得像个孩子一样，围着那幅得奖的画转了好几圈，怎么也看不够，最后居然还跑去签名处，问可不可以买下那张铜牌奖的油画。当得知展出的画是不卖的，父亲又问什么时候可以领奖，有没有颁奖典礼，却只得到冷冰冰的三字回复——"不知道"。

工作人员冰冷的态度并没有浇熄父亲看画的热情，他又回到那幅画前面，左看右看，很久都不肯离开，喜形于色，恨不得在场的所有人都知道，得奖的人就是他的女儿。

父亲一面看画，一面小心翼翼地问三毛："瓶子怎么变长了？爹爹看不懂，你来解释好吗？"三毛受不了周围人投来关注的目光，闭紧了嘴巴不肯开口，恨不得立刻离开会场。父亲依然热情高涨，又跑去问柜台小姐，什么时候可以把铜牌的奖杯带走。小姐回答的语气依然冰冷："画展结束可以来拿。"

不能立刻抱走奖杯，父亲似乎有些失望，转而又说："也好！等颁奖那天爹爹来替你拍照。"去电影院的路上，父亲忍不住用公用电话向妻子报喜，还说看过电影之后要带三毛出去吃饭，餐馆由三毛自己来选。

在餐厅里，父亲向三毛袒露了自己的心事。他的理想并不是做律师，而是运动家或者艺术家。可是，他有一个强势的父亲，从不敢把自己的理想告诉他。于是，按照祖父的意愿，父亲去读了法律专业。在餐馆里，父亲一边把一碗汤摆在三毛面前，一边语气温柔地叮嘱："现在你们这一代不同了，你们有什么向往都可以向爹爹姆妈讲清楚……知道了？"

三毛不语，只是点头。父亲又说，她是个有美术天分的孩子，又肯努力，如果下决心一辈子做个画家，将会是父母最大的欣慰。父亲慈爱的语气令三毛有些紧张，她此前从没有意识到，自己那段漫长的休学时光竟然让父亲如此担忧，如今这样一枚小小的奖牌，竟然给了父亲莫大的希望。原来父亲毕生最大的心愿，只是儿女一切都好。

那场画展的宣传单成为父亲最珍贵的藏品之一，他在三毛的名字上打了个钩，还用红笔特意注明"铜牌奖"，之后小心翼翼地珍藏进一个资料袋中，那里面装着每一个孩子的成长纪念，是父亲最珍贵的宝藏。

那座铜牌奖杯被父亲擦了又擦，特意摆在钢琴上。只要家中来客人，父亲都忍不住炫耀一番二女儿的成就。三毛庆幸自己能遇到这样好的一位父亲，更庆幸十五岁那年，一个名叫陈骕的男孩子出现在她的生命里，把油画带入她的世界当中。

星光引路人

　　生命走过狭窄的暗道之后，终于星光普照。一切多愁善感，终于得到日月星辰的眷顾。当人生开始开出绚烂的色彩，一支饱蘸油彩的画笔便足以涂抹出迷人的魅惑。

　　三毛还记得，自己第一次提出不再学国画，想改学油画时，父亲那纠结不安的表情。他不知道究竟是该由着女儿任性下去，还是强迫她继续学国画。对女儿的疼爱终究还是不允许父亲对三毛说个"不"字，他打听到陈骕的油画老师就是大名鼎鼎的顾福生——台湾画坛新潮画派的领袖。

　　这样两个头衔足以证明，顾福生不是个容易请来的老师。事实的确如此，顾福生好不容易答应收三毛为学生，却提出一个让全家人都为难的条件——三毛必须登门求学。

　　从陈家到顾家那短暂的距离，仿佛是对三毛残忍的惩罚。三毛能清晰感受到灵魂在体内剧烈挣扎，对油画的热爱，拼命将她向门外拉扯；对外界的恐惧，又将她死死捆绑在原地。

　　放在床头的枕头，一夜之间变成了一堆破烂的棉絮。母亲知道三毛有多么痛苦，默默地打通了顾福生的电话，推迟了上课的时间。

人生只有一条路，走法却有若干种。困守原地，绝不能救赎被捆绑的灵魂，为了那些绚烂的油彩，为了那个堆叠在画布上的梦，三毛决定走出去。

顾福生的家位于泰安街二巷二号，是一座深宅大院。三毛站在那扇陌生的大门前，抑制不住内心的颤抖。对于未知，她有强烈的恐惧，不知那扇大门一旦开启，自己的命运会发生怎样的改变。她强作镇定，按响了门铃，却又立刻想要逃走。门里很快有人出来，带着三毛走过一段杜鹃花丛中的小径，来到了一间画室。

画室里并没有人，只有满墙满地的油画。那些油画，大多是被分解的身体和四肢，有些贴上了纱布，有些伤口就那样裸露着。只有一幅画上的人体是完整的，蜷伏在地上，仿佛已经睡去。三毛永远记得那幅画的题名——"月梦"。

三毛静静地等了一会儿，有人从她身后的纱门中走了进来。三毛并不知道，出现在面前的这个人，即将改变她的一生。他身上的那件红色毛线衣，照亮了那个阴天的黄昏，成为三毛生命里一种"寂寂的永恒"。

她怯怯地叫了一声"老师"，只有三毛自己知道，叫出这两个字，她鼓起了多大的勇气。在曾经那段灰暗的岁月里，这两个字和"学校"一样，都是三毛最不愿提及的噩梦。

顾福生只是问了三毛几个简单的问题："喜欢美术吗？""以前有没有画过？""为什么想学画……"对于三毛没有上学的事情，他表现得云淡风轻，仿佛只是像听到"今天是星期几"这样一个再寻常不过的事情。那一瞬间，三毛在心理上完全接受了他，认为顾福生就是那种"温柔而可能了解你的人"。

　　三毛就是这样的个性，认可了一个人，便会将他的每一句话都当成世界上最重要的事。顾福生说下次学画时要准备一个馒头，用来擦炭笔素描。明明是三天后才会用到的东西，三毛却生怕到时买不到，催着母亲立刻去买，甚至为此闹了一场。她是那样焦急地期待着下一次上课，连她自己也说不明白，为什么一个初次谋面的人竟能让她如此依赖。

　　直到半生已过，三毛才说："初见恩师的第一次，那份'惊心'，是手里提着的一大堆东西都会哗啦啦掉下地的'动魄'。如果，如果人生有什么叫作一见钟情，那一霎间，的确经历过。"

　　学画的大部分时间，三毛都很少说话。顾福生也很少讲话，第一次授课，他就把三毛留在画室里，让她先画。三毛知道这是老师在考验她的观察力和表达力，不愿框住她的思维。可不知为何，三毛竟然连握笔的勇气也没有，只是看着满墙的画发呆，一条线也画不出来。

　　顾福生仿佛能读懂她的恐惧，轻轻接过三毛手中的炭笔，在纸上勾勒出"朦胧的生命和光影"。三毛照着那幅画在纸上笨拙地模仿着，画出一张分不出男女的灰白色背影。顾福生拿着那幅画，看了一会儿，突然问三毛几岁。三毛低下头，声音弱得几乎听不清："十六"。顾福生没有多说什么，只说"可以再画"，转身离开了画室。

　　三毛看着那幅惨不忍睹的"作品"，突然间看到了一扇希望之门正徐徐打开。她慢慢地在画的右下角签上了自己的名字——Echo。

　　两个多月以后，三毛终于无奈地承认，自己在素描方面是欠缺天赋的。她为此对顾福生感到愧疚，因为他从来没有流露过一丝一毫的不耐烦，总是那样耐心。可三毛却被越来越强烈的挫败感淹没了，她鼓足勇气告诉顾福生："没有造就了，不能再累你，以后不要再来的好！"

说完这句话，三毛低下了头。她以为，顾福生一定会同意，自己则又会像从前一样，关闭在院门以内，藏起自己的无能。顾福生却语调缓慢："还那么小，急什么呢？"他的嘴角带着微微的笑意，让三毛先放下炭笔，带着她去看自己的油画。他总是知道在怎样的时间里用怎样的方法疏导三毛的情绪，用其他事情分散她钻牛角尖的注意力。

下一次再见到顾福生，三毛仿佛换了一个人。她开心地讲话，快乐地问问题，顾福生静静地听着，轻轻地笑着，眼里满是欣喜。三毛买来一大堆水彩，在顾福生面前毫无顾忌地画着。这一次，她不怕画错，大胆地涂抹着五彩的颜色，因那些颜色而重新焕发了生命。

顾福生的画展，三毛看了一次又一次。她以为，踏实地跟着顾福生学画，就是她全部的生命了。可是，顾福生却突然告诉三毛，自己再过十天就要去巴黎了，以后都不能做她的老师了。

接下来的话，三毛都没有听清。她耳边的声音一下子变得和巴黎一样遥远，不知如何回答，只能挤出一个勉强的微笑。那天下课，三毛一个人走在回家的路上，再一次感受到孤独。一艘叫作"越南号"的大船，带走了三毛曾经视为珍宝的人。三毛从没有对顾福生说过一句感谢的话，却早已在心里把他当作恩人。

三毛说不清顾福生到底教给了自己什么，只知道如果没有他，她或许不会像后来那样壮烈地活着。在三毛眼中，顾福生的深刻、尖锐、痛楚，都是他身上闪光的地方，轻易就能刺痛三毛的心，激起她生命中的迷茫。

顾福生的出现，也让三毛内心产生了许多关于人生的疑问。这些问题对她非常有用，在摸索这些问题答案的过程中，她渐渐敞开了心门，也走向了成熟。

顾福生走后，三毛偷偷写了一封厚厚的信，终究还是没有勇气寄出去，又悄悄撕掉。她永远记得那封信里的内容，幼稚，却感人。

顾福生临走之前，把三毛推荐到韩湘宁的画室去学习。三毛起初是抗拒的，她已经在心中把"老师"的位置留给顾福生一人，执意不肯让他人取代。那时的她还不知道，自己的生命中将出现三位改变她人生的恩师，韩湘宁就是其中一位。

三毛第一次见到韩湘宁，是在一个炎炎夏日。他一身雪白的装扮出现在三毛面前，一副不染尘世烟火的模样，三毛突然觉得，他像极了一个不戴长围巾的小王子。此后余生，每当看《小王子》这本书，三毛都会想到韩湘宁。

不知为何，别人总是叫韩湘宁为"韩璧"，其实三毛并不知道究竟是哪一个"bì"字，也从不敢把这样亲切的称呼用在韩湘宁身上。

韩湘宁的个性与顾福生截然不同，他是活泼明朗的，个性里又有最纯净的部分，就像他经常穿的那件白色衬衫一样不染纤尘。韩湘宁的课堂总是充满欢声笑语，他喜欢讲话，喜欢和学生们沟通，更喜欢带学生们走出画室，去看别人的画展、去广阔的自然中写生、甚至还会一起去看舞台剧或电影。

这种动态的教学与顾福生的安静不同，渐渐地，三毛融入了韩湘宁的授课氛围。更多时候，韩湘宁不像个老师，倒更像一个学长。他的玩心比学生们都重，即便是有时故作生气的样子也让人怕不起来。

韩湘宁试图让三毛从素描画学起，三毛又重新回到了每天和石膏像打交道的日子，可是素描功底还是怎么也打不好。在这方面，韩湘宁比顾福生执着一些，认为只要勤加练习，素描一定能画好，可是他每一次看到三毛交上去的一塌糊涂的素描作品，又失望得垂头丧气。

一次，看到三毛交上来的素描画，韩湘宁一句话都没有讲，直接把石膏像摔得粉碎。三毛虽然吓了一跳，却并不真的害怕。韩湘宁假装发脾气的样子，就像是一只假装成老虎的小猫，不仅不可怕，反而很可爱。

最后，韩湘宁还是无奈地接受了现实。在素描方面，三毛的确是欠缺天赋，韩湘宁终于不再执着于让三毛提升素描功底，而是每天带着她四处东奔西跑，不是听演讲就是看画展，甚至还会介绍一些好诗给三毛读。

是韩湘宁让三毛的生活变得更加开阔。在三毛心中，韩湘宁永远是个明净又快乐的小王子，拥有过人的才华和世上少见的聪明。他的生命是纯净洁白的，就像童话里的小王子一样，好奇心十足，有自己的星球，也偶尔要去别人的星球东张西望。

在美术的世界里，顾福生为三毛营造出一个单独的房间，遮蔽外界的风雨，给她十足的安全感；韩湘宁则用尽全力将三毛向外引，将她带到更广泛的艺术层面中去，感受阳光下活泼生动的美术世界。

顾福生永远是沉静的，韩湘宁总是活泼明朗，偶尔带点情绪化，却又永远能让人感受到他的快乐。三毛曾将韩湘宁形容成"一种微风五月的早晨，透着明快的凉意"。是韩湘宁让三毛看到了生命的快乐，也让她学会如何将心中的快乐传递给身边的人。

三毛十九岁那一年，被韩湘宁推荐去彭万墀老师那里学画，就此，三毛遇到了生命中第三个恩师。

与彭万墀初见是个冬天，三毛记得他穿了一件质地粗糙的暗蓝色圆领大毛衣，给人一种厚重的感觉，不说话也不动的时候，仿佛一座雕像，让人觉得踏实。

三毛记得，第一次在彭万墀的画室里上课时，总共只有三个学生。彭万墀站在三个学生面前，左手垂着，右手五指张开，平摆在胸前，一动不动，给学生当起了模特。那样厚重的气韵，就像一座真正的雕像。三毛一下子来了灵感，用油彩在画布上涂抹出他厚重的轮廓，却无论如何也画不好他的五官。三毛索性用调色刀将五官抹掉，画了一张没有五官的彭万墀画像。

彭万墀选择的静物画道具也和别人不同，不是罐头就是榔头，都是沉重的铁器。即便偶尔拿来一些瓶子做道具，那瓶子也都是粗陶制成的。有时，他索性把手掌张开，摆在学生面前，让学生们画下来。至于什么时候画画，什么时候讲课，是没有固定安排的。兴致所至时，或是到了他认为应该讲课的时机，他就会认认真真地讲一堂课。彭万墀是个认真的老师，讲课的内容却从不受局限，他能从旧俄的文学讲到瓦格纳的音乐，从不夸夸其谈。虽然彭万墀的年纪与韩湘宁相仿，却总是给人诚恳、稳重的感觉。

这是三毛学画生涯最认真的一段时光，那枚铜牌奖，也是在跟随彭万墀学画期间得到的。在彭万墀的画室里，三毛从不敢发呆，不敢嬉笑、讲闲话，吃东西更是禁忌的。她唯一能做的事情，就是用调色刀在画布上面一块一块地上色，那是三毛最喜欢的表达方式。

跟随彭万墀看画展也是一个认真的学习过程，彭万墀会在一旁轻声地分析每一幅画。在三毛的三位美术恩师当中，彭万墀似乎是最像老师的一名老师。他会给学生许多大部头的书籍看，看得多了，三毛渐渐承担下那份厚重，甚至觉得，从事艺术的人自身就应该是厚重的。一个看似天马行空的行业，却最需要步步踏实。

在彭万墀的影响下，三毛不知不觉改变了用色的风格。她的笔下很少出现像从前那样浓烈的色彩，渐渐转变成素简的色调。她从来不认为自己是美术方面的天才，更不奢望十九岁的女孩能在画中表现出所谓的自我。但三毛庆幸自己遇到这样三位美术老师，他们也不过二十三四岁，每个人却都能拥有如此鲜明的风格。

十九岁的三毛在二十几岁的彭万墀面前，竟然能感受到一种厚重的父爱。相处得久了，她发现彭万墀不仅对学生"慈爱"，对朋友也是如此。那是他人性中的光辉，如同冬日的暖阳，并不刺目，只释放出轻柔的暖，却足以融化心底的冰。

三毛曾说："今天，能够好好活下去，是艺术家给我的力量，他们是画家，也都是教育家，在适当的时机，救了一个快要迷失到死亡里去的人。"

在美术方面，三毛自认一生都没有出色的作品。唯有将自己的生命活出绚烂的底色，让自己的生活变成一幅活动的画卷，才算是向三位老师交出的最好成绩。

青春的书写

　　三毛的青春，一半忧伤，一半明媚。在三位老师的画室里，绚烂的色彩铺天盖地向她涌来，只要稍稍敞开心门，那些明媚的颜色必将填满曾经灰暗的色彩。一个风华正茂的灵魂，因为有了色彩的填充才渐渐鲜活起来。

　　青春就像写不完的诗，可以尽情地听花开的声音，感慨花落的寂寞。有些人从她的青春路过，就像微风拂过水面，只留下一抹轻痕，刹那便消失无踪；有人却像湖心中投入的一块巨石，掀起巨大的浪花之后，永久地填充了她心底某些缺失的部分。

　　三毛是落入凡间的文字精灵，能用自由孤高的笔调，书写她在人间的平静与淡然。从小，三毛就知道自己是善于支配文字的，然而却是顾福生的存在，才让三毛第一次在文字中重拾自信。

　　那时，三毛正在顾福生的画室里与素描画纠缠不休，并且气馁于自己竟然败给了手中的炭笔。顾福生及时阻止了三毛继续钻牛角尖，不着痕迹地转移了她的注意力，抚平了她的挫败感。

　　顾福生先是和她聊画，不知不觉又聊到文字。他觉得三毛是个特别的女孩子，问她读过哪些书，有没有试着写过文章。这个话题打开了三毛快乐的闸门，如果说三毛有什么爱好，那就非读书莫属了。即便在关闭心门的那段岁月里，三毛依然将自己放逐到书海当中。她在顾福生面前滔滔不绝地讲述自己看书的经历和感受，眼睛里闪着光，那是顾福生从未在她眼中见到过的生命力。

这一刻，顾福生终于承认，三毛的确不是美术方面的天才，文字才是她灵魂深处的闪光之处。他默默起身走向书架，翻找了一阵，递给三毛一本《笔汇》合订本，还有几本《现代文学》杂志。可是，说出口的话却和文学毫不相干："下次来，我们改画水彩，素描先放下了，这样好吗？"

商量式的口吻，让三毛觉得自己像个大人一样被尊重。不用再画素描，改画她最爱的水彩，还有手上捧着的书，顾福生说的每一句话、做的每一件事，都让三毛觉得心底有股暖意在流淌。

读那两本杂志时，三毛觉得自己代入了极大的感情。如同一场漫天花雨降临，整个世界都染上淡香。前方仿佛亮起一道微光，一个个陌生的名字顺着光亮走入三毛的生命：波德莱尔、加缪、里尔克、横光利一、劳伦斯、爱伦·坡、芥川龙之介、福田恒存、肯明斯、惠特曼……文字忽然在三毛的世界里掀起了风浪，每个浪头上都托举着一个崭新的世界：自然主义、存在主义、黑色幽默、意识流……三毛凄苦的精神世界一下子丰盈了起来，顾福生送的这几本杂志打开了三毛通往现代文学世界的大门。

三毛废寝忘食地读着，急切的求知欲险些将自己"生吞活剥"。现代文学的世界，有些生涩，有些怪异，却无比迷人。曾经，三毛以为自己拥有世界上最寂寞的灵魂，直到读了这些文章，认识了这些作家才发现，原来这个世界上还有这么多似曾相识的灵魂。

下一次的上课时间，三毛又准时出现在顾福生的画室。她庆幸自己没有放弃学画，否则便要错过这样一位能读懂自己灵魂的老师。

师生二人之间的谈话，也渐渐从美术转移到文学上。每一次畅谈过后，三毛都觉得曾经堵在心口的某些东西正在一点点消失，整个世界的空气都重新变得芬芳起来。

从此，三毛的课后作业，变成了读书。顾福生有许多书，三毛最期盼的就是课程结束时，从他的手中接过厚厚的几本书，然后以最快的速度赶回家，把自己关在房间里如痴如醉地读。在家里，三毛还是很少走出房门，可是全家人都能感受到，她的态度正在一天天和善起来。

或许那时的三毛还未完全敞开心门，但至少已经在家人面前去掉了心门上的锁，将心门打开了一条缝。

她已经在潜意识中把顾福生当作自己最亲密的人，只有在他的面前，三毛是毫无顾忌的。她可以自自然然地在画画时提出要写一篇文章给老师看，得到老师的肯定之后，立刻认认真真写好，又誊抄了一遍，才拿到顾福生面前：

> 天黑了。我蜷缩在墙角，天黑了，天黑了，我不敢开灯，我要藏在黑暗里。是了，我是在逃避，在逃避什么呢？风吹进来，带来了一阵凉意，那个歌声，那个缥缈的歌声，又来了，又来了。

三毛为这篇文章取名为《惑》，曾经的她，就连睡去时都裹着褪不去的忧伤。她就像一只亲手把自己关进囚笼的鸟，不想飞向广阔的天空，更不想飞入任何一个人的世界。

孤僻的外壳之下，是最温柔的内里。是顾福生重新将三毛眼里的光芒点亮，熨帖了她的灵魂，让她明白，有些痛苦只要落于笔端，就能变得云淡风轻。

短短半年，顾福生就把三毛变回了曾经那个鲜活的少女，虽然这样生动的语气和表情大多只出现在他的面前，但也不得不说，顾福生创造了一个奇迹。

三毛的心灵已经干涸了太久，一篇酣畅淋漓的文章浇灌了她的心田。她已经好久没有找到如此自信的感觉了，一朵美丽的蔷薇，在经受一整个冬天的霜雪之后，终于徐徐绽放。

顾福生并没有给那篇文章任何评价，三毛也不敢追问。重新拾起炭笔，三毛又坠入无边的自卑当中，写文章时的那份自信消失无踪，她轻易便被自卑打败。

下一堂课，三毛逃了，没有出现，也没有请假。她假装自己生病了，并且一遍又一遍地这样告诉自己。直到下一次上课时，就连三毛自己都真的相信，上一次缺课是因为生病。

顾福生并未去追究所谓病假的真伪，他云淡风轻地告诉三毛，自己已经把她的稿子交给了《现代文学》月刊，问她"同意吗？"一如既往的尊重，一如既往的平静，仿佛只是做了一件每天都在做的寻常小事，不需要炫耀，更不需要被感激。

三毛已经激动得说不出话，仿佛被雷电击中一般全身麻木。她拼命压抑自己想哭的冲动，用尽全力从喉咙里挤出几个字："没有骗我？"声音明显带着颤抖，微弱得连她自己都差点听不清。

顾福生依然淡然。他告诉三毛，第一次就能写出这样的作品，很难得了，下个月就会刊登出来。三毛的情绪突然因为顾福生的淡然而变得平稳了。他就那样淡淡地给一个自闭了四年的女孩极大的肯定，那是三毛此生都不敢奢望的。她眼中的顾福生，仿佛周身笼罩着神祇般的光晕，他亲手为三毛摘下了一颗"星星"，轻轻挂在她的生命里，照亮她人生余下的路程。

等待文章刊出的那一个月，几乎是三毛生命中最漫长的一场煎熬。一本小小的杂志，收纳了三毛整整四年的快乐，终于在刊出的这一天，将所有快乐全部释放了。那一天，三毛几乎是一路小跑着回家的，还没进院门，三毛就狂喊着"爹爹"。一家人从没有听到过三毛那样大声的喊叫，所有人吓了一跳，以为出了什么大事，急匆匆赶到门口。

三毛奔跑的脚步有些踉跄，怀里紧紧地捧着一本杂志，仿佛捧着一个急需拯救的生命。一看到父母，三毛迫不及待地举起手中的杂志："我写的，变成铅字了，你们看，我的名字在上面。"她的嗓音因为长时间的奔跑而有些干哑，语气里的兴奋却掩藏不住。

一朵枯萎的花在眼前重新绽放，三毛的父母几乎不敢相信自己的眼睛。他们接过三毛手中的杂志，捧在手中，眼里有泪光闪过。这样煽情的场面让三毛害羞得想逃，她又把自己关在房间里，心里却盈满喜悦。

曾经的失意渐渐忘却，纠结在回忆里的种种，终于寄托在文字里。所有的"惑"，都是岁月的馈赠。囚笼里的鸟终于恢复了对外面世界的渴望，张开双翅飞过阴霾，朝阳光最灿烂的方向飞去。

自己的文章变成铅字，让三毛找回了极大的自信。她或许是个"奇怪"的孩子，或许不太适应集体生活，但她绝不是别人口中那个智商低下的孩子。她的心中有一颗闪闪发光的文学种子，这颗种子在第一篇文章刊登之后，终于破土而出。

青春因为短暂而珍贵，从十三岁到十七岁，三毛都在难挨的孤独中度过，浪费了一整个花季和雨季，在最美好的年华忍耐着孤独与侧目。一颗年轻的心，早已伤痕累累，可是若没有这些伤痕，或许三毛也无法写出那些动人的文字。也许，一切都是注定，从挣扎哭喊着来到这个世界，三毛的一生就注定坎坷颠簸。命运最残忍的捉弄，只为让她成为一个不平凡的人。

写作的感觉让三毛痴迷，她废寝忘食地把自己的心事变成文字，每写一个字，心头的重量都在减轻。原来，文字才是宣泄痛苦的闸门，每写好一篇文章，三毛都觉得自己浑身轻松得仿佛能踮起脚尖起舞。

每一次将文章投给杂志社，三毛都会陷入一段漫长的忐忑与等待。仿佛是命运的馈赠，竟然从来没有出现退稿的情况。浇灌在心头的眼泪，终于开出了勇敢的花。杂志上接二连三地发表了三毛的文章：《月河》《雨季不再来》《一个星期一的早晨》《安东尼·我的安东尼》……读者们因为这些文字爱上了这个性格有些"古怪"的女孩，甚至有人好奇，能将情绪描写得如此细腻的作者，一定已经饱经人世风雨。

很少有人能够想象，一个只有十七岁的少女，一颗心早已千疮百孔。也没人能够说得清，三毛的敏感细腻究竟是好事还是坏事。如果她能愚钝一些，或许不会感受到那些蚀骨的痛。可是若不是真正痛彻心扉，又怎能写出那些忧伤的执着？

人们把三毛少女时期的文字称为"雨季文学"，一个能用忧伤的笔调讲述心事的少女，是那样与众不同。文学的世界因三毛的存在而下起了一场伤感的文字雨，越来越多的人渴望了解这个忧伤的少女，听她讲述梦里的花开花谢，以及心情的起起落落。

多愁的时节已经渐渐远去，春风秋雨都重归平和，月光也渐渐变得平静如水。阵阵撕裂的痛已经变成回忆，虽无法忘却，也不再轻易为之哭泣。三毛开始学着如何爱自己，她沉浸在文字赋予的美好感情里。

偶尔有质疑的声音传来，认为这样一个花季少女哪里会有什么惨烈的遭遇？"为赋新词强说愁"，她的忧郁，一定是从别人身上借鉴的。

三毛不再逃避负面的评价，他们没有和三毛一样的经历，又何必强求他们的懂得？她轻轻转过头，对那些言论一笑而过，继续将全部心思投入文学创作当中。

一帘幽梦在夏日里随风摇曳，荒芜的岁月在不经意间记录日子的圆缺。有些时光带着一股沧桑，让脚步坠上彷徨，走得忐忑，脚印却盈满了快乐。

堆放在家门口那些巨大的水泥管子，依然是三毛享受寂静的场所。在水泥管子里钻来钻去，记忆反复徘徊，有些烦恼竟然就在这样毫无章法的辗转之间走丢了。

见到熟人，三毛还是习惯性地躲避。每当三毛把这些事当作笑话讲给顾福生听，顾福生却问："你不觉得交些朋友也是很好的事情？"

三毛心中的朋友，只有顾福生一人。因为有他，所有的一切才开始变得美丽。他穿着一件正红色的毛线衣走入三毛生命的那一刻起，就为她的生活带来了光亮与花香。

顾福生觉得三毛还是需要和女孩子交朋友的，于是在纸条上写了一个地址，告诉三毛住在那里的女孩子名叫"陈秀美"，是个很好的人。

　　三毛默默地重复着"陈秀美"三个字，觉得那是一个很美的名字。可是一想到主动结交朋友，她又退缩了。整整一个月，那张写着地址的纸条都被搁置在一旁。直到被催促了无数次，三毛才迫不得已来到纸条上写的地址。那幢位于永康路的房子里，已经为三毛准备好了一段友谊，只等她按响门铃，亲手将这段友谊开启。

　　等待大门打开的时间里，三毛仿佛又回到第一次站在顾福生家门口的瞬间。熟悉的忐忑与不安又回来了，她不知道自己能否和老师推荐的女孩子成为朋友，如果不能，又该如何向老师交代。

　　当陈秀美出现在三毛面前，只需一眼，三毛便确定，这个与自己年纪相仿的女孩子，注定会成为她生命中不可或缺的一笔。

　　或许是因为陈秀美的名字已经在心中默念了许多次，三毛对她并不感到陌生。两个女孩子很快因为对文学的共同热爱聊到了一处，彼此相见恨晚，三毛在心里默默地为她腾出了一个朋友的位置，将她与顾福生并列在一起。

　　顾福生如同三毛生命中的贵人，他送给三毛的一切或许不是最好的，却永远是最适合的。与顾福生相比，同样是女孩子的陈秀美更适合每天与三毛待在一起，聊些女孩子都感兴趣的话题。

　　朋友是一剂良药，甜蜜而又治愈。陈秀美和三毛一样读过许多书，甚至还知道许多三毛从未了解过的知识。比如，是她告诉三毛，蜜糖是永远都不会变坏的食物；美丽的珍珠会在醋的浸泡下渐渐融化；猪是永远无法仰望头顶的天空的……

　　许多个夜晚，三毛身边有陈秀美的陪伴，满天繁星都变得比从前绚烂。她们趴在窗口，从密密麻麻的星星里勾勒着星座的轮廓，三毛的世界随着闪耀的繁星变得更加广阔。

　　如果不是陈秀美的提议，三毛或许此生也无法再踏入学校的大门。对于亲近的人，三毛永远是信赖的。陈秀美说，台北华冈创办的文华学院声誉很好，建议三毛去那里读书，三毛便愿意相信，也愿意去尝试。那个属于"学校"的噩梦，已经渐渐被驱散，那些逝去的光阴，也能有机会弥补。

　　陈秀美的提议让三毛认真考虑了很久，终于，她鼓足勇气，给文华学院的校长先生写了一封自荐信，诚恳地讲述了自己休学以来的种种经历，以及当初休学的原因。在信的末尾，三毛写下这样一句话："区区向学之志，请求成全。"

　　就连三毛自己都没有意识到，她是那样渴望重返课堂。张其昀先生被三毛的诚恳打动了，立刻写来回信，同意收她入学。

　　从受辱离开学校，到重返课堂，三毛用了整整七年。人生中最美好的一段年华，险些在自闭中错过。好在，一切还可以重新开始。三毛感谢生命中出现的这些贵人，是顾福生用温柔平和一点点打开她的心门，将陈秀美送入她的世界；是陈秀美帮她驱散学校曾带给她的阴霾，为她的人生指点一条璀璨的出路；是张其昀给她再出发的机会，亲手护送她走上新的生命历程。

　　就在获得那块油画铜牌奖之后不久，三毛在父母的陪伴下去文华学院注册。张其昀先生翻看着三毛的油画作品，理所当然地认为她一定会填报美术专业。从父母的脸上，三毛看到了近乎哀求的神情，他们一直希望三毛能成为一名画家。忽然之间，三毛觉得自己肩头有些沉重。然而，她还是那个向往自由的个性，不愿背负任何人的期望而活着。于是，她拿起钢笔，无比郑重地在志愿栏写下"哲学系"三个字。

父亲紧张得有些出汗，一面为女儿终于能进大学读书而欣慰，一面又疑惑读哲学系的女孩子将来能做什么。三毛从未思考过以后要靠什么谋生，她只想知道，人活着的意义究竟是什么？自己最好的七年光阴又是被什么偷走的？

哲学永远没有标准答案，体现的是人对万事万物的思索。遇到想不通的问题，三毛就会用自己的强项——写作来代替回答。这是三毛的小聪明，每一次都会感动阅卷老师，让她顺利通过考试。

不服输的天性终于又回到了三毛的血液中，她不允许自己读书比别人少，不仅要读别人读过的书，还要与人辩论读书的感想。渐渐地，三毛成为同学中最出众的一个，她没有同龄的女孩子活泼，却有一种别人都不具备的沉稳。一抹自信的微笑，时常挂在三毛脸上，文华学院的老师见到三毛，也总会流露出赞赏的神情。

世上没有蠢材，只有放错了地方的天才。在文华学院，三毛终于找到了最适合自己的土壤。她或许还会因山而喜，因云而悲，但无论悲喜，总能怡然自得。

第五章

际遇：有梦做，有事爱，有所期待

有一种美等待抵达

人生苍茫，最美的风景总在路上。人总会在某一年某一天某一夜长大，那些幼稚的烦恼被远远甩在时间的分界线之外，唯独不变的，是当年的梦想依然披着华丽的衣裳。

三毛曾说："如果人生硬要给它分割，那么谁的半生，也是一座七宝楼台，拆来拆去便成了碎片，所见的无非只是一些难以拼凑的颜色和斑纹而已。不拆的话，的确是一座宝塔，我的自然也是，只是那座塔上去不容易，忘了在里面做楼梯，倒是不自觉地建了许多栏杆。"

二十岁之前，三毛的人生是一片浓雾；二十岁之后，是豁然开朗的万水千山。一切仿佛都变成了最好的模样，如此美好的世界向三毛敞开了怀抱，她却不敢快步上前，唯恐那些美好只是幻影，一碰便会破碎。

经历了漫长的自卑与胆怯之后，三毛终于明白了一个道理，曾经的执念，是"是否被认同"，越在意，越受伤。多年以后回想起来，三毛甚至有些怜悯当年的自己。能将过去的烦恼看得通透，是因为三毛在哲学中获得了力量。

哲学有时是需要辩论的，不能说是哲学产生了辩论，但至少哲学和辩论都有一个共通点——思辨性。这是三毛从哲学中发现的道理，有了思辨性，可以更好地发现问题、分析问题、解决问题。于是，三毛成为同学中最喜欢辩论的人，辩论不是争吵，反而是一种探讨。在不断的探讨中，幼稚的思维渐渐褪去，不知不觉间，三毛发现自己成长了许多，也成熟了许多。

三毛喜欢华冈宽阔的校园，没有多余的建筑物遮挡，视野十分开阔。每天上课，三毛都要走长长一段路，她喜欢这样的过程，就好像人生必须经历一些风雨，才懂得去享受宁静。

文华学院的氛围是健康的，学生之间喜欢"攀比"，比的却不是容貌和衣着，而是谈吐和思想。这或许也是一种虚荣，但更是一种激励，在拼命弥补知识上的欠缺与浅薄的过程中，读书也就渐渐成了一生的习惯。

当年，与三毛在书本上争得最激烈的同班同学，名叫许家石。两人争着挖掘思想的深度，谁也不甘成为更浅薄的那一个。多年以后，三毛的文学作品红极一时，许家石同样不甘落后，出版了《上升的海洋》《长夜相亲》等书，成为台湾知名作家。当年与许家石的那一番"恩仇"，也让三毛感激了半生。

从恩师顾福生的身上，三毛学会了平静。即便是在讨论时，她也是不聒噪的，总是一脸淡淡的表情，平静地听别人讨论。别人的有些见解，三毛不能认可，但也不轻易出口反驳。大多数时候，三毛只是平静地盯着对方看，以免当众让对方难堪。

年少时光，总是爱出风头的，只是很少有人敢在三毛面前出风头。在同学之中，三毛的内涵最丰富，却从不卖弄。那是从彭万墀身上学到的厚重，容颜年少，心却老成。越是如此，越能成为人群中那个永远也无法被忽视的存在。

年轻的心，在一簇簇花丛中飞扬。懵懂的青涩渐渐褪去，似水流年又添一段锦瑟年华。七年前，一个稚嫩却忧郁的女孩将自己关闭在心门之内；七年之后，当心门打开，走出来的已经是个灵动的少女。忧郁的气韵不着痕迹地隐于她的眉梢眼角，让她少了些许青春的张扬，却添了几许余味无穷的韵味。

女孩子总是爱美的，即便从小像个男孩子一样淘气的三毛也不例外。她对美的最初认知，就是源自穿在小学女老师腿上的那双丝袜，从那时起，三毛便期盼二十岁的到来，并且坚信女人只要到了二十岁，就会一夜之间变得美丽。

在紧闭心门的那段岁月里，三毛眼中的世界都是丑陋的。强烈的自卑，让她不忍凝视自己。她以为，自己的一切都是不完美的，包括容貌。

直到在顾福生画室的院子里，偶遇顾家四个漂亮的姐妹，三毛压抑了多年对美的渴望，终于在刹那之间爆发，一发不可收拾。

那时熟悉顾家的人都知道，顾福生的四个姐妹个个美丽。三毛学画时，时常能听到女孩子们的笑声从院子里飘入画室，寂静的午后一下子变得生动起来。三毛一直觉得，顾家姐妹仿佛是生活在小说里的女孩子，她们的世界异彩纷呈，而属于三毛自己的那个世界却晦暗无光。

她没有见过顾家四姐妹的容貌，每次听到她们的笑声，总是不自觉地向笑声传来的方向张望。如同一个生活在黑暗里的人，遥望河对岸璀璨的灯火，虽然渴望，却没有勇气靠近。

直到一个黄昏，刚刚下课的三毛迎面遇到四个如花似玉的女孩子，她们也正准备出门。猝不及防的偶遇，让加上三毛在内的五个女孩子都愣了一下，惊异地打量着对方。

很快，对面的四个女孩子便猜到了三毛的身份，她们落落大方地向她微笑着打招呼。顾福生向三毛介绍，这是他的姐妹们，三毛含笑打了招呼，目送四个女孩上车远去。

坐在回家的三轮车上，回想起打扮得如同花朵般娇艳欲滴的四个女孩子，三毛不禁低头打量自己。她的身上，常年不变地穿着一身素淡的颜色，手里提的那只画箱也被油彩沾染得脏污斑驳。三毛觉得，一身光鲜的顾家四姐妹就像美丽的公主，自己站在她们面前就如同灶台下的灰姑娘。埋在心底的那颗渴望美丽的种子，终于在这一刻开始萌芽。

顾家两个年长的女儿喜欢穿传统的中式旗袍，另外两个年纪小一些的妹妹偏爱西式洋装。她们懂得如何用最合适的衣服来衬托自己的美，四个处于花样年华的少女，就如同花园中盛放的四种鲜花，开出不同的风情。

而三毛最喜欢的一条裙子，也只不过是一条普通的白布裙子，已经穿得半旧了，母亲亲手绣上的两道花边，是那条裙子唯一的点缀。更何况，三毛的皮肤不算白皙，顾家四姐妹却肌肤胜雪。每当她们从三毛面前缓缓走过，三毛都觉得她们拥有着九天仙女才能拥有的美丽，自己就像只丑小鸭，想找个地缝立刻钻进去。

三毛突然和自己怄起气来，甚至埋怨自己，为什么不曾在最好的年华里好好打扮自己？回忆自闭的这几年，她几乎遗忘了自己的性别，从不关注身上的衣服是什么颜色，是什么样式，只是麻木地把它们套在身上而已。

当终于惊觉自己也是女孩子，三毛开始强烈地渴望打扮自己。她气呼呼地回到了家，任凭母亲怎么问，都不肯说出为什么生气。三毛想要一双漂亮的皮鞋，最好是红色的，可在那个以朴素为美的年代，她有些不好意思开口。

她好不容易羞涩地向母亲要一双红色的皮鞋时，却遭到了姐姐的批评。在姐姐的认知里，如此张扬的颜色，只有在不正经的女人身上才会出现。可红色皮鞋已经成为三毛的执念。想不到，母亲竟然为三毛的执念而开心不已，立刻带着三毛和姐姐去订做皮鞋。

回想起来，三毛对于鞋子一向是非常看重的。从童年时迫不及待地让用人在自己的鞋子上绣上美丽的图案开始，三毛就是不缺鞋子穿的。无论是夏天的布鞋还是冬天的棉鞋，都是极轻便舒适的，任由三毛穿着它们奔跑在南京的大街小巷。很多穷人家的孩子连饭都没得吃，三毛却有皮鞋可以穿，还可以不知满足地抱怨硬邦邦的皮鞋没有布鞋舒服。

曾经有一度，三毛反而羡慕那些没有鞋可穿的孩子们。初到台湾时，一切都是贫乏的，三毛班里有一大半的同学都不穿鞋子，三毛便学他们脱了鞋袜，赤着脚打扫教室，再赤着脚踏着煤渣路和鸡粪慢慢走回家，享受着那略有刺痛但全身心放松的快感。直到快走到家门口，三毛才会在小河里洗净双脚，穿上书包里的鞋袜，衣冠整齐地出现在母亲面前。

自闭之前的三毛，已经开始对美有了懵懂的憧憬。一双白球鞋常常被她洗了又洗，还要涂上鞋粉，晒干的白球鞋便白得和雪一样。

再配上一双白袜子，那是一种洁净的美。

因为球鞋实在太舒适，那时皮鞋总是被三毛晾在一旁，还没穿就小了。她拒绝穿皮鞋的借口总是一样的——新鞋磨脚。

因为对美丽还没有足够的渴望，她宁愿选择舒适。自从见识了顾家四姐妹的美丽，三毛觉得，为了美丽付出一些小小的代价也是值得的。

姐姐陈田心一心都放在学习上，对衣饰打扮从不上心，有学校的制服穿就很满足了。她不喜欢鲜艳的颜色，母亲带着她和三毛去订做皮鞋，她只选了一块黑色的漆皮来做鞋子。三毛却爱上了一张淡玫瑰红的软皮，捧在手上，幻想着这样一双皮鞋将会带自己走上一条异彩纷呈的人生之路。

那双新鞋并没有三毛想象的舒适，穿上它走路脚疼得不行，可三毛就是不肯脱下来，仿佛穿上了灰姑娘的水晶鞋，一想到它能为自己的美丽加分，就连疼痛都是喜悦的。

三毛曾说："鞋子做好了，我踏着它向画室走去，心情好得竟想微笑起来，那是我的第一双粗跟皮鞋，也是我从自己藏着的世界里甘心情愿地迈出来的第一步，直到现在回想起来，好似还在幽暗而寂寞的光线里神秘地发着温柔的霞光。"

美丽的鞋子需要美丽的衣服来搭配，三毛翻遍了衣柜，也找不到一件配得上这双鞋子的衣服。她为此苦恼了许久。一天，父母的朋友从国外回来，带来一些礼物，其中一件是托三毛的母亲送给邻居家的女孩的。

趁着母亲忙别的事情，三毛偷偷打开了那件礼物，一件淡绿色的长毛绒上衣立刻让她眼前一亮。这就是那件能配得上红色皮鞋的完美衣服，淡绿配淡红，是野兽派画家马蒂斯最爱的配色。

没有经过母亲的允许，三毛偷偷穿上那件衣服跑去画室，并且因为没有遇见顾家四姐妹而窃喜着。没有她们做比较，三毛就是此刻最美丽的女孩。尽管她小心翼翼地穿着美丽的新衣，却还是不小心在前襟染上了一块明黄色的油彩。

三毛为自己的粗心懊悔不已，一下课便急匆匆赶回家，躲避着母亲的视线偷偷潜回房间，想尽了办法，依然除不掉衣襟上的那块油彩。听到母亲在找那件衣服，三毛急得不行。情急之下，她拿出剪刀，小心翼翼地将染色的一圈长绒毛齐刷刷地剪掉了，之后又将衣服折好偷偷放回口袋里，目送着母亲拿去送给别人。一场惊心动魄的失误，却成为少女时期关于美的温馨回忆。

那一双淡红色的粗跟皮鞋，绚烂了三毛的灵魂。被压抑了多年的活泼本性终于重新释放，小女孩儿时天真的梦竟然成真，三毛算不上极美，却天生有一股异域风情。年龄越长，越是出挑。

打扮是会上瘾的，人生最美的芳华莫过于青春，尝试过美丽，就再也不愿放弃。精心打扮之后的三毛，脸上飞扬着自信的神采。

她开始有了越来越多的朋友，也有了越来越多的鞋子。每一次出门见朋友，她都会对着一大堆鞋子发愣，不知道该选哪一双。她喜欢高高的细跟鞋，总觉得穿上它就意味着长大了，那是一种远超过虚荣心的满足感，专属于刚刚成长起来的少女。

然而，三毛对高跟鞋的爱是短暂的，只维持了不过一年而已。离家之后，高跟鞋便成了架子上的摆设，只有在庄重的场合，三毛才会勉为其难地把双脚塞进一双不合适的鞋子里去，勉强忍耐几个小时。

她甚至为高跟鞋取了一个别名——"百步鞋"，她说："走一步还可以，走十步已经不耐烦了，走百步必然大发脾气，只有将它们脱下来光脚走下去来得自在。"

她终究还是热爱解放双足的快感，那是只有露出脚趾的凉鞋才能给予的快感。

在进入文华学院之前，三毛只有在海边和洗澡时才会穿凉鞋。在华冈文华学院读书时，一个朋友从夏威夷给三毛寄来一双凉鞋，样式简单至极，鞋面上只有两条淡咖啡色的皮革绕过，重新定义了三毛对鞋子的审美。

当脚趾得到完全释放，三毛便爱死了这双凉鞋，她穿着它们上学。父亲却觉得，穿这样一双露脚趾的鞋，会被别人误会成酒吧的陪侍女郎。三毛舍不得脱下这双凉鞋，索性配上一整套学生装，确认自己怎么看都不像是陪酒女郎，这才踩着一路的自由直奔学校。

在三毛看来，凉鞋是自由的象征，一双被释放的脚，才能给人真正的尊严和享受。一双舒适的鞋，能让三毛的心灵和肉体都与世无争。就连出席自己的婚礼，三毛脚上依然是一双凉鞋，那是她对自己，也是对生命最大的尊重。

明媚的岁月，让三毛感恩与顾福生的相遇。她曾说："当年的那间画室，将一个不愿开口，不会走路，也不能握笔，更不关心自己是否美丽的少女，滋润灌溉成了夏日的第一朵玫瑰。"

在顾福生的送别酒会上，三毛精心地装扮了自己。对美丽的渴望已经不再是羞于启齿的事情，三毛大大方方地站在镜子前，换了一套又一套衣服，最终选定了一件绿色长裙，在腰间松松地别上一朵绒花，脚下搭配一双尖尖的细高跟鞋。她凝视着镜子里的自己，脸上有些许惊异的神情。三毛从不知道自己还可以如此美丽，她对着镜子里的自己轻轻地笑了，笑容里有对自己的赞许。

踩着离别的旋律，三毛在舞会上旋转。她舍不得顾福生离开，可人生就像这场舞会，有开始就会有散场。人生的路，终究还是要三毛自己走下去。脚上的鞋，换了一种又一种，当双脚完全释放，三毛终于走出了最美的姿态，洒脱不羁，抵达红尘深处。

梦想被现实拉扯

　　最初的梦总是最真，也最容易搁浅。岁月流逝，年华辗转，似乎人人都会在消逝的光阴中丢掉些什么，经年以后回想起来，那些丢失的东西，就是搁浅于岁月之中，被覆上尘埃的梦。

　　三毛是个天生的梦想家，梦里的世界，一切都是美好的。繁华浮浮沉沉，她在琐碎中拥紧了对美好的憧憬。花到了季节自然会盛开，女孩子到了恋爱的年纪，便自然想要品尝爱情的甜蜜。

　　从小，三毛就幻想过恋爱的滋味。她从书里读到过各种各样的爱情，可身边接触的异性却不多。少女情怀总是希望生命中有骑着白马的王子出现，三毛身边没有王子，王子只活在她想象出来的世界里。

　　学校里的老师、邻居家的哥哥、电影里的男主角、堂哥的同学、甚至还有《红楼梦》中的贾宝玉、《水浒传》里的林冲，他们都曾成为三毛幻想世界里的白马王子，这种不着边际的想象虽然与爱情无关，却丰盈了平淡的生活。

　　幻想对于三毛而言，是精神上的营养剂，少了它，就算不得一个健康的生命。十几岁时，三毛悄悄幻想了一个爱情故事。那时的她，已经在《现代文学》杂志发表了许多文章，每一篇文章都是和自己有关的故事。这个幻想出来的爱情故事不曾发生在自己身上，三毛悄悄把它投稿给报纸，没想到很快就发表出来。

这篇文章三毛没敢拿给顾福生看，在这么小的年纪去写一场恋爱，三毛还是觉得挺羞涩的。进入大学之后，恋爱不再需要遮遮掩掩，三毛也终于开始理直气壮地期待爱情的到来。

在大学同学之中，三毛是非常特殊的一个。她会讲英文，也会讲日文，会画国画，也会画油画，还会写文章。就连她的字体都是独特的，每一个字都向右上角倾斜着，好像插上翅膀就能飞起来。

从来没人想过，经历过张扬也经历过自卑的三毛，会被同学用"稳重的大姐姐"这样的词来形容。迷失的那七年，如同怅然一梦，当从梦中苏醒，尖锐的棱角已被磨平。在大学同学的记忆中，三毛总是安静的，一副圆润温和的模样，总是静静地听别人讲话，浅浅地微笑着。同学们知道三毛文学功底深厚，遇到读不懂的书，总会拿来请教，三毛也总能给出独到的见解。

三毛为能获得十二分的同学友情而感动，那是一种近乎手足之情的关爱。因为有了他们的存在，三毛才对这个世界多了几分信任。无论上课、吃饭、辩论、阅读，还是坐车、郊游，哲学系的一群同学们总是形影不离的。这种同学情谊是极其单纯的，三毛觉得自己的生活和精神世界因他们的陪伴而充实，但内心的某个角落，依然有一丝丝欠缺和空虚的感觉。

三毛曾说："缺乏爱情的寂寞，是一种潜伏的恐慌，在那种年龄里，如果没有爱情，就是考试得了一百分，也会觉得生命交了

正是黄昏，落日将沙漠染成鲜血的红色，
凄艳恐怖。近乎初冬的气侯，在原本期待着
炎热烈日的心情下，大地化转为一片诗意的
苍凉。

——《撒哈拉的故事》

白卷。"

她之所以渴望爱情，是因为需要那样一个人，来证明她在这个世上是美好的存在。三毛读过太多与爱情有关的书，那写满情话的染香花笺、那花前月下的绵绵情思，都是三毛对爱情的最初幻想。

她愿意相信，世间万物都是需要爱的，哪怕是一株草，一粒尘，都可能在时间的某个角落找到与之相匹配的另一半。在属于自己的另一半到来之前，三毛怀揣着爱静静期待，在某一个命运的岔路口，和那个人不期而遇。

她也曾幻想，那个遇到意中人的自己，定然是绽放了满树的心花，花瓣随着心跳的节奏轻颤着。而她一直等待的那个人，则能一眼看穿她的渴望，摘走她心头最娇艳的那一朵，轻轻安放在自己心脏的位置，而她则只需轻轻地笑着就好。正如她所说："我笑，便面如春花，定是能感动人的，任他是谁。"

三毛已蜕变成更好的自己，就像一块深埋于山石中的璞玉，只有经历锥心刺骨的痛，百般雕琢，才能焕发出温润的光。

她并非完全褪去了真实的个性，骨子里的倔强是无论如何也不肯舍去的。一篇篇被倔强浸透的文字，受到了杂志社的青睐，每一次文章发表，三毛都能收到一笔稿费。在金钱方面，三毛从不吝啬，那些或多或少的稿费也大半用来请同学们喝酒。

三毛是喜欢酒的，被酒精略微麻痹的神经最是放松，在真正的爱情到来之前，三毛也曾想象，恋爱的感觉是否如同酒后的微醺，晕晕乎乎，却妙不可言。她也曾听说，美好的爱情胜过世上最香醇的美酒，让人宁愿沉醉其中，永远不要酒醒。如果爱情真的如此美妙，说不定可以让自己永远忘记曾经的苦痛。沉浸在爱情中的快乐，或许便是世界上最大的快乐。

爱情有很多种，有些是偏执追求的热情，有些是苦苦等待的付出。三毛的爱最慷慨，却又最沉重。她有世上最纯洁的心灵，愿为爱奉献一切，不求索取，只要爱了，便将对方当成唯一，不给自己留退路。

爱上一个人，是一瞬间的事情，就像三毛遇上梁光明，只一个刹那，就足够让三毛付出全部真情。

在华冈学校，梁光明是大名鼎鼎的风云人物。他长相英俊，才华横溢，十几岁时就已经接连出了两本诗集。当年的少女，有谁不曾被浪漫的情诗打动？会写诗的梁光明，成为每一个华冈女生的梦中情人。在那个情感内敛的年代，没有女孩子敢公然向梁光明示爱，但无论三毛走到哪里，都能听到女孩子们提起梁光明的名字，她们的语调甚至会因为"梁光明"三个字的出现而莫名兴奋。

于是，对梁光明其人，三毛产生了极大的好奇，同时又带着几分不屑。几乎每一个女孩子都在夸梁光明文章写得好，同样擅长写作的三毛突然被激起了好胜心。她想要会一会梁光明本人，再见识一下他写的文章和诗集。

初见梁光明，三毛承认这是个帅气的男孩子。他有着挺拔的身姿，就如同当年驻扎在三毛小学校园里的那些军人一样。然而如果仅仅是这一点帅气，还不足以让三毛动心。她早已不再是那个自卑又自闭的胆小女孩，她大大方方地出现在梁光明面前，提出想借他的诗集看一看。

常年被女孩仰慕的目光包围的梁光明，把三毛也当成众多普通女孩中的一员。他没有多看三毛一眼，只以为又是一个仰慕者找借口与自己搭讪，随手拿了一本诗集递给她，又立刻低头忙自己的事情。

三毛并不失落，一心急着赶快回到宿舍，想要见识一下大名鼎鼎的华冈才子究竟是如何用文字陶醉了一众少女的心。三毛并没有意识到，自己急匆匆的脚步落在了梁光明眼里，却被错误解读成羞涩的落荒而逃。

回到宿舍，三毛迫不及待地打开了诗集。一卷开启，满室生香。梁光明的笔名叫作"舒凡"，一个淡雅出尘的名字。三毛来不及给这个名字过多关注，便一下子投入到梁光明用文字编织出的美妙世界里。

原来真的有人能让文字散发出芬芳的气息，三毛觉得自己随着梁光明唯美的诗句飘入云端，又坠入伊甸园。甜美的果子就挂在眼前，她忍不住想要轻轻摘下，尝一口爱情的味道。

此时此刻，三毛已彻底沦陷在梁光明的诗集之中。他的文字是隽永绵长的，就像他的笔名一样，凡俗红尘皆因他的存在而舒缓从容了起来。

一颗萌动的少女之心，就这样默默地交付于一人。梁光明甚至还记不住三毛的名字和容貌，便已经得到了一份沉甸甸的馈赠。

那本意境悠远的诗集被三毛捧在手里反复读了许多遍，周遭的一切都变成了虚无，时间与空间也没有了概念。不知过了多久，似乎有一个声音从遥远的地方呼唤着三毛的名字。三毛听不清晰，直到那个声音反复出现了许多遍，三毛才如同从梦中惊醒，将意识拉回了现实。

原来是同学喊三毛一起吃饭，却被三毛如同丢了魂的样子吓到了，他们不停地大声呼唤她的名字，终于把她的"魂"叫了回来。三毛无意中从镜子里看到自己绯红的脸，下意识地用手轻抚脸颊，竟然发现脸颊像发烧一般滚烫。

"舒凡"，她在心里反复地念着这个名字，突然之间心跳就漏了一拍，心底某个柔软的地方裂开一道缝隙，那个有着挺拔身姿的俊秀青年一下子钻了进去，再不肯出来。

空虚的心猝不及防被一人填满，从此，三毛成了梁光明最忠诚的信徒。她确定，梁光明拥有这个世界上与自己最契合的灵魂。

三毛曾写过一首关于爱情的诗，叫作《我喜欢你》：

你叫我向东/我羊羔一样给你青草/你让我向西，我夕阳一样映你彩霞

你叫我向北/我是你东风中的百合/你让我向南/你就是我空中的新娘

东南西北/你是我柔情的爱人/我思念中星星的星星

我喜欢你/你是我硕果的丰润/血液里流淌的思念/你是我梦中牵手的温情

我喜欢你/有分寸的节制的/狂喜的哭泣的/我喜欢你

我愿是你的衣被/被你轻轻触摸/温慧你柔凉的梦境/浸润你轻灵的肌肤

我喜欢你/我从来不对你说谎/不对你说我爱的彷徨/因为我爱得深沉与安宁

我喜欢你/我对你对你诚恳/只对你黯黯地说/我喜欢你

我的良人/我的主

我是你爱的奴仆

我以你的不在 / 你的永恒 / 你的梦

向你呼唤

我喜欢你 / 我喜欢你

我时空中永不灭的花朵

不知这首诗是否为梁光明而写，但所谓"喜欢"，便应该是梁光明给予三毛的那种内心的悸动吧？

梁光明成为三毛每时每刻的惦念，可惜三毛念的哲学系，和念戏剧系的梁光明几乎没有在课堂上碰面的机会。于是，三毛便"处心积虑"地一次次制造与梁光明"偶遇"的机会。

整整四个月的时间里，几乎只要有梁光明的地方，就一定有三毛追随而至的身影。梁光明去上课，三毛就悄悄跟进戏剧系教室，坐在最后一排的角落里，远远地欣赏梁光明的背影；梁光明下课去饭馆吃饭，三毛便坐在他的邻桌，假装与心上人共进晚餐；有许多次，三毛"不经意"地与梁光明出现在同一辆公车上，哪怕乘车时间是短暂的，三毛也要享受这得来不易的共处时光。

她就这样小心翼翼地跟随着，却始终没能得到梁光明一个关注的目光。三毛有着别扭的自尊心，尽管她对梁光明的喜欢已经从心底满溢，却还是没能主动向梁光明介绍自己。

梁光明并非对三毛的追随一无所知，却并未对三毛动心。他的思想有些传统，认为男人应该先立业，后成家，学业还未结束，事业更没着落，他无心恋爱，索性便对三毛的追随表现得无动于衷。

那时的三毛已经在学校里小有名气，亲近的人知道三毛喜欢梁光明，也认为像她这样的才女就只有梁光明那样的才子才配得上。旁人都在为这段尚未发生的恋情欣喜，身为当事人的梁光明却一无所知。

失落时，三毛开始埋怨缘分。她觉得自己被缘分捉弄了，若人与人之间有缘，哪怕迎着风雪，逆着阳光，也会在人生的某个岔路口相逢；即便跋山涉水，也会朝着彼此的方向奔跑向前。可是，自己明明就和梁光明近在咫尺，却牵不起一根爱情的红线。这样想着，三毛有些颓丧，感叹缘分弄人，让人相见却不能相守。

失落时，三毛也会喝一点酒，试图用酒精浇灭愁绪，却并非每次都能见效。细碎而莫名的愁绪时常在心底流淌，原来喜欢上一个人，那个人的名字就会变成内心最明媚的忧伤，化作一缕淡淡的清愁。

大二那年刚一开学，三毛收到一笔一百九十元台币的稿费。像每一次收到稿费一样，三毛约了全班同学，去校园外的小食店吃午饭。菜还没有上来，一群年轻人已经端起米酒喝得不亦乐乎。三毛高兴地和所有人碰杯，酒杯还未送到唇边，便瞥见了门口那个熟悉的身影。

梁光明刚好也来这里吃饭，三毛的同学里有一个人是梁光明的熟人，他便径直走向那个同学去打招呼。三毛的视线一直无法从梁光明的身上移开，当他拉开椅子坐下来的那一瞬间，三毛听到自己心底有个声音在说："噢，你来了。"

三毛曾经把选男朋友比喻成买鞋子，选了无数双，直到店员小姐已经不耐烦，自己还是说不清想要什么式样的鞋子。可是，一旦遇到一双合意的，只需一眼，就立刻知道是它了。然而，这种只靠视觉和直觉进行的选择，并不意味着那双鞋就是最舒适的，更不曾考虑过，这双鞋能否穿一辈子。

在年轻的生命里，刹那的欢喜也能变成永恒。就像飞蛾扑火，为短暂的爱恋不顾一切地燃烧自己，即便伤与痛都已刻入骨髓，余生只要回味起来，依然是感动。

梁光明已经和其他同学碰起杯来，轻松地和大家开着玩笑。他的笑容像一朵荒野中盛开的花，三毛杯中的米酒仿佛也被浸染上芬芳的香气。

可惜，梁光明的笑容不是给她的，他自始至终都没有和三毛说过一句话，甚至都不曾向三毛所在的方向瞥一眼。同学们都在恭喜三毛得到稿费，三毛却只想听梁光明一个人对自己说一声恭喜。她默默地等待着，终于等到梁光明起身，却并没有走向她，而是一面和众人道别，一面走向门口。

梁光明的身影消失在门口，三毛眼里写满失落。她的一颗心已经被梁光明带走了，整个人坐在原地发愣，怅然若失。突然之间，三毛起身跑向门口，将桌椅碰撞出巨大的声响。同学们还没反应过来发生了什么，三毛已经跑远了。

小小的一间小食店，装不下三毛的相思。她觉得胸口憋闷，想跑出去透透气。晚风吹不散忧愁，反而让人倍感空虚。夜越静，情思越深，夜空中无数星辰闪烁，明晃晃地照耀着三毛心底的寂寞清愁。她在操场上缓慢地走了一圈又一圈，却无论如何也无法用脚步丈量出忧愁的长度。

心上的温柔

　　于千万人中，只需一眼，便是最美的遇见。如果没有遇见梁光明，三毛并不会知道，自己竟然有这样一种灿烂芬芳的情感，更不知道思念如此美，美到让人落泪。

　　月光清冷，三毛站在空无一人的操场上，感觉自己整个人都在随着低落的心情向下坠。心中被梁光明填满的那个地方一下子出现了空缺，那时的她以为，即便得到全世界，也不如得到一个梁光明快乐。

　　人生的路不是一条直线，却永远不知道下一个命运的转角出现在何处。三毛那一年的命运转角，竟然与操场的转弯处重叠了。她颓丧地低着头，迎着微弱的月光向前走，余光突然瞥见一个身影出现在前方，将月光遮在了身后。

　　那个身影已经在脑海中盘旋了无数个日夜，即便不用细看，三毛也知道，站在不远处的那个人就是梁光明。一颗激动的心在胸腔里疯狂地跳动，如同将士出征前擂响的战鼓，在催促三毛主动上前。三毛知道，如果这一次自己再踟蹰不前，或许此生与梁光明就要这样错过了。

失去梁光明的恐惧，让三毛萌生了巨大的勇气。她加快脚步，快速朝梁光明走去。她想要知道梁光明对自己的态度，哪怕遭到拒绝，至少也不会因为错过而后悔。

头顶的月光照亮了脚下的路，三毛的脚步越来越快，从快走变成了小跑。听到脚步声的梁光明转过身，迎面跑来的三毛一下子在他面前站定，忽然又不知如何开口。两人就这样沉默地对视着，只有三毛小跑过后的喘息声打破彼此之间的寂静。

仿佛下了很大决心，三毛伸出手臂从梁光明胸前的口袋里拔出一支钢笔，另一只手牢牢地抓住梁光明的手，将他的手掌翻转过来。冰凉的指尖不经意划过梁光明温热的手掌，出卖了她的紧张。梁光明的掌心是干燥的，三毛的掌心却因为紧张而有些汗水的湿度，她却顾不上这许多，拿起钢笔在梁光明的掌心写下一串数字。

三毛一连串的动作一气呵成，梁光明还搞不清楚发生了什么，只觉得面前的女孩子眼神异常坚定，让他不敢、也不忍心把手掌从她手中抽出来。

写下那串数字后，三毛长长地出了一口气。有些事情就是这样，迈出第一步之前，充满未知的恐惧；迈出第一步之后，一切都比想象的更加轻松。她终于有勇气开口对梁光明说话："打给我，好吗？"三毛并未发觉，这句话竟带有一丝乞求的口吻，无形之中，在这段感情里，她已将自己放在更低的位置。

三毛全部的勇气都在这句话里用尽，或许是害怕听到梁光明的拒绝，这句话说完，她便转身跑开了，给自己留一丝希望，至少让以后的日子能有所期待。

从那天开始，等梁光明的电话成为三毛生活里的头等大事。她直接从学校跑回了家，一进家门，便虔诚地等候梁光明的来电。只要电话铃声响起，三毛都会一边大喊着"找我的，找我的"，一边迅速奔到电话旁边，抢着接起电话。她害怕错过梁光明的声音，哪怕是拒绝，也能最后一次从电话里感受他声音的温度。

三毛的忐忑不安全部被母亲看在眼里，缪进兰是那样出色的一个母亲，能一眼看穿女儿的心事。她知道，渴望爱情，是女儿成长过程中必经的一道关卡，这道关卡与以往的任何关卡都不同，它影响着女儿在未来人生里的信心。

借着这个机会，母亲试着让三毛对自己敞开心扉。那段自闭的岁月让三毛与母亲之间有了一道无形的隔阂，每当看到母亲期待的目光，三毛都悲伤地转过头，她害怕让母亲失望，又渴望得到母亲的关注，所有的纠结与矛盾，都被三毛深深地藏在心底。直到这个晚上，在母亲温柔的声音里，那些陈年心事终于被一一翻找出来，晾晒在月光下，心底某个潮湿的部分被温暖的母爱渐渐烘干了。

三毛告诉母亲，自己喜欢上一个男孩子，在等那个男孩子的电话。母亲将三毛拥在怀中，柔声安慰着："我的女儿这么可爱，他又不是瞎子看不见，一定会打电话来。"

母亲的话音刚落，电话铃声响起，直觉告诉三毛，电话是梁光明打过来的。她立刻抓起听筒，电话那端果然传来梁光明温暖的声音。没有寒暄，没有吞吞吐吐，他直截了当地问："我们晚上去台北车站看电影好吗？"三毛几乎是立刻冲口而出："好！"声音大得吓了自己一跳。

一股甜丝丝的味道在心底流淌，直到多年以后，三毛还清晰地记得那一刻的喜悦。她还为当时的感受专门写了一首诗，名字叫作《七点钟》：

今生就是那么地开始的 / 走过操场的青草地 / 走到你的面前 / 不能说一句话 / 拿起钢笔 / 在你的掌心写下七个数字 / 点一个头 / 然后 / 狂奔而去 / 守住电话 / 就守住度日如年的狂盼 / 铃声响的时候 / 自己的声音 / 那么急迫 / 是我是我是我 / 是我是我是我 / 七点钟 / 你说七点钟？ / 好好好 / 我一定早点到 / 啊 / 明明站在你的面前 / 还是害怕这是一场梦 / 是真是幻是梦 / 是真是幻是梦 / 车厢里面对面坐着 / 你的眼底 / 一个惊慌少女的倒影 / 火车一直往前去 / 我不愿意下车 / 不管它要带我到什么地方 / 我的车站在你身旁 / 就在你的身旁 / 是我 / 在你身旁

三毛以为，余生最美的风景，就在梁光明身旁。坠入情网的三毛，爱得那样炽烈，只有真正懂她的人，才能承受住那沉甸甸的爱。三毛不在乎梁光明是否能承受住那分量，只全情投入地爱着。才子与才女，仿佛天生便是应该在一起的，有了梁光明的陪伴，青涩的岁月开出了花香。

两个浪漫的人，开始了花前月下的恋情。校园中常出现他们携手散步的身影，他们有说不完的话，从诗歌到戏剧，三毛愿意和梁光明谈论一切他感兴趣的事情。在这段爱情里，三毛一直保持着仰望的视角。她爱他说出的每一句情话，爱他每一次对人生和理想的侃侃而谈。

一想到自己深爱的人也同样爱着自己，三毛觉得空气都是甜的。她把梁光明当爱人，也当亲人，把自己当成梁光明的影子，一路跟随着。她终于体会到真实的恋爱，那是从小说中感受不到的满足和真实。对梁光明的爱，让三毛悄悄改变着自己，如她所说："许多观念的改变、生活的日渐踏实、对文学热烈的爱、对生命的尊重、未来的信心、自我肯定、自我期许……都来自这一份爱情中由于对方高于我太多的思想而给予的潜移默化。"

从爱情中捕捉到的每一丝细微感受，都被三毛揉进了文字里。她的文章比从前更加灵动，是三毛文章中少有的优美和淡雅。和梁光明恋爱的那几年，三毛是快乐而又积极的，她从未像此刻这样热爱生活，她的文字也因为爱情变得开朗细腻起来。

与三毛相比，恋爱中的梁光明却异常平静。或许从始至终，梁光明对三毛的感情都称不上爱情，最多只是好感而已。他并不笃定，三毛就是他的余生。

关于这段爱情的结局，三毛的父亲早就做出了预判：两个颇具才情，又自我意识过于强烈的人，一旦产生矛盾就会爆发。

起初，三毛的率性与执着，在梁光明看来与众不同。相处得久了，有些情感变了味道，在梁光明眼中，三毛的率性变成了患得患失，执着变成了偏执。

三毛的爱太沉重，压得梁光明喘不过气。两人争吵的次数越来越多，眼看梁光明就要毕业，三毛突然沉浸在即将失去梁光明的惊恐之中。一想到梁光明可能离开自己，三毛就彻夜难眠。无数个辗转反侧的夜晚，让三毛做出一个天真的决定——结婚，把这段岌岌可危的爱情永远地挽留下来。

她以为，结婚就是一段爱情的最终结果，却忘记了对方是否想在此时此刻拥有一个家庭。那时的梁光明即将面临就业的压力，为了得到极致的生活，他必须全情投入到事业之中。而三毛想要的，只是简单的生活，她过于急切地想要得到梁光明的余生，没有耐心陪他慢慢走过人生的过渡时期。于是，他们在人生的岔路口走散了，并越走越远。三毛拼命地将梁光明向自己的方向拉扯，梁光明累了，他宁愿斩断这根拉扯的情丝，一身轻松地走完自己选择的路。

恋爱中的女人都是傻子，尤其像三毛这样执着的女子。她不会迂回，不会转弯，只一根筋地想要把爱人绑在自己身边。

她向梁光明提出结婚，或许有些冲动，却并非不可理喻。三毛提出的结婚，并非从此相夫教子，以他为生活的重心。她只不过是想把婚姻当成一根绳子，将彼此牢牢地拴在一起。只有与爱人长相厮守，三毛才能找到安全感。被压抑了多年的自卑又来作祟，三毛潜意识里觉得梁光明比自己优秀太多，以为只有婚姻能让他完全属于自己。

可惜，梁光明并不想结婚。得不到他肯定的回复，三毛便一次又一次地请求。"结婚"两个字在三毛口中越来越频繁，梁光明想要逃离三毛的念头也越来越迫切。

他并不是讨厌三毛，只是承担不起这份爱的分量，于是他试着劝说三毛放弃对婚姻的执着。梁光明说："我还有一年才大学毕业，你还有两年，我们可以再等一等。"

这句话换来了三毛的冷笑："等什么？等我们在这一年里分手？"三毛的发丝在风中凌乱着，比发丝更凌乱的，是她那颗迫切想要捆绑住爱人的心。她用那双大眼睛紧紧地盯着梁光明，目光仿佛两把锐利的小刀，让梁光明不敢直视，只好转过身去沉默不语。

这样的态度让三毛又急又气："如果不结婚，我们现在就分手，不用再等。"这个爱情中的傻女人，依然一根筋地步步紧逼。她以为，自己炽热的爱一定能打动梁光明，一想到不结婚就会失去她，梁光明或许会立刻点头同意。

可惜，她的逼迫只让梁光明的胸口更加憋闷，他终于压抑不住，大喊道："结婚！结婚！既然是为了嫁人，何必要来念大学！"

三毛被梁光明的话刺激得歇斯底里，用手里的提包打他，尖锐的叫喊声穿过喉咙，染上一层愤怒："你滚，你去找不想嫁人的大学女生……"

身处一段恋情中，却在爱与痛之间挣扎。曾经的他们，侃侃而谈，欢笑展颜，如今的他们，唯有无奈与心痛。三毛更是满心悲凉，满心伤痕。

争吵的两个人，成为街头一道怪异的风景。学校里来来往往的学生很多，有人听出三毛的声音，纷纷驻足观看。有人在一旁窃窃私语，声音随风飘入梁光明耳中。他又羞又怒，想伸手把三毛拉开，却被三毛抓痛，缩回了手。

梁光明只得压低了嗓音，让三毛不要再闹了，不要再让别人看笑话。三毛反而好像受到了提醒，朝着旁边围观的人群大喊："你们谁认识特别的女孩，可以介绍给他。你们认不认识他？著名的舒凡……"

对梁光明痴狂的爱，让三毛变得神经质。可惜爱情就像手中的沙，抓得越紧，流走得越多。梁光明终于无计可施，转身离去。三毛对着他的背影大喊着"滚"，喊了几声又不甘心地追上去："你要是走了就不要再来找我。我们完了，梁光明，我们完了。"

她终究还是没有追上梁光明，那个挺拔的背影愤怒地走出了她的视线，也走出了她的生命。

三毛把自行车骑得飞快，冲出校门，冲到家门口。她从车上跳下来，顾不上好好停车，随手把车撒在地上，发出巨大的声响。三毛懒得去管，冲进房间找到母亲，语气急迫地询问有没有人来找过她。

在与母亲的眼睛对视的刹那，三毛的眼泪汹涌而出。她的语气里带着绝望，却依然不停地重复着："有没有啊？"这样哭泣着的三毛，已经很久都没有出现了。不需要问，母亲已经知道发生了什么。能牵动女儿悲喜的，只有那个让她深爱着的男孩子。母亲不愿看女儿痛苦，却也不能用谎言欺骗，只能无奈地摇头，说："没有人来过，也没有打来电话过。"

母亲想要轻抚三毛的头发，她却烦躁地躲开。母亲又问梁光明去哪儿了，这个名字让三毛更烦躁，她对母亲大喊着："他死了。"之后没等母亲说话，三毛冲回房间，狠狠地关上了房门。

这不是三毛第一次在父母面前表现出暴躁的样子，这曾是她在自闭岁月里的常态。走出自闭之后，尤其是与梁光明恋爱之后，父母已经许久未见到三毛发脾气了。三毛的父母是喜欢梁光明的，他符合两位长辈对女婿的一切要求。三毛最初与梁光明确立恋爱关系时，父亲还欣慰窃喜过。他不了解梁光明，但就是认定，这样一个男孩子会给女儿一场真正的恋爱，至于恋爱的结局，父亲却不敢去想。心里总有一个声音在告诉他，以三毛的个性，可能抓不住这个男孩子。

这不是父亲对三毛的否定，而是出于一个父亲对女儿的了解。没有人能否认三毛的才华与优秀，只是她与梁光明根本就属于两个不同的世界，更糟糕的是，他们都是太过自我的人，没有人肯轻易为对方改变。于是，这段爱情早就被埋下了导火索，"结婚"两个字，就是点燃这根导火索的火星。

最初知道三毛想结婚的念头时，父母并没有惊讶。他们只是平静地问，如果梁光明不同意，三毛打算怎么办。三毛起初是笃定的："他会同意的。"被梁光明拒绝之后，三毛也曾赌气地想："他不同意也得同意。"到最后，一段空中楼阁般的爱情彻底崩塌，三毛愤怒又悲伤地告诉父母，自己打算出国留学，去西班牙。

做出这个决定时，三毛脸上的表情阴沉而又倔强，像极了定格在照片中的那个七八岁时的三毛。

父亲气得拍了桌子："胡闹，说出国就出国，你怎么不说去外太空呢？"三毛却一脸不屑地笑："我要是去外太空，担惊受怕的人是你们。"

母亲在一旁柔声劝着，她担心这对父女再次争吵，又担心女儿被一时气糊涂做出荒唐的决定。她问女儿："一定要去吗？"三毛却冷笑着回应："不去也可以啊，不是他疯就是我亡。"

爱已落幕，无限悲凉。曾以为遇不到彼此最寂寞，不承想，遇到了，还是寂寞。他注定是她生命中的一个过客，今生遇见，不过是徒增一段无果的恋情。

三毛把对梁光明的爱藏在心底，默默打包进行李里。她已经准备好去往西班牙的机票和护照，即将优雅地离开，离开他给予的爱与伤害，离开这座满是悲伤回忆的城市，奔赴一场漂泊，那才是她真正的宿命。

第六章

悲喜：盛起欢喜，倒掉忧伤

遇见地久天长

爱是一场翘首以盼的欢喜。不过，三毛的这场欢喜，终究是落了空。

她将一道选择题摆放在了梁光明的面前。一是结婚，二是分开，她去西班牙留学。明眼人都知道，出题人内心期待的那个答案是什么。可有些感情是经不起如此考验的——梁光明选择了后者。

爱的初见，始于心动的瞬间。爱的相守，却需要更多修炼。纵使内心多么不甘，这是她必须要接受的结果。倔强如三毛，她竟然真的收拾行囊，确定踏上出国留学的路。

与家人道别的那天，三毛觉得自己像一个落荒而逃的人，不但要离开生活了二十多年的土地，同时还彻底告别了生命最初的纯爱。她用力克制着悲伤，不让泪水涌出眼眶。但家人们都看得出，她是在咬着牙强颜欢笑。

转身的那一瞬间，她知道母亲一直在原地哭泣。可她心意已决，没有转头再看一眼。那个时候，她觉得自己的心沉重得像一块石头。

客观地说，这是三毛性格上的一个弱点。她会将负面情绪不断放大，因为一件难过的事情而屏蔽掉一些温暖和善意。就如同小学时她遇到的那个老师，她会将那种侮辱的感受反复强调，因而陷入了长达七年的自闭生涯。这个过程中，她对父母与家人的关爱视而不见。这样的个性，其实伤己也伤人，似乎冥冥中注定了她的悲剧结局。

宿命的指引，让三毛来到了西班牙，她选择在马德里进修哲学。之所以对这个彼岸国度产生兴趣，源自她少女时期对毕加索的疯狂迷恋，另外她对西班牙的田园、牧场、小房子等都感到无限向往。这里像是她心灵的故乡，可以安放精神和理想。

如果在三毛的内心来排序，选修哲学从来不是最重要的选择，她需要去追逐一种生活方式，感受异乡浪漫与风情。她很快爱上了这里的咖啡馆，学会了热情的西班牙舞蹈，甚至还学会了用优雅的姿势抽烟。

当新的体验完全打开之后，梁光明这三个字所带来的痛楚渐渐被覆盖。三毛结识了一些马德里的男孩子，发现他们面对爱情的态度是截然不同的。他们性情更加直接，有了心爱的姑娘会毫不犹豫地表白。校园里，她见过许多大声歌唱的男孩子，在那些求爱的歌曲中，她常常感受到一种炙热的燃烧。

在她的周围，有一个特别的男孩子。三毛把他的名字译为荷西·马利安·葛罗。

荷西在 1951 年出生于西班牙南部的哈恩省，是家里的第七个孩子。他家境很不错，父亲以撒拥有一大片橄榄树林，收入颇丰。

和大多数西班牙家庭一样，荷西一家都是天主教徒。从出生开始，荷西就必须全盘接受父母的宗教。但荷西并不是一个虔诚的教徒。每到晚餐后，家人们拿起玫瑰念珠背诵的时候，荷西总缩在角落里，或是悄悄溜走。

在成长的过程中，荷西是一个普通到不起眼的孩子。在家里，他并不是父母最钟爱的那一个，在学校也是成绩不上不下，看起来平庸无常。

缘分的奇妙之处就在这里，两个相隔遥远的人，却发出了相似的频率，不远万里向彼此慢慢靠近着。他们都各自生活在幸福的家庭中，却天生有一种疏离感，他们都活在自己的世界里，十三岁的三毛曾经无比渴望嫁给毕加索，十三岁的荷西则梦想着可以娶一个东方女子为妻。

这些意外和巧合，带着一种神秘的宿命感，将他们的未来系在了一起。

他们初见的那天，是三毛在马德里度过的第一个圣诞节。在西班牙风俗中，当十二点的钟声响起，左邻右舍都要走出来彼此祝福，营造一种喜气洋洋的氛围。

三毛当时在一位中国朋友家里，看到无论是熟悉的人还是陌生的人都纷纷主动走向他人，心里涌出莫名的感动。其中，她留意到一个阳光的男孩子，他从楼上跑下来，向大家笑着祝福平安。不经意间，一颗小小的种子悄悄种下。

后来，三毛曾经提起过当时自己的心理活动："我第一次看见他时，触电了一般，心想，世界上怎么会有这么英俊的男孩子？如果有一天可以做他的妻子，在虚荣心来说，也该是一种满足了。"

在见到一个人的瞬间，就可以想到结婚这件事，可以窥见三毛的感性性格，也可以看出，荷西其实就是她潜意识里的理想型丈夫。

不过，这瞬间的火苗很快就熄灭了。三毛当时并不想走入下一段恋爱之中，和梁光明的关系虽然已经结束，但透支了她太多的勇气和力量，她需要时间去平复和思考，不会轻易再度飞蛾扑火。

一见钟情的人，反而是荷西。从第一次见到这个东方姑娘开始，他就不可自拔地爱上了。这个西班牙小伙子，一根筋地对三毛展开了追求，从此经常出现在三毛中国朋友的家里。

当时的荷西还不到十八岁，只是一个高中三年级的学生。他身上涌动着年轻的气息，可以让空气都变得活络起来。这种感染力，也让三毛感受到了更多的快乐情绪。

荷西喜欢拉着她到院子里运动，打棒球，打雪仗。他有一种带动能力，让三毛喜欢和他待在一起。但是她不觉得那是爱情。与梁光明之间的刻骨铭心，让她变得向后缩，不再轻易尝试触碰。

在荷西看来，三毛就是他一直翘首以盼的那份惊喜。在她的眼中，他能够感受到星光，清澈透亮，独一无二。这样的相遇，一定是上天的恩赐。

他满脑子都是痴念，甚至开始逃学。每天最后两节课几乎都见不到他的影子，因为他早已经溜出校门去找三毛了。

三毛清楚地记得，荷西第一次为她逃学的情形："有一天我在书院宿舍里读书，我的西班牙朋友跑来告诉我：'Echo，你的表弟来找你了。''表弟'在西班牙文里有嘲弄的意思，她们不断地叫着'表弟来啰！表弟来啰！'我觉得很奇怪，我并没有表弟，哪来的表弟在西班牙呢？于是我跑到阳台上去看，看到荷西那个孩子，手臂里抱了几本书，手中捏着一顶他戴的法国帽，紧张得好像要捏出水来。"

一个十八岁的男孩子，揣着一颗赤诚的心等在那里。他不懂得什么套路方法，就是那样傻傻燃烧着。

三毛急匆匆跑下楼，树下的男孩露出灿烂的微笑。他在口袋里掏呀掏，掏出十四块西币，希望三毛能够和他一起去看电影。这大概是攒了许久，正好够两张电影票的钱。就连看电影的车费，似乎都解决不了。男孩子有些难为情，他红着脸建议：我们可以走着去，走着回来。

三毛不忍心拒绝这样的诚意，于是点头应允下来。荷西兴奋得一路都在搓手。除了看电影，他还喜欢约三毛去逛旧货市场，花不了太多钱，但是可以开心地逛上许久。

实在没有钱，他们就淘起垃圾来。这和三毛的拾荒情结十分吻合，他们仿佛就是天造地设的一对。日子久了，院子里时常可以听到"表弟来啰，表弟来啰"的喊声，这仿佛已经成为一件司空见惯的事情。

"荷西"这个名字，也是三毛为他汉译的。因为他身上兼有粗犷和温和的特质，三毛曾经想选择"和曦"两个字。但他对那个笔画复杂的字非常抓狂，最好只好改为了"荷西"。她当时从未想过，这个名字会与"三毛"两个字绑定在一起，谱写出一篇传奇佳话，永远地留在历史的记忆里。

古老的时钟发出微弱的声响，花开的季节尚未开始，只因时候未到。在这条注定相遇的路上，他们风尘仆仆走向彼此，胜过所有温柔，等待来日方长。

爱上一个人，就会奋不顾身，开始有牵挂，开始有思念。尽管荷西并不能区分中国女孩子和日本女孩子，但他确定，自己疯狂地爱上了这个有着神秘东方面孔、眼睛里盛满星光的女孩。

荷西的爱简单而又纯粹，在爱情中受过伤的三毛却一直想要逃避。荷西不是看不出三毛眼神里的犹豫，可他就是执着地爱着，渴望着有一天能走进这个东方女孩的心里，甚至已经幻想出他们未来的家是什么模样，会生几个孩子。

还没有成年的荷西，已经把自己当成强壮的"骑士"，美丽的三毛就是他要用一生来守护的公主。他的心纯净得没有一丝杂质，在荷西的观念里，爱很简单，就是相爱的两个人，相依相偎着一直生活在一起。

无数次，荷西在梦里见到三毛在厨房里为自己准备晚饭的样子，都会笑着醒来。这样甜蜜的场景，就是荷西想要的幸福。他生怕会与幸福擦肩而过，于是鼓足了勇气，冲到三毛面前，想要给她一个承诺。他说："Echo，你等我六年，我有四年大学要念，还有两年兵役要服，六年一过，我要娶你。"

从骨子里，荷西和三毛一样，都是单纯到一根筋的人。因为爱而害怕失去，所以单纯地想要通过婚姻把对方留在自己的生命里。

这一次，不想结婚的人换成了三毛。她从没有在荷西的脸上看到过如此认真的神情，雪花飘落在他的睫毛上，借着路灯反射，映出荷西眼睛里坚定的光。这是一个单纯的男孩子在用自己的一生给她承诺，三毛却知道自己接不住这份承诺的重量。

那一刹那，三毛突然明白了梁光明的感受，在拒绝和自己结婚的时候，他应该也和现在的自己一样，心里是充满愧疚的吧。

没有人比三毛更明白被人拒绝的感受，可是面对如此炽热的承诺，她不敢接受。荷西还是个孩子，他的未来有太多的可能性。六年是漫长的光阴，漫长得足够改变一个人。她不知道六年后的荷西是什么模样，甚至不知道六年后的自己会变成怎样的人。那一刻，三毛突然开始感谢梁光明对自己明确的拒绝，因为相比于拒绝，暧昧不清可能更伤人。

三毛低头不语，在心里反复斟酌，怎样的话语才能不伤害面前这个单纯的男孩子。沉默半晌，三毛终于委婉地告诉荷西，自己比他大六岁，在中国，女孩子比男孩子大太多是不吉利的，所以不能和他在一起。

她还是撒了谎，有时候，善意的谎言反而更能保护真心。可是在西方长大的荷西从不认为年龄是爱情的距离，他执着地承诺着，傻傻地规划着那段六年之后才会到来的爱情。

荷西单纯的模样让三毛心痛，他是那样美好的一个男孩子，她怎么能眼睁睁地看着他的青春在自己这里折损？对梁光明的爱，已经将三毛彻底掏空，她觉得自己可能再也不会爱上任何人，如果只能送给荷西一具失去爱的能力的躯壳，那对他来说太过残忍。

长痛不如短痛，三毛狠心对荷西大吼："荷西，我们分手了。"她能看到荷西眼中的光芒在瞬间熄灭，这个不懂得掩饰情感的孩子，脸上流淌着忧伤，低声询问着，是不是自己做错了什么。三毛告诉荷西，以后再也不要去学校找她。她以为，只有这样的决绝，才能将自己的影子从荷西心里彻底挖除。他值得拥有更纯粹的爱情，而不是和自己这种满心阴霾的人纠缠不清。

荷西难过地低下了头，可是当他再次抬头时，脸上竟然恢复了明媚的神情。他说："Echo，我会听你的话，我不会再来纠缠你。如果你相信，请等我六年吧。但是现在，让我一直看着你的脸，选择我自己离开的方式吧。"

三毛从未预料到，荷西会以这样的方式暂时离开自己的生活。他用手指在空气中画了一颗爱心，他笑起来的样子还是一如既往的好看，但眼睛里的湿润却出卖了他的伤心。他勉强支撑着最后的自尊，一面笑着，一面慢慢后退。他举起手臂，轻轻挥手，与三毛道别，雪花在那一刻变得纷纷扬扬，模糊了荷西的脸。三毛终于还是闭上眼睛，她实在不忍心看荷西伤心的模样。

　　三毛再次睁开眼，看到荷西突然转身狂奔，很快就消失在树丛里。三毛强忍的坚强刹那崩塌，她有一千句、一万句"对不起"想要说给荷西，却只能在心里默默地不断重复。她甚至不敢说"再见"，因为她知道，一个不爱自己的人，每见一次，都是伤心。

　　三毛说："人活在世界上，最重要的是有爱人的能力，而不是被爱。我们不懂得爱人，又如何能被人所爱。"她能清楚地感受到荷西对自己的爱，他爱得越炽烈，她越想逃避。此刻的三毛，失去了爱人的能力，环绕在身边的男孩子很多，但没有任何一个人能走进她的心。

　　三毛不否认，自己享受被追求的感觉。她拥有很多爱慕者，他们来自不同国度，拥有不同的肤色，不同的文化背景会诞生不同的追求女孩子的方式，三毛仿佛正在体验一场游戏，对方的角色在不停切换，每一个角色都能带来不同的游戏乐趣。并且，游戏的最大好处，就是不需要动真心。

　　唯独对荷西，三毛不肯、也不敢抱着游戏的心态。他的灵魂太干净，三毛不忍心让它染上一丝污点。或许，那就是三毛对荷西最初的爱，只是三毛被自己蒙蔽得太深，一直未能发觉。

　　三毛享受被人呵护的感觉，却又生怕别人对自己认真。曾经，三毛身边一直陪伴着一个日本男孩，他有着优越的家境，三毛几乎每天都能收到他送来的鲜花和昂贵的礼物。直到有一天，那个日本男孩开着一辆豪华轿车出现在三毛面前，说这车是送给三毛的订婚礼物。三毛被吓到了，"结婚"这个词仿佛一把锋利的刀片，轻轻一碰就是一道血痕，虽然伤得不重，却会疼。

三毛下意识地想要逃离，却不知如何拒绝，急得掉下了眼泪。日本男孩子以为自己的鲁莽吓坏了三毛，赶忙柔声安慰。他说，他愿意等，等到三毛做好结婚的准备，再娶她为妻。三毛逃跑一般离开了日本男孩，不知为何，她害怕听到承诺。为了不让对方爱得太深，她只能频繁地更换男朋友。

一个想要成为外交官的德国男孩，成为三毛在马德里的最后一个男朋友。他不像三毛身边的其他男孩子那样喜欢玩乐，而是将大部分心思都放在实现理想上。三毛觉得他与众不同，愿意陪他回故乡西柏林进修。

为了进入西柏林的大学，三毛拼命学习德语，因为只有拿到歌德学院的德语合格证书才有资格留下来读书。三毛有生以来第一次把全部心思都放在学习上，德国男友为三毛安排了严苛的学习与休息计划，就连睡觉之前还必须用收音机听一段德语节目。

三毛天性爱玩，德国男友却取消了全部约会。他们之间的爱变成了一座囚笼，囚禁了三毛向往自由的灵魂。她再一次想要逃离，渴望流浪的基因开始蠢蠢欲动。三毛想要逃避压力与痛苦，一路追寻绚烂的花火而去，虽然明知道那样的绚烂会转瞬即逝，也好过困守于一潭死水之中。

爱的有涯与无涯

    人生有止境，爱却能永恒。她是今生注定为爱而来的人，却被爱情的碎片割伤。忧伤留在心底，笑容挂在脸上，脑海里的回忆越多，心里就越空荡荡。爱情留下的，是一碰就会碎的幻影。那个渐行渐远的背影，带走的不只是眷恋，也带走了能让爱情萌芽的温度。

    在遇到德国男友之前，三毛也数不清自己换了多少个男朋友。她把自己的放纵归结于白羊座的"花心"，从没指望过用新恋情疗愈旧情的伤痕。爱情是消除寂寞的良药，三毛在一段段注定没有结果的爱情中放逐着自己，无所顾忌。她从没想过玩弄感情，却不经意间丰富了自己的青春。

    从小到大，三毛从未体验过物质上的匮乏。没有缺过钱的人，不会觉得金钱有多么重要。来西柏林之前，三毛在马德里的每一天都是快乐的。父亲每个月寄给她一百美金，除去必需的食宿费用，每个月还有四十美金的零用钱。物质上的充足可以填补内心的空虚，却无法化解对故乡和亲人的思念。

    三毛总觉得自己与父亲之间有一道交流上的鸿沟，可无论这条鸿沟多宽、多深，都阻挡不了一个身在异乡的女儿对父亲的想念。三毛之所以和那个德国男友在一起，或多或少是因为从他身上能寻找到父亲的影子，他们都是可以一心专注于学习和工作的人，曾经，看着德国男友专注的样子，三毛觉得仿佛就和在父亲身边一样安全和踏实。

也是德国男友让三毛意识到，留学的这段时间，自己从未认真思考过人生，这实在愧对自己所学的哲学专业。她以为，去西柏林继续深造，会是人生中一段精彩的际遇，可是当行动轨迹开始变得两点一线，生活也就渐渐变成一杯白开水，索然无味。

三毛的学校位于西柏林的商业中心，那里是艺术家的乐园，四处都是生活的热情。三毛喜欢这里的不受拘束，只要来到这里，德国男友身上的严谨被远远甩开，就是三毛灵魂最自由的时刻。那时的她并未意识到，自己的浪漫不羁遇上德国男友的一丝不苟，碰撞出的不是爱情的火花，而是两种人生观的格格不入。

平淡的生活，只剩下唯一的调剂，三毛每天都会提前一站下车，那里云集了数十家百货公司，三毛用最快的速度在百货公司里逛一圈，之后再走路去学校。

之所以只逛不买，是因为西柏林的消费比马德里高了太多。父亲每月给三毛增加了五十美金生活费，却只能勉强满足她的基本生活开支。木讷的男友、捉襟见肘的经济、严苛的课业计划、平淡如水的生活……西柏林几乎没有任何让三毛满意的地方，就连和男朋友约会也是刻板无趣的，对激情的渴望，让三毛把德国男友当作了"军阀恶魔"，拼命想要从他身边逃离。

爱情中最怕误解与错觉，德国男友的严谨与苛刻，是他表达痴情的方式。因为太在乎三毛，所以要想尽办法让她留下。而让三毛留在西柏林的唯一办法，就是让她拼命通过考试，进入大学读书。

可惜，他不曾解释，她也不曾问。当往日的恩怨烟消云散，一切都再也回不到最初。多年以后，那位德国男友已成为某国大使，声名赫赫。见过他的人都觉得，他和三毛描述的样子一点也不像，很少有人能像他那样谈吐风趣，行为绅士。或许，爱情都是能让人蒙蔽双眼的，有人为爱人添上一道增色的滤镜；有人则在爱人脸上打上一道阴影。

总之，那时的三毛坚持认为，德国男友是为了满足自己的需求而逼迫她，她的心又飞回无拘无束的马德里，那里有灯红酒绿的街区，有热情不羁的人们。那样自由的土地才是属于三毛的地方，一场与德国男友的争吵更让三毛下定了离开的决心。

那一次，三毛得到一个糟糕的考试成绩，德国男友为此喋喋不休了一整个星期。三毛终于忍无可忍，不被认可的自卑，让三毛大哭了一场。她从课堂上狂奔出来，把课本胡乱埋在雪地里，带着仅有的二十美金和护照，径直奔向柏林墙边。她要去东柏林，抱着不怕死的心去那里，去做什么？她自己也不知道。

一道柏林墙，将咫尺阻隔成天涯，也阻挡了三毛的脚步。她的护照不具备去东柏林的资格，被东德的文职军官退了回来。

就在三毛打算放弃的时候，她忽然发觉一位如同电影《雷恩的女儿》里那么英俊的青年军官就站在身后，他的目光如同"放射光线"一样放射在三毛身上。三毛对着他说："哦，你来了。"三毛总觉得军官那双"感人而燃烧"的眼睛在哪里见过，他帮三毛办好了临时通行证，出钱帮她拍好通行证上的照片，又多留下一张照片，放进贴近心脏部位的口袋。

排队过关卡时，军官一直陪在三毛的身边。她能感知到军官此刻的想法，一定和她一样，都希望长长的队伍能移动得再缓慢一些。

分别时，三毛微笑着与军官互看了一眼。他有一双很深的眼睛，三毛曾说，看到他的眼睛，让人有一种落水的无力和悲伤。

他告诉三毛，从东柏林回来，要走另一个关卡，再也见不到他了。那一刻不知为何，三毛竟抱着一种死别的心情与军官分别。在东柏林漫无目的地游逛了一个下午，从另一个关卡返回西柏林时，三毛惊讶地发现，那位军官就等在那里。看到三毛出来，他立刻丢下手上的烟头，朝她迈了一大步，之后又停下。

他带着三毛走向回程的车站，三毛想再好好看看那双仿佛能让人落入水中一般的眼睛。她与他的目光交缠在一起。最后一班列车到来时，三毛不知从哪里来的一股勇气，狂叫着要他跟自己走。军官一面告诉他，自己还有父母在这里，一面催促着她赶快上车。三毛恳求着让他允许自己再留一天，火车却已经缓缓启动，还站在火车踏板上的三毛被迅速带离车站，那个从她生命中路过的军官，注定只能成为三毛记忆里一段没有名字的思念。

人生注定是一场一个人的旅程，过程未知，结局已定。一场东柏林之行，忽然让三毛意识到，一个人行走在路上，能与天地共情，这样的自己是逍遥的，也是饱满的。曾经从诗中读到"人生天地间，忽如远行客"时，三毛也感叹过人生的寂寞与悲凉。从东柏林回来之后，三毛发现，独自流浪，更是一种对生命意义探究的过程，是活着的感觉。

她的德国男友为那次争吵而后悔，他带着三毛来到百货公司的结婚用品区域，委婉地问三毛，可不可以买一条双人床单。这是他能想到的最浪漫的求婚方式，却依然脱离不开最实际的生活。

他们本就不是同一条路上的人，三毛想走更多的路，想去更多的地方。她不想为自己的人生设定目标，每一个目的地只是下一段行程的起点，每一段旅程都有它独特的意义。于是，三毛决定离开西柏林，开始下一段旅程。她平静地告诉德国男友，这里不是她最终的归宿。决定了离开，便不会流连，三毛收拾起简单的行囊，从德国男友的生命里告别。她从未想过，这个男孩竟对她如此痴情，自从三毛离开，他便陷入了漫长的等待，一等就是二十年。

三毛从不否认，德国男友是个很好的人。可惜他不是那个对的人，给不了三毛想要的自由人生。离开西柏林，三毛来到了美国芝加哥城，在伊利诺伊大学申请到主修陶瓷的机会。

她的个性里有矛盾的地方，既渴望全身心的自由，又渴望在触手可及的距离有最熟悉的人。三毛的堂兄也在美国留学，她兴冲冲地去投奔堂兄，却遭到堂兄的奚落。三毛以为，亲情是不掺杂附加条件的情感，没想到堂兄生怕她成为自己的负累。其实，三毛一到美国就找到了一份图书馆的工作，她懒得解释，负气离开，在美国期间再也没有和堂兄碰面。

自由的美国曾经是三毛最向往的国度，来了之后才发现，她根本无法适应这里的过度开放。在国外的这几年，三毛全身心地沉浸在各式各样的爱情里，忽略着岁月流逝。年龄对她而言，不过是一个数字。二十八岁的三毛依然有着少女般的灵魂，她的身边从来不乏追求者，却从未渴望过安定。

堂哥的一位朋友曾对三毛展开热烈的追求。每天，他都会送来精心准备的午餐：一个三明治、一只煮鸡蛋、一个新鲜的苹果。三毛没有拒绝他的午餐，却在刻意假装不知情。直到有一天，堂兄的朋友捅破了这层窗户纸，他说："现在我照顾你，哪一天你肯开始下厨房煮饭给我和我们的孩子吃呢？"

他对未来的美好想象，却让三毛一眼望到了人生的尽头。既然给不了别人承诺，就不再贪恋别人给的关怀。三毛当面拒绝了堂兄的朋友，回到了久别的台北。离家五年，三毛终于开始想家了。家是个神奇的地方，只要回到那里，就能将过往的一切不愉快清零。

异国的悲喜，变成了生命中的一个段落。有许多人试着执起她的手，想要陪她走到生命的最后，却被她轻轻抚落。三毛始终没有找到归属感，一段又一段恋情的开始与结束，反而让她倍感疲倦。

父母的爱，是三毛人生旅途上的北斗星，走得累了，倦了，只要回到父母身边，就能寻回一份安全、温暖和娇宠。

故乡的景，还保留着三毛离开时的模样；故乡的人，却已经不似当初。与三毛年龄相仿的兄弟姐妹，大多已经结婚生子。看着他们幸福的模样，三毛又想起那个放弃了她的人。因为梁光明拒绝结婚，三毛开始了漂泊的人生。家是温柔的避风港，哪有人天生喜欢漂泊？三毛也想依偎在爱人的怀中，任由他宽阔的臂膀为自己遮风挡雨。

可惜一切都无法回到最初，或许，即便一切重来，倔强的三毛还是不肯轻易低头。二十九岁的三毛依然有着少女般的容颜，只是她的心已苍老，一种熟悉的孤独感又开始在心头萦绕。

那些久别重逢的旧友，轮番邀请三毛参加聚会。聚会大多只围绕着一个话题——三毛在异国的见闻与爱情。每次讲述，都是对那段人生的一次回顾。每一次回顾，强烈的孤独感又会加深一层。

原来，一个人是否寂寞，并不在于身边有多少人陪伴，而是心底是否有一个名字、一个身影，只要想起，就会觉得心安。

没有这样一个人曾给予三毛笃定的安全感，她忽然想要寻找这样一个人，和他结婚。她也曾希望那个人就是梁光明，可惜梁光明早已结婚生子。原来，三毛从未让梁光明刻骨铭心，她只是他生命中的一个过客，他轻轻挥一挥手，便驱散了她留在他脑海中的身影。

三毛将心中的孤苦写成了一首小诗："不要问我从哪里来，我的故乡在远方，为什么流浪？流浪远方，流浪！为了天空飞翔的小鸟，为了山间清流的小溪，为了宽阔的草原，流浪远方——流浪！还有——还有，为了梦中的橄榄树，橄榄树。不要问我从哪里来，我的故乡在远方……"

她为这首小诗取名《橄榄树》，整个人间，都是她流浪的地方。依然还是文字，能让三毛找到些许心安。她偶尔给出版社写一些文字赚取稿费，又在一所学校里找到了一份德语老师的工作。教学几乎成为她生活的重心，三毛是孩子们最喜欢的老师，她的游学生活成为孩子们惊叹而又向往的故事。然而，她已是从故事中走出来的女人，接下来要面对的是真实的人生。

一家叫作"明星咖啡屋"的咖啡馆成了三毛在台湾最喜欢的地方，缓慢而悠闲的日子，有大把时间需要打发。这里是文艺青年和艺术家的聚集地，他们聊着三毛最感兴趣的话题，无形中化解着三毛的寂寞。

一个和三毛拼桌的男子对她产生了兴趣，简单的客套寒暄过后，男子开始滔滔不绝地讲述自己的经历。原来，他是一名画家，却怀才不遇。他的外形是落魄的，眼神是忧郁的，三毛被他身上浓郁的艺术气息吸引着，误把同情当成了爱情。

她想用自己的爱重新激发他对艺术的信心，她甚至以为，自己穿越人海渴望寻觅的幸福，就在这间咖啡馆的角落里不经意地出现了。可惜，一切都是假象，那个口口声声承诺着要给她幸福的画家，早已经是别人的丈夫。如果只是虚情假意的爱，还不足以伤人，更可恶的是这个画家的无耻，他知道三毛家境富裕，便对她纠缠不休。最终，在他的要挟之下，三毛只能以一栋房子为代价，让他彻底滚出自己的生活。

三毛渴望的爱，是纯粹得不含一丝杂质的，她不明白，为什么爱情也可以成为欺骗和利用的道具。好在，她已不再是十几年前那个敏感、脆弱的少女，一段情殇不足以摧残她的精神世界，没过多久，失恋的阴影就被她远远地甩在了身后。

在网球场上，三毛遇到了一位德国教师。他比三毛大十几岁，高大挺拔，温文尔雅。初见的刹那，三毛觉得与这个人似曾相识，却想不起何时遇见过。德国教师浑身上下散发着成熟的韵味，对于一个想安定下来的女子来说，他实在是最佳的结婚人选。

在璀璨的星空下，德国教师给了三毛温柔却郑重的承诺。他向三毛求婚，三毛未经思索，便平静地说了声"好"。或许，她并没有从德国教师那里感受到爱的激情，只是享受他给予的踏实感。

接受求婚的第二天，三毛开始和未婚夫一同准备结婚需要的物品。她以为，嫁一个温暖的人，过一段平凡美满的人生，就是她最终的宿命。那一夜，他们清点着未曾置办的物品，一边清点，一边聊起三毛在西班牙的生活。不知不觉，已聊到深夜，当他们终于意犹未尽地睡下时，天边已经晨曦初露。

次日，三毛在未婚夫的怀抱里醒来，她觉得有些不对劲，拥抱着自己的那个人，有些冰冷，有些僵硬。三毛轻轻唤他的名字，却怎么也叫不醒他。他的脸就像睡着了一样，却没有了呼吸，脉搏也停止了跳动。因为心脏病突发，三毛的未婚夫在深夜就已经死去了。

一想到几个小时前还在耳边温声软语的枕边人，几个小时后就永远地离开了自己，三毛的情绪彻底崩溃了。她紧紧地扑在未婚夫的遗体上哀号着，无论家人怎么拉扯也不肯离开。直到眼泪耗光了所有力气，三毛才被家人搀扶着回到房间里。

她从里面锁上了房门，之后便是长时间的安静。母亲起初以为她睡了，过了许久，才反应过来三毛的安静有些诡异。母亲立刻起身去敲三毛的房门，大声呼唤着她的名字，但就是得不到三毛的回应。

透过三毛卧室窗户的缝隙，母亲看到了空空如也的安眠药瓶就扔在地上，那是三毛平时用来助眠的，母亲也不知道瓶子里原本还剩下多少。她大哭着喊来家人，飞速将三毛送到医院。三毛的性命被及时抢救回来了，从昏迷中醒来的三毛，感叹自己何其不幸：不幸地失去了能给自己幸福的人，又不幸地被强拉回这个世界。

她再一次想要离开，台北不是她的福地，给了她太多伤心。或许活着本身就是一首哀伤的歌，细碎的伤感拼凑成词，磨不平眉间的忧郁。一些人、一些事，总能扯痛她心底的伤口，只有远离这个熟悉的地方，逃往一片蔚蓝的天空，才能让她找到继续活下去的勇气。

将动荡的心妥善安放

世间最美是心安，她的一抹温情却已在颠簸流年中逝去。一弯凄凉的月，照在荒寒的心底。多希望红尘只是一场梦，一朝梦醒，沧桑的过往都留在梦里。

熟悉的马德里，被三毛当作第二个故乡。回台北的这段时光，反而被三毛当成流浪。马德里向三毛敞开了热情的怀抱，马德里的风轻抚着她的头发，仿佛是在柔声安慰她，那些忧伤的回忆都留在了过去，这里即将给予她一段新的开始，还有一场温暖了余生的重逢。

她已不再是六年前那个让青春肆意飞扬的女孩，偶尔，她的指间也会夹着一支烟，却不像从前那样张扬。马德里的街头依然会出现狂欢的人群，三毛也不再欢笑着融入其中。

她总是站得远远的，默默欣赏着别人的快乐，仿佛世间的一切美好都再与自己无关了。

一颗千疮百孔的心，已经开始害怕快乐的降临。快乐总是短暂的，她已经承受不起快乐消逝后的无奈与空虚。

至于爱情，经历了无数次打击的三毛开始本能地逃避。可缘分这个东西谁也说不清，它来时，从不需要任何人首肯，任性地将一颗饱含爱意的心，硬塞进三毛怀里。

三毛几乎已经忘记了，六年前那个飘雪的夜晚，年轻的荷西曾对自己许下一个六年约定。如今约定的时刻已到，鬼使神差一般，三毛的脚步离荷西越来越近。或许是因为缘分红线的牵引，纵然分隔万水千山，他们也终将走到彼此身边。

其实，三毛虽未将六年约定当真，却从未忘记过荷西。当时，正在与未婚夫挑选结婚用品的三毛，曾收到一封从西班牙送来的信。送信来的，是与三毛一同在马德里读书的同学，他说写信的人叮嘱过，如果三毛不记得写信的人是谁，就没有必要拆开这封信了。

三毛用视线轻抚过信封上的名字——Jose Quero Y Ruiz，眼前已经浮现出一个阳光大男孩好看的笑容。她怎么可能忘记，这是荷西的西班牙名字，几乎是在欢快地喊出"荷西"的同时，那封信就已经落在她的手中被拆开了。

一张照片从信封里滑落出来，仿佛已经等待了太久，迫不及待地想要吸引三毛的注意。照片上是一个魁梧的青年男子，正赤着上身在蓝色海湾里抓鱼。他的胳膊上有结实遒劲的肌肉，阳光照耀在他浓密的汗毛上，染出金色的光晕。他的下身穿着一条迷彩短裤，说明他是正在部队里接受训练的士兵。三毛对着那张陌生的脸孔反复看了好几遍，除了认定这是一个英俊的男人，再也想不出有谁能和照片中的这张脸对上号。

六年的时光，足够把一个青涩的大男孩雕刻成熟。三毛险些以为这是一个恶作剧，直到弟弟突然说，照片中的这个人和三毛的未婚夫有些像，三毛这才恍然大悟，原来自己第一眼便觉得熟悉的未婚夫，长相与荷西如此相似。

曾经以为可以遗忘的，原来从未有一刻忘记。流年冲不淡美好的回忆，在最美的年华里遇到对的人，当时只觉惊艳了时光，经年之后再次遇见，才发现岁月也因为他变得温柔。

信纸上，是三毛并不熟悉的笔迹："过了这么多年，也许你已经忘记了西班牙文。可是我要告诉你一个秘密，在我十八岁那个下雪的晚上，你告诉我，你不再见我了，你知道那个少年伏枕流了一夜的泪，想要自杀吗？这么多年来，你还记得我吗？和你约的期限是六年。"

荷西用西班牙文写下自己的一腔深情，可那时的三毛以为，自己即将成为别人的妻子，只能默默在心底对这个痴情的西班牙男孩儿说一句"对不起"，再说一句"谢谢你"。

有生之年，谢谢你曾经来过。所有的欣喜与感动，被三毛轻轻折进那张信纸里，装回信封，当作生命中的一段插曲。

重返马德里，三毛并不是为荷西而来，她甚至没有想过会与荷西重逢。就连三毛自己也说不清，为什么心心念念地朝着马德里的方向一路赶来。仿佛冥冥中有一种指引，只有这片热情的土地能让她重新找回生命的温度。

因为急着赶往马德里，三毛匆忙中选错了换乘飞机的机场。飞机在英国伦敦落地，为了不错过换乘的飞机，三毛必须马不停蹄地赶往另一个机场。她向来喜欢悠然地行走于岁月之中，很少像这样急匆匆地赶路，几乎是在与时间赛跑。

好不容易准时赶到机场，办理签证时却出现了问题。三毛被英国移民局当成了偷渡客，他们态度强硬，甚至不允许三毛解释，径直把她押往看守所。看守所里关押着形形色色的人，站在众人中间的三毛实在有些格格不入。可她并没有丝毫惧怕，看守所里压抑的氛围更激发了她的怒火，她不停地大声喊叫着，质问英国移民局为什么无端抓人。

三毛如同一只愤怒的羔羊，一会儿冲进拘留室，让他们赶快释放自己；一会儿又大喊着要联系律师，控告英国移民局，一会儿又拿来一大堆杯子，倒上工作人员的咖啡，请所有被关押的人喝。看守所里原本压抑的氛围立刻被三毛打破了，她一刻都不肯安静下来，据理力争着本应属于她的人身自由。

有人问三毛为什么不像其他中国女孩儿那样躲在房间里哭，三毛反问："这种小事情值得一哭吗？"反过来想想，三毛甚至觉得这种人生经历是别人求也求不来的。

她曾说："本人坏念头一向比谁都多，要我杀人放火倒实在不敢，是个标准的胆小鬼。"但是她也说："我总坚持人活着除了吃饱穿暖之外，起码得受人尊重，也尊重他人，是我们这个社会共存下去的原则。虽然我在拘留所里没有受到虐待，但他们将我如此不公平地扣下来，使我丧失了仅有的一点尊严，我不会很快淡忘这事的。"

终于，在三毛的据理力争之下，英国移民局决定释放三毛。他们派人用出租车把三毛送往机场。三毛终于安静了下来，一抹狡黠的神色挂在她的脸上，在她看来，英国移民局是"老虎"，自己表面上看是"猪"，但在这场游戏中，最终还是"猪"吃掉了"老虎"。

只有在保护自己时，三毛才会亮出那些被包裹在温柔之下的锋芒，大多数时间里，她还是忧郁的、沉默的，很少为一件事兴奋。

在马德里，三毛试图开始平静的生活。她成为一所小学的英文教师，每周只需要工作四个小时，虽然薪水不多，却有大量的自由。

时光能掩埋一切伤痛，只要不刻意向深处挖掘，人最终都会适应带着伤疤度过余生。当心底的伤口不再像最初那样疼痛的时候，三毛渐渐又恢复了昔日的活力。热情的西班牙总是不缺少热闹的聚会，和三毛合租的是三个年轻的单身女孩，和她们在一起，三毛那颗在伤痛中苍老的心又鲜活了起来。

三毛不喜欢高跟鞋，但有时也会把脚塞进高跟鞋里，挽起高高的发髻，和室友一同盛装出席一场高级的音乐会。似乎一切都是最好的安排，从失去未婚夫的伤痛中走出来的三毛，终将以最好的姿态迎接荷西的到来。

一个月后，荷西即将结束服兵役，离开军营。为了那个雪夜的约定，他心心念念了六年。从小生长在西班牙的荷西并不懂得中国古诗词中"近乡情更怯"的道理，却随着离开军营的日子一天天逼近而深有体会。

他渴望见到三毛，却又害怕再一次遭到三毛的拒绝。他的欢喜与不安，全被妹妹伊丝帖看在眼里。有时候，爱情里的局外人比当局者更有勇气，伊丝帖决定帮助哥哥迈出通往爱情的第一步。

三毛的朋友还住在荷西家的楼下，伊丝帖知道三毛经常来这里做客，便趁机与三毛"偶遇"。她直白地告诉三毛，荷西还在等待着六年约定的实现，于是恳请三毛给荷西写一封信。三毛谎称自己已经忘记了西班牙文，她认为，对荷西最负责任的行为，就是不要再给他幻想。

可伊丝帖执着地坚持着，她说，即便不能成为恋人，也可以成为互相通信的朋友，至少这样不会让荷西太难过。无奈之下，三毛只好用英文写下："荷西，我回来了，我是 Echo，我在 xx 地址。"与其说这是一封信，不如说更像一张字条。可就是这样简单的几个字，就已足够轰动荷西所在的军营。

荷西爱上一个东方女孩的故事，在军营里早就不是秘密。几乎所有人都知道，他们之间有一个六年约定，尽管这个约定只是荷西单方面许下的，可所有人都在期待着约定兑现的日子。

三毛的那封回信写得敷衍，字迹潦草得让整个军营都没人能看懂。荷西却如获至宝，紧紧把信捧在怀里，又因为看不懂信上的字而着急。他写信告诉三毛，自己看不懂她说了什么，所以剪了许多潜水者的漫画寄给她，还指出其中的一个说："这就是我。"

三毛并不打算继续回信，荷西的长途电话却紧随而至："我二十三日要回马德里，你等我噢！"可三毛还是完全忘记了这件事，二十三日那天，她和同学跑去另一个小城玩。回家时，室友告诉她，一个男孩子打来十几个电话找她，三毛绞尽脑汁也想不出是哪个男孩子。一个朋友正好在此时打来电话，说有要紧事要与三毛商量，三毛急忙赶过去，一进客厅，朋友就让她闭上眼睛。

三毛下意识地攥紧拳头，把双手背在身后，生怕朋友把什么可怕的东西放在她手上。突然，一双手臂把三毛抱了起来，三毛吓得睁开眼睛，荷西那张俊美的脸立刻出现在眼前。三毛兴奋得大叫起来，荷西将她抱得更紧，在原地转了起来。三毛身上的曳地长裙随着旋转飞舞着，她兴奋得不知如何是好，开心地捶打着荷西，又忍不住亲他的脸。朋友们在一旁欢笑着，他们或许早已知道，穿越万水千山而来的三毛，就是为了这命中注定的遇见。

因为爱上三毛，荷西经历过欢喜的心跳、心潮澎湃的悸动，如今相见，他小心翼翼地呵护着得来不易的重逢。有时，三毛看着满脸大胡子的荷西，思绪总会恍惚。他比六年前变了太多，唯一不变的，是对三毛炽烈的爱。

原来，有些想念，是在重逢那一刻才能确认的。三毛以为自己对荷西毫无感觉，直到这一刻才突然意识到，自从那个飘雪的夜晚分别之后，她就已经开始了对荷西的思念。只是这思念被掩藏得太深，连她自己几乎都遗忘了。

记忆里的荷西，是个笼罩在阳光之下的大男孩。三毛几乎从未见过他不开心的样子，唯一的一次忧郁，还是因为学不会三毛教给他的中文字。

当年，出于对神秘东方的好奇，荷西央求三毛为他取一个中文名字。他的西班牙名字叫"Jose"，三毛脱口而出"和曦"。在三毛眼中，他就是如祥和晨曦一般的人。只是笔画繁多的"曦"字让荷西犯了难，他可怜兮兮地告诉三毛，自己考试经常不及格，是个很笨的人。三毛把"曦"改成了笔画更少的"西"时，一缕阳光重新回到荷西脸上，他笑起来的样子总能让人心底暖洋洋的。

这段记忆，已经恍如隔世。如今的荷西，阳光般的温暖尚在，又增添了几许成熟的魅力。而如今的三毛，遍身伤痕，失去了尖锐的棱角。她庆幸自己能再次遇到荷西，也感谢荷西愿意用最纯粹的爱保护她的伤痕。

一个下午，荷西邀请三毛到自己家里去。一推开房门，眼前的景象让三毛彻底惊呆了。荷西卧室的整面墙上，贴满了三毛的照片，黄昏的夕阳透过百叶窗打在照片中三毛的脸上，是她剪短发时的样子。

三毛从来没有寄过自己的照片给荷西，荷西告诉她，这些照片都是自己"偷"来的。每次三毛把自己的照片寄给朋友，都会被朋友放在一个纸盒里。荷西趁着去串门的机会把照片偷出来，拿去照相馆放大，再偷偷把原来的照片放回去。他说，家里人都说他疯了，对着一个已经消失不见的人发痴。

墙上的黑白照片都已经发黄，印证着时间的流逝。荷西满脸歉疚地说道："太阳要晒它，我也没办法，我就把百叶窗放下，可是百叶窗有条纹，还是会晒到。"三毛随手摘下一张照片，雪白的墙壁和发黄的照片形成鲜明对比。那一刻，三毛心底最柔软的地方被触痛了，这个痴情的男人，就连表白的样子都让人心疼。

三毛突然转身问荷西："你是不是还想结婚？"荷西一下子呆住了，不敢相信地盯着三毛。与他对视了很久，三毛才说："你不是说六年吗？我现在站在你面前了。"

短短一句话的时间，三毛仿佛又将这六年的悲喜重新经历了一遍。她哭了起来，又说："还是不要好了，不要了。"荷西忙问为什么，三毛反问："你那时为什么不要我？如果那时候你坚持要我的话，我还是一个好好的人，今天回来，心已经碎了。"

这次轮到荷西心疼，他说："碎的心，可以用胶水把它粘起来。"

三毛却说："粘过后，还是有缝的。"

荷西轻轻牵起三毛的手，放在自己的胸口说："这边还有一颗，是黄金做的，把你那颗拿过来，我们交换一下吧！"

这是世界上最美的情话，更是三毛往后余生的动力。即便是多年以后永远失去荷西，每当想起这句话，都能让三毛得到继续活下去的勇气。

她并没有立刻成为荷西的妻子，因为还有一个心愿尚未完成。多年以前，三毛在《国家地理》杂志上看到了荒凉的撒哈拉沙漠，她突然觉得，自己仿佛前世就属于那里，今生只是从沙漠中走出的一个灵魂，心心念念着想要再回到那里。

眼前枯燥的工作早已让三毛厌倦，有时为了赶稿子，她不得不连续几天把自己关在家里。她对荷西倾诉自己的苦恼，荷西笑着说："我觉得那些被关在方盒子里办公、对着数字的人，才是天底下最可怜的。如果让我选择，我一定要做那树上的人，不做那在银行上班的人。"

荷西的话给了三毛追求自由的勇气，她的辞职信，简单到只有六个字："对不起，不干了。"她要奔赴她梦中的沙漠，而荷西为了她，放弃了梦中的海洋。深爱一个人，生怕自己给得不够多，因为爱她，所以希望她快乐。

沙漠中不缺少阳光，荷西还是把自己的阳光带到了那里。他知道三毛有一颗潮湿的心，他愿意晒干她心底所有愁绪，哪怕燃烧自己。

第七章

宿命：踏歌寻找前世的乡愁

疯狂撒哈拉

日子如同流沙，带走如烟往事。一颗金子般的心，是埋藏于沙底的宝藏。带着这颗心，三毛尽情追逐自己的沙漠之梦。真正的爱情，总能催生人的勇气，她将自己的梦种在沙地里，用爱浇灌，梦就会发芽，开出一簇簇鲜花，点亮黯淡的人生。

父亲和荷西是世上仅有的两个支持三毛的沙漠之梦的人。三毛已经安排好自己的时间，准备去沙漠住一年。在她动身之前，荷西早已默默收拾好了行李，去沙漠的磷矿公司找到一份工作。最好的爱，莫过于支持对方的所有决定。哪怕明知去沙漠中生活一定会很苦，荷西也要尊重三毛的倔强，用自己健硕的身躯替她挡住漫天风沙。

三毛知道，荷西的梦中有一片海，她不想让自己梦中的沙漠将那片海填平。

于是她写信给荷西："你实在不必为了我去沙漠里受苦，况且我就是去了，大半时间也会在各处旅行，无法常常见到，所以不要为了我，如此委屈。"

荷西已经坐上了去往撒哈拉沙漠的飞机，他坚定地给三毛回信："我想得很清楚，要留住你在我身边，只有跟你结婚，要不然我的心永远不能减去这份痛楚的感觉。我们夏天结婚好吗？"

荷西的坚定让三毛觉得一切顾虑都是多余的，这是一场不需要向任何人告别的远行，三毛给合租的三个女孩子留下房租和字条，奔赴机场，也是奔赴一段新生。

在阿雍机场，三毛终于见到了分别三个月的荷西。撒哈拉的风沙的确残忍，短短三个月，几乎让荷西变了一个模样。他的脸被风吹成了焦红色，嘴唇是干裂的，头发和胡子上盖了一层黄黄的尘土，曾经盈满阳光的双眼蒙上一层隐隐的忧伤。他拥抱三毛的臂膀依然有力，三毛却注意到他的双手已经粗糙不堪。她的心抽痛了一下，恶劣的环境终于让她意识到，自己曾经对沙漠浪漫的幻想竟然那么幼稚，两个人即将面对的生活才是一场严酷的人生考验。

走出机场，刚刚小小的忧郁彻底一扫而空。荒凉而又广阔的撒哈拉沙漠，是三毛梦里的情人，落日将无际的沙漠染成了鲜血一般的颜色，凄艳而又恐怖。三毛仿佛投入了故乡的怀抱，用目光与呼吸拥抱着沙漠的苍凉。

荷西说："你的沙漠，现在你在它的怀抱里了。"三毛竟一下子哽咽了。从前，荷西总是叫她"异乡人"，三毛喜欢这个称呼，在马德里，她是异乡人；在芸芸众生之中，她依然当自己是异乡人。

早在半个月之前，荷西就为三毛准备好了一个"家"。那是他租的房子，距离机场有一段距离。三毛的行李箱被满满的书刊填充出沉重的分量，荷西就那样稳稳地把行李箱扛在肩上，引领着三毛朝幸福的方向走去。

阿雍的机场路很荒凉，鲜有车辆经过，更没有车愿意载他们一程。两人扛着行李走了近四十分钟的路程，这才远远看见炊烟和人家，荷西兴奋地指给三毛看，他们的家就在那里。

远处那些当地居民搭建的帐篷千疮百孔，拼凑出一个个残破的家，三毛却觉得自己进入到幻境当中。那是属于撒哈拉沙漠的风情，每个人都穿着深蓝色布料制成的衣服，骆驼、山羊、小女孩好听的笑声，编织出一派异国的生气和趣味。

再荒僻的地方，也有生命在延续。三毛从当地居民的脸上丝毫看不出穷苦和抱怨的神色，他们只是自自然然地生活在这里，一代一代地繁衍下去，那是上天为每一个生命赋予的优雅，是三毛寻觅已久的安详。

几座空心砖建成的房子零星散落在街路两旁，在一排房子的最后，三毛看到一幢有长圆形拱门的小房子，不知为何，她从心底断定，那就是属于她的房子。

直觉果然没有欺骗她，荷西径直朝着那座小房子走去，将沉重的箱子丢在门口，欢快地告诉三毛："这就是我们的家。"

三毛站在原地，贪婪地欣赏着属于她的这片"领地"。房子的正对面，是一大片垃圾场，那是属于三毛的乐园，一大堆未知的"宝藏"等待着她去发掘。

沙漠的风剧烈地吹着，三毛的长发和长裙凌乱在风中。她的心却是宁静的，站在家门口，一抬头就是沙漠广阔的天空。

荷西已经打开了家门，三毛眼前出现一条黑暗的走廊，没等她迈步，荷西从身后将她抱了起来。他告诉三毛，从今以后她就是他的太太了，他要抱着她走进他们的第一个家。

三毛的心被强烈的幸福感熨帖着，她就那样安然地依偎在荷西的怀抱里，任由他抱着自己巡视这个简陋的小空间。

走过短短的走廊，三毛一眼就看到房子中间有一个四方形的大洞。她心急地从荷西怀里挣扎出来，迫不及待地想要一览房间的全貌，又用脚步丈量着房子的尺寸：横着走是四大步，直着走是五大步，小小的空间只能放下一张大床，若不是心底已经被爱与幸福填满，三毛根本无法想象，未来的一段人生，自己会住在这样一间比仓库还要破败的房子里。

厨房同样是小小的，只有四张报纸平铺开那么大。一个简陋的水槽已经泛黄破裂了，三毛偷偷皱起了眉头，暗暗思量该如何在这样的地方做出能下肚的食物。

浴室里安放着一只没有水箱的抽水马桶，令三毛吃惊的是，这里竟然还有一只白色的浴缸。三毛暗自将它想象成达达派的艺术品，如果不去用它，它简直就是一件雕塑。

荷西告诉她，从浴室外的台阶走上去就是公用天台，他在那里养了一只母羊，以后可以有鲜奶喝。这是三毛一整天来仅有的一点小惊喜，因为这点惊喜，她才能勉强装出高兴的样子，告诉荷西，自己很喜欢这里。

她太了解荷西，如果她表现出一丁点儿的不满意，荷西一定会无比沮丧。这已经是荷西能在当地找到的最好的房子，大多数当地居民还住在满是窟窿的破帐篷里，或是临时搭建的铁皮房子里，至少荷西还能找到一座砖房子，帮她抵挡沙漠的风沙，她必须强迫自己满足。

可是，想要让这座房子达到能居住的标准，三毛还要好好地费一番心思。高低不平的水泥地面、赤裸裸的深灰色空心砖墙面，每一处都需要精心地布置。三毛试着拧开水龙头，却没有一滴水，只流出几滴浓绿的液体。她无奈地抬起头，不经意看到密密麻麻的苍蝇停在电线上，墙上还有一个缺口，不停地有风灌进来。她终于掩藏不住失望的神色，问荷西这里每个月需要多少钱的房租。

荷西告诉三毛，房租每个月一万块，折合成台币大约七千块。水和电是需要额外购买的，一汽油桶的水是九十块，还要去政府申请送水。

三毛从家里带来很多钱，是父亲给的，装满了两个大大的枕头套。荷西执意要三毛把钱存进银行，她今后的生活，他要用自己的薪水来负担。

这是荷西在守护自己爱的尊严，他心中的三毛，是表面倔强内心浪漫的，他担心她很快就会厌倦沙漠里恶劣的生活环境，更担心她不愿意留在自己身边。于是，荷西轻声问三毛，需要有多少钱，才能成为她的丈夫。他语气里的担忧丝毫掩饰不住，三毛突然玩心又起，想要逗一逗荷西。她答道："看得顺眼的话，千万富翁也嫁；看得不顺眼的话，亿万富翁也嫁。"

三毛的每一句话，荷西都会当真。他为自己不是富翁而失落着，他低头不语的样子让三毛心疼。她赶忙安慰荷西："要是嫁给你的话，只要吃得饱饭就够了。"

荷西就像个天真的孩子，为三毛的一句话而忧愁，又为她的另一句话而狂喜。他问三毛："你吃得多吗？"三毛回答："不多。"荷西竟然在垫子上翻起了跟头，欢呼着："太好了，太好了，这下可以结婚了。"

这是世界上最质朴的结婚誓言，一份"能吃饱"的爱，就足以充实剩下的人生。一张没有床架的床垫，几套既拿来用餐，也拿来切菜的餐具，几件简陋的家用电器，堆砌成一个幸福的小家。从这一天开始，三毛正式回归"人间"，手里捏着荷西微薄的薪水，过起关心粮食和蔬菜的日子。

爱在简陋的生活里升温，荷西迫不及待要给三毛一场婚礼，哪怕是一个简单的仪式，也能成为贮藏在心底的一抹甜蜜，送给多年以后的他们自己。

三毛希望在结婚之前来一场穿越沙漠的旅行，找当地的撒哈拉威人做向导，从沙漠一路穿行到西非去。荷西从不干预三毛的任何计划，他只希望先去法院问一问结婚需要准备的手续。

一位头发全白的西班牙先生接待了他们，在此之前，当地的法院从没有为两个不同国籍的外国人举办过婚礼。为此，老先生特意找来了厚厚的法律书，三毛耐着性子等了许久，老先生这才不紧不慢地开口："公证结婚，啊，在这里——这个啊，要出生证明、单身证明、居留证明、法院公告证明……这位小姐的文件要由中国出，再由中国驻葡公馆翻译证明，证明完了再转西班牙驻葡领事馆公证，再经西班牙外交部转来此地审核，审核完毕我们就公告十五天，然后再送马德里你们过去户籍所在地法院公告……"

一连串的手续听得三毛头疼，她并不知道结婚还要这么多繁琐的流程，强压着不耐烦，轻声问荷西："你看，手续太多了，那么烦，我们还要结婚吗？"

三毛的一点点动摇都让荷西紧张不已，他急忙问老先生，他们大概需要多久才能结婚。老先生依然慢条斯理，他告诉荷西，只要文件准备齐了，大概三个月就可以结婚了。

短短的三个月，却让荷西觉得漫长得如同一个世纪。他急得额头冒出汗水，结结巴巴地恳求老先生帮忙，婚礼越快举行越好。

可惜老先生无能为力，每一份结婚需要的文件都要荷西和三毛亲手来准备。多年以后，三毛每一次回想起准备结婚文件的那三个月，仿佛又回到了沙漠中的烈日底下，晒得人发烧、头痛。

他们住的地方没有门牌，只能在邮局租用一个信箱。每一天，三毛都要走一个小时的路程，去镇上看信，来来回回走了三个月，竟然和镇上的大部分人都熟络成了朋友。当所有文件终于准备齐全，法院的老先生告诉三毛："你们可以结婚了。"三毛简直不敢相信自己的耳朵，心底竟然弥漫出胜利的喜悦，仿佛刚刚打赢了一场战役。

老先生接下来的话，更让三毛吃惊，甚至有些措手不及。他说，婚礼的日期已经安排好了，就在明天下午六点钟。他还说，是因为荷西当初反复催促要尽快结婚，他才好心安排了最近的日期。三毛仿佛做了一场梦，直到走出法院，依然恍惚着，她不敢相信，明天的这个时候，自己的身份就要从"陈小姐"变成"荷西的夫人"。

三毛一路恍惚着走到邮局门口，看到荷西公司的司机正开车经过，这才恍然惊醒。她快步跑过去追上车，请司机带口信给荷西，告诉他明天结婚,让他下了班来镇上。司机有些莫名其妙，诧异地问："难道荷西先生还不知道明天自己要结婚吗？"三毛不知道如何解释，只能回答："他不知道，我也不知道。"

直到司机把车开出很远，三毛眼前依然停留着他惊恐的表情。三毛有些失笑，她觉得司机一定把她当成了疯子，想结婚想疯了的疯子。

在最美的时光，遇见最美的人，哪里还耐得住一分一秒的等待？荷西根本等不到下班，立刻飞车赶到三毛面前。他拉着三毛跑去邮局，给家人写了一封长得像信一样的电报来通报喜讯。三毛给父亲的电报只有短短几个字："明天结婚三毛"。

有人说，生活需要仪式感。然而真正有质感的爱情，根本不需要太多华丽的表象去修饰。三毛根本不介意荷西结婚当天还要上班，也不认为婚礼上的自己需要刻意装扮，就连通知家人的电报也可以轻描淡写，因为荷西对她的爱是笃定的，胜过任何空洞的甜言蜜语，胜过徒有虚名的华而不实。

他们去看了一场电影，当作告别单身的仪式。那一夜，三毛并没有因为即将成为新娘而过于兴奋，怀抱着踏实安然睡去。第二天下午，荷西回来时三毛还在睡午觉。荷西欢快地大喊着有礼物要送给三毛。三毛猜测一定是花，从沙漠中得来的花让她兴奋得一跃而起。

她抢过荷西手上的盒子，拆开一层层的包装，一个骷髅头骨静静地躺在盒子底下。那是一只骆驼的头骨，三毛感动地看着荷西，那是她最想要的结婚礼物，荷西在沙漠中走了很久才找到一只完整的骆驼头骨，这一刻，三毛觉得自己是天底下最幸运的人。荷西就是上天送给她最好的礼物，一个能读懂她灵魂的爱人，一个她在这个世界上真正的知音。

她知道荷西对这场婚礼的重视，还特意修剪了胡子。为了配合荷西的蓝色衬衫，三毛找了一件淡蓝色的细麻布长衣服，穿在她的身上有一种朴实的优雅。长长的头发松散地披在肩上，头上戴了一顶草编的阔边帽子。鲜花实在是沙漠中的奢侈品，三毛找不到装饰帽子的鲜花，索性从厨房找了一把香菜别上去。她还是不喜欢高跟鞋，一双舒服的凉鞋，让三毛觉得自己的婚礼和婚姻都将是令人身心愉悦的。

他们慢慢地走向小镇的法院，幸福弥漫在心底，三毛忽然觉得，漫漫黄沙是世界上最美的风景。荷西说，三毛或许是世界上第一个走路去结婚的新娘。三毛却笑着感叹，可惜不能骑着骆驼去结婚。她只是说说而已，对此刻的三毛而言，一生的平淡相伴，已经是最奢侈的浪漫。

还没走到法院，就有人一面说着"来了，来了"，一面跳出来给三毛和荷西拍照。法院里的工作人员都换上了西装，打着领带，每个人都比新郎荷西穿得还要正式。

三毛完全不知道，她在小镇上认识的每一个人都出席了这场婚礼。三毛生平最怕隆重的仪式，却也因为自己的婚礼受到满满的祝福而感动。年轻的法官比新郎和新娘还要紧张，拿着结婚誓词的手在轻轻颤抖，这是沙漠法院第一次有人公证结婚，他尽量让自己的声音听上去很平静，问道："三毛，你愿意做荷西的妻子吗？"

三毛知道应该答"是"，却不知为何答了一声"好"。法官笑了，仿佛也不再那么紧张，又问荷西，荷西大声回答了"是"。法官却不知接下来该说什么。三个人面面相觑，过了许久，法官才突然说："好了，你们结婚了，恭喜，恭喜。"

三毛终于放松下来，一把扯下帽子当扇子扇。突然有人问，为什么没有戒指。荷西这才想起来，掏出戒指，拿出一只套在自己手指上，却忘记要给三毛戴上另一只，就忙着去找法官要户口名簿。

一场啼笑皆非的婚礼，终将成为终生的回忆。他们终于成为夫妻，却舍不得办一场像样的婚宴，甚至舍不得在外面的饭馆里吃一顿饭。两个人沿原路慢慢地走回家，发现家门口竟然放着一个大蛋糕，里面的纸条上写着"新婚快乐"。

那是荷西的同事们合送的蛋糕，沙漠里的鲜奶油，对于三毛而言是最幸福的美味。蛋糕上有一对穿着结婚礼服的新人，三毛高兴地拔下两个娃娃，大叫着"娃娃是我的"。荷西掩饰不住满脸的宠溺，拿出戒指，轻轻戴在三毛手上。直到这一刻，婚礼才算真正圆满。一枚小小的戒指，套住两颗饱含爱意的心，或许这才是结婚戒指真正的意义。

沙漠中的一间小屋，包裹出一个温馨的世界。那里没有江南烟雨，没有水榭楼台，却比世间任何一道风景都要别致。在光阴的廊桥上，与一人相遇，时光的铜镜里，刚好倒映出一个完美的圆，那便是生活的圆满。

一天，三毛把荷西赚来的钱仔细计算了一下，发现是一笔不小的数字。两人决定好好庆祝一下，去沙漠里最好的饭店吃晚饭。

那里布置得如同一座皇宫，坐在整洁的餐桌前，三毛觉得自己仿佛告别了沙漠的尘土，回到了往日时光。荷西点了四人份的海鲜和甜点，还要了上好的红酒。这里的餐具也是无比精致的，在沙漠里住久了，三毛发现，只需要一点点物质上的享受，都可以让心灵得到无限的满足和升华。

那顿晚饭价值不菲，换来了一整晚的愉悦和幸福。三毛觉得，为快乐买单是值得的，唯一的不足就是快乐过后，要面临长久的拮据。

原来，三毛只计算了赚来的钱，忘了计算用掉的钱。仔细计算过后，发现几乎没有任何剩余。看着满满一餐桌的洋葱和马铃薯，荷西有些沮丧。自从来到沙漠，三毛再也没有乱花钱，甚至从没给自己买过一件新衣服。这里物价昂贵，日常的饮食和汽油就几乎消耗掉大半收入，仅有的娱乐支出不过就是请朋友吃几顿饭、假期出去旅行一下而已。

荷西信誓旦旦地决定，以后再也不请朋友吃饭，再也不出去旅行。三毛最怕日子乏味，她警告荷西："你不怕三个月后我们疯掉了或自杀了？"

荒凉的沙漠，如果不用聚会和旅行调剂生活，人可能真的会被逼疯。三毛想出一个好办法，不如趁假期去海边捉鱼，晒成咸鱼干，既可以省了菜钱，也可以抵汽油钱。

三毛是个说走就走的行动派，两个人带上帐篷，沿着海边走了近一百里，竟然找到一处"所罗门宝藏"。那里有数不清的鱼虾蟹和海菜，三毛像个孩子一样兴奋地跳来跳去，忙着捡石头上的螃蟹。荷西换上了潜水衣，潜入深水，一会就抓上来十来条大鱼。

两人的第一次海边探险满载而归，三毛兴奋地邀请荷西的单身同事们来家里吃饭，原本打算晒鱼干省菜钱的计划被彻底忘在脑后。如此反复几次之后，三毛沮丧地发现，家里的钱不仅没有存下来，反而比之前用得更快了。

荷西决定，下一次捉来的鱼拿去卖掉。他并不贪心，只要能把玩的开销赚回来就好。三毛也跃跃欲试，准备大赚一笔。

星期六的早晨四点半，两人摸着黑朝海边开车前行。凌晨的海边，冻得人牙齿打架，三毛在脑海里为自己幻想出各种各样浪漫的情境，这才鼓起干劲认真工作。荷西潜入水中，每抓上来一条鱼就丢进浅水边，三毛赶快去捡过来，跪在石头上把鱼收拾干净。手很快就被刺破了，沾上海水很痛。可荷西还在努力地抓鱼，三毛不好意思偷懒，只能拼命地工作。膝盖跪得久了，渐渐红肿起来。好在收获颇丰，三十几条大鱼堆在岸上，有六七十公斤重。

荷西累得躺在石头上喘气，三毛给他讲起了故事："过去巴黎有群人，平日上班做事，星期天才画画，他们叫自己素人画家。我们周末打鱼，所以是素人渔夫，也不错！"

苦中作乐并没有缓解身体上的疲累，沙漠炎热的天气存放不了新鲜食物，两人必须尽快把鱼吊上悬崖上面的陆地，再开车赶两百多里的路程。为了防止鱼变臭，三毛在车厢里铺满了碎冰，她原本累得想要睡个午觉，可是荷西要去把鱼卖掉，三毛只好强打精神一起去卖鱼。

两人把车开到国家旅馆，三毛凭着一股勇气冲进去，可是看到经理出来又逃回了车上。她从来没有卖过东西，有些不好意思，只好躲在荷西身后。经理听说他们要卖鱼，有些吃惊，让他们去找厨房的负责人。

厨房的负责人很和气，听说这些鲜鱼只卖五十块钱一公斤，立刻要了十条。可惜，国家旅馆不肯给现金，只给了一张一千多块的收款凭证，要到十五号之后才能拿到钱。三毛小心地把收款凭证收好。第一笔成功的生意让她来了一股勇气，她决定接下来要去撒哈拉大名鼎鼎的"娣娣酒店"。

那是一间专做皮肉生意的酒店，荷西进去好久也没有出来。三毛提着一条大鱼进去找他，竟然发现一个性感的女人正在摸荷西的脸。三毛气得把鱼甩在桌子上，问那个女人："买鱼不买，五百块一斤？"那女人嫌三毛乱涨价，荷西推着三毛走出酒店，他说自己差点就把全部的鱼都卖掉了，被三毛一捣乱，一条也卖不出去。

折腾了整整一个早晨加一个上午的两个人又饿又渴又疲倦，顶着一股无名火，彼此生起了闷气。三毛恨不得把剩下的鱼全部丢掉，却突然想起来，可以把鱼卖给沙漠军团的炊事兵。

炊事兵是三毛的熟人，他说军团不需要鱼，但是指点三毛把鱼拿到邮局门口去卖，那里人最多。

三毛按照炊事兵的指点，去文具店买了一块小黑板，几支粉笔，又去杂货部借了一台磅秤。她在黑板上画了一条鲜红的鱼，又在旁边写上"鲜鱼出售，五十块一公斤"。邮局门口的确人很多，两个人害羞得根本不敢看路上的人，更不敢吆喝出声。荷西的一个同事正巧经过，得知他们正在卖鱼，主动上来帮忙。他提着一条鱼，大声吆喝着，甚至还把售价提高到七十五块一公斤。

二十多条鱼很快就卖光了，赚了三千多块，可两人已经累得没心情高兴，更没力气做饭。三毛丢给荷西一包面条，当作晚餐。荷西有些生气，要去国家旅馆的餐厅吃饭。在国家旅馆，两人遇到荷西的一名上司，他邀请荷西和三毛一同用餐，还点了三份鱼。

厨房的负责人刚巧经过，看见荷西和三毛正在用高出十二倍的价钱吃自己卖的鱼时，惊讶得合不拢嘴。三毛觉得，在他眼中，自己和荷西一定就是两个疯子。

那顿饭最终是荷西结账，下午卖鱼赚的钱一下子花得精光。筋疲力尽的两个人第二天很晚才起床，荷西躺在床上计算着，如果没有国家旅馆那笔账，昨天一整天都是白忙了，连汽油钱都要赔进去。

三毛突然起身，飞奔进浴室，从旋转的洗衣机里掏出昨天穿的那条长裤。国家旅馆的收款单就在那条裤子里，早就被洗烂了。三毛终于无奈地认清现实，她与荷西都不是对金钱有概念的人。生活只剩下赚钱一个目的，就丧失了太多乐趣。她宁愿像以前那样随性地在海边捉着小鱼小虾，用小小的收获换来大大的满足。

卖鱼赚钱的念头彻底作罢，对三毛来说，快乐从来不建立在收入的多少之上，她需要身体和灵魂完全自由，随心所欲地做一切自己想做的事情。这样的个性看似有些任性，却也是三毛最纯真的一面。她喜欢无拘无束，却也天性善良，许多住在三毛附近的撒哈拉威人都曾得到过她的帮助。

可惜，撒哈拉威人算不上一个友好的民族，在荒漠中探险的三毛曾险些遭到撒哈拉威人的伤害。

那一次，荷西发现了一处有乌龟和贝壳化石的荒山，三毛兴奋地跟荷西一起去探险。荷西已经计算好，来回两百四十多里的路程，三个小时在路上，一个小时找化石，十点钟就能回来吃晚饭。于是，三毛什么都没有准备，只穿着一套长裙加拖鞋，顺手抓起门上的酒壶就出了门。

汽车很快驶离了公路，进入一望无际的沙漠。看着即将落山的夕阳，三毛心里有些忐忑。夜晚的沙漠就是一头吃人的"怪兽"，不仅容易让人彻底迷失方向，低到吓人的温度更是能要人半条命。更可怕的是，无论在沙漠中遇到任何危险，都不会有人来救援。三毛与荷西就曾亲眼见过有人惨死在沙漠中的样子。

看到荷西兴冲冲的样子，三毛不忍心扫他的兴。车子飞快地在沙漠上行驶着，三毛坐在车里也能感觉到外面的气温在明显下降。四周一片死寂，三毛想要打破沉默，一开口却是不太"吉利"的话。

她说："我在想，总有一天我们会死在这片荒原里。"荷西问为什么，三毛答道："我们一天到晚跑进来扰乱它，找它的化石，挖它的植物，捉它的羚羊，丢汽水瓶、纸盒子、脏东西，同时用车轮压它的身体。沙漠说它不喜欢，它要我们的命来抵偿……"一面说，一面还做出用手掐脖子的动作。

荷西被三毛逗得哈哈大笑。不知不觉，车子已经开到了迷宫山。说是山，其实就是被风吹出的一大群高高的沙堆。每一座沙堆都长得一模一样，人如果走进去，一不小心就会迷失在这里。

有化石的地方就在迷宫山的后面，看着越来越黑的天空，三毛对化石的渴望突然不那么强烈了。她劝荷西回去，荷西偏偏执拗起来，沿着完全没有车辙的沙地一路开下去。一片深红色的低地出现在他们面前，荷西决定在这里下车。他让三毛掌握方向盘，自己去前面指挥。三毛突然发现荷西身后的泥土在冒泡泡，赶忙停车，一边大喊"小心——"，一边向荷西跑去。

可惜三毛的阻止还是太晚。荷西一下子陷进泥沼中，湿泥没过膝盖。他试图挣扎出来，却越陷越深。眼看荷西就要被泥沼吞没，三毛突然发现在他不远处有一块石头，赶忙大喊着让荷西抱住。

泥沼已经没过了荷西的腰部，三毛感觉自己像在做噩梦，眼前的情景如此恐怖，自己却丝毫使不上力气反抗。直到荷西抱住了石头，三毛才如梦初醒。她迅速跑回车里，打算找些能把荷西拉出来的东西。

可惜，车里没有任何能用得上的东西，荒凉的沙漠，除了沙子和石头，什么都没有。远处的荷西在大声安慰着三毛，三毛听得出来，因为寒冷和恐惧，荷西的声音已经变了调，却还不忘记叫她"不要怕"。

太阳马上就要消失在天际，几个小时之内，这里会迅速降温到零度以下，如果不能把荷西救出来，他就会被活活冻死。荷西让三毛开车离开这里，去叫人来，三毛却执意不肯离开荷西。她知道，自己一旦离开，很可能再也找不回来，即便是能回来，荷西说不定已经冻死了。

三毛穿得单薄，荷西担心她会冷，让她躲回车里。三毛知道泡在泥沼中的荷西一定比自己更冷，他的声音已经开始颤抖，却还在担心自己不能好好保护三毛。真爱一个人，生怕自己给的不够多，荷西就这样"傻傻"地爱着三毛，有那么一刻，三毛几乎已经决定，就这样陪着荷西一起冻死好了。

就在这个时候，远方有车灯亮起，虽然距离很远，但明显是朝着他们所在的方向开过来。三毛疯狂地按着自己的车喇叭，又让车灯一亮一灭，吸引他们的注意，然后又跳上车顶，挥舞着双手乱叫乱跳。那边的车子果然注意到了三毛，朝她开过来。

三毛远远望见，车子里面是三个撒哈拉威男人。他们在与三毛有一段距离的地方停了车，带着警惕的眼神观察着。三毛朝他们跑了过去，求他们救救荷西。她根本来不及思考，一个孤立无援的女子在荒无人烟的沙漠遇上三个陌生男人，会有怎样的危险，因为她的整颗心都牵系在荷西身上，自己的性命早已与荷西的性命绑在了一起。

撒哈拉威人却冷冰冰地拒绝了，借口是他们没有绳子。可三毛分明看到他们的车上装满了木箱，上面就是用麻绳固定的。为了救人，三毛近乎哀求，她求他们把头上的缠头巾系在一起，三个人的缠头巾的长度足够把荷西从泥沼里拉出来。撒哈拉威人的语气突然变得不怀好意，说道："你怎么知道我们一定会救他，奇怪。"

三毛突然意识到，面前这三个男人很可能比泥沼更加危险。她想转身离开，却突然被一个撒哈拉威人拦腰抱住，一只手还不老实地在她身上乱摸。三毛本能地狂叫着，像一头被困的野兽般拼命挣扎。泥沼里的荷西急得放开了石头，大叫着："我要杀了你们。"

三毛一面抵死挣扎，一面哭着求荷西不要动。趁三个撒哈拉威人不注意，三毛用尽全身力气，朝抱着自己的那个人下腹踢过去。那人痛得松开了手，三毛趁机夺命狂奔，又抓起两把沙子，朝身后追赶自己的人眼睛里扔。

趁着对方蒙住眼睛的空档，三毛脱掉鞋子，用最快的速度向自己的车跑去。这下，那三个撒哈拉威人反而不慌不忙了，他们以为，女人不可能会开车，所以开着吉普车慢慢地跟在三毛后面。

三毛跳上车，荷西在远处大叫着让她赶快逃，三毛用力踩下油门，后面的吉普车还是穷追不舍。三毛知道，如果在逃命的过程中耗光了汽油，最终还是死路一条。车子已经开入了迷宫山，三毛突然熄了车灯，车速却一点不减，一个急转弯绕到了吉普车的后面。

吉普车绕了几圈没有找到三毛，终于开走了。当吉普车的灯光完全消失，三毛的身上已经被冷汗浸透。她不断地提醒自己，决不能瘫倒，荷西还等着她去救。

于是，三毛平躺在沙地上，让沙漠夜晚的冷风把自己吹得更清醒。这样做似乎真的起了作用，她突然想起汽车坐垫是平的，应该不会沉进泥沼里。想到这里，三毛立刻找出工具箱，竟然真的把坐垫拆了下来，之后以最快的速度朝着泥沼的方向开过去。

因为担心迷路，三毛一直在沿着自己刚才逃跑时留下的车轮印开，绕了很多路，终于开回泥沼旁边。她不敢把车停得太近，远远地打开车灯，向泥沼的方向照过去。眼前的景象吓得三毛几乎忘记了呼吸——荷西和那块石头一同不见了。

三毛疯狂地喊着荷西的名字，像个疯子一样沿着泥沼的边沿奔跑着寻找，还是见不到荷西的身影。巨大的恐惧几乎将三毛吞噬，她以为荷西死了，整个人都在发抖。突然，荷西微弱的声音从不远处传来，他正在呼喊三毛的名字，三毛这才发现，原来是自己把车停错了地方，是虚惊一场。

三毛赶忙拉出汽车坐垫，拖到泥沼边缘，用尽全身力气把坐垫丢过去，坐垫果然浮在泥沼表面没有沉下去。接着，三毛又把备胎拖出来，踩在刚才丢出去的坐垫上，再把备胎丢进泥沼里，这样就离荷西更近了。

沙漠的夜风吹在身上，像小刀子割，三毛不敢停下来休息，又用千斤顶把车子摇起来，拆车轮胎。三毛拆轮胎的速度从来没这样快过，短短几分钟，四个轮胎全部被拆掉，她来回往返了几次，把轮胎一个一个丢进沼泽。直到她站在最后一个轮胎上，距离荷西还是有一段距离。

荷西的眼神有些绝望，三毛的大脑在飞速运转着，她决不能眼睁睁看着荷西在与自己近在咫尺的地方死去。无意间，三毛看到自己的衣服，那是一条曳地的大裙子，她快步跑回车里，把衣服割成四条宽布带子，系在一起变成一条长绳，又在一端绑上一个老虎钳，再抱着这条长绳又跑回泥沼。

借着老虎钳的重量，三毛把长绳丢向荷西，被荷西一把抓住。

在确定荷西即将得救那一刻，三毛感觉自己浑身的力气都被抽光了。她跌坐在轮胎上哭了起来，突然觉得又冷又饿，怎么也拉不动荷西。

荷西的声音已经嘶哑不堪，他让三毛把绳子绑在轮胎上用力拉过去。从泥沼中爬上来用尽了荷西的全部力气，他一头栽倒在沙地上，一动也不动。三毛赶忙跑回车里，拿来酒壶，给荷西灌下几口酒，又忙着在泥沼和车之间跑来跑去，把车胎和坐垫都捡回来。她一边忙碌着，一边还不停地催促荷西活动一下手脚。

好不容易把轮胎全部装回去，两个人钻进车里，把暖气开到最大。三毛把酒浇在荷西的胸口，帮助他的血液循环起来。过了许久，荷西的脸才终于有了一丝血色，渐渐开始清醒。他深情地望着三毛，开口说的第一句话，竟然是："你吃苦了。"

经历过生死的爱情，比磐石还要坚固。他们相互拥抱着彼此，为彼此取暖，为两人共同经历一场劫难而欢喜。与此同时，对寻找化石的渴望却丝毫没有减少。

在其他人看来，三毛在撒哈拉的生活经历可谓疯狂。然而，三毛却在用游戏的态度去感知这个世界。苦与乐，都是游戏的过程，简陋的环境也可以过精致的生活。她的人生乐趣，就蕴含在洒脱、随意、平淡和舒适之中。万水千山走遍，生活永远在别处，处处皆是美景。

红尘十丈，茫茫的人世，竟还是
自己的来处。

——《黄昏的故事》

风沙无恙，生活安然

沙漠中的一轮满月，比世界上任何一个地方的月亮都更宁静、更明朗。没有风沙的夜晚，月亮洒下淡淡的清辉，短暂地沐浴在月光之下，就如同感受了永恒的温馨。

因为从小体弱，三毛习惯随身带一只小药箱，里面装上一些日常必备的止痛药、消炎药、红药水等。这些在台北常见的药物，在撒哈拉威人眼中也是稀有的奢侈品。

自从用止痛药缓解了一位当地老妇人的头痛，三毛的"神医"名号就在邻居之间传开了。来找三毛讨药的女人越来越多，三毛建议她们去看医生，可因为医生是男人，那些终日将脸藏在面纱下面的女人情愿病死，也不肯让男医生看病。

于是，给当地人治病，成了三毛在枯燥的沙漠生活中的消遣。荷西总是担心三毛会把人医坏，可三毛的"医术"竟然还不错，十有八九都能药到病除。

曾经，邻居家十岁的小女孩大腿上长了一个红色的疖子，像核桃一样大，疼得小女孩躺在席子上一直呻吟。女孩的父母坚决不肯让医生看这个部位，三毛连续给她用了几天消炎药膏和口服消炎药都不见效，情急之中，突然想起中国有一个用黄豆去疖子的土方法。

于是，三毛立刻赶回家去磨豆子，把磨好的黄豆糊擦在小女孩红肿的地方，最后裹上纱布。第二天，疖子果然变软了；三毛又换上新的黄豆糊，又过了一天，小女孩的皮肤下面流出黄色的脓水；再过一天，疖子流出了一点血，三毛又涂上药水，没过几天竟然完全好了。

荷西对黄豆可以治疖子这件事情百思不解，邻居们却对三毛的"医术"更加深信不疑。一天，邻居哈蒂耶陀来找三毛，说他的表妹快要死了。三毛忙问病人出现了什么症状，哈蒂耶陀说，表妹很瘦弱，头晕，眼睛慢慢看不见了。

三毛知道荷西不喜欢她给别人治病，万一病人出了事，当地人会认为是三毛的责任。三毛承认荷西说的有道理，但还是做不到对病人不闻不问。于是她悄悄告诉哈蒂耶陀，等荷西上班去，自己才能出门治病。

到了哈蒂耶陀家，三毛看到地上躺着一个骨瘦如柴的女孩，两个眼睛全部凹陷进去，仿佛两个黑洞。可是她并没有发烧，舌头和指甲看上去也是健康的颜色。三毛问她哪里不舒服，小女孩也说不清，只说自己耳朵一直在响，没有力气站起来，眼睛也看不清。三毛突然想到，哈蒂耶陀的表妹是住在大漠深处，那里几乎没什么东西可以吃，她并不是病了，而是营养不良。三毛跑回家取了十几粒维生素，叮嘱哈蒂耶陀按时给表妹服用。又让他杀了一只羊，煮羊汤给表妹喝。不到十天，那个濒死的女孩果然恢复了健康，还自己走到三毛家向她道谢。

在沙漠中，一切都回复到了最原本的纯真。当地的女孩子很少出门，也没有获得教育的机会。三毛乐于成为她们的老师，还专门在家里开办了一个免费的女子学校，教当地的妇女数数、认识钱币，还有简单的算术。

一次，一个学生从三毛的书架上拿到一本《一个婴儿的诞生》，书里面用彩色的图片讲解了女子从受孕到婴儿出生的过程。学生们非常好奇，三毛便索性用两个星期的时间讲解这本书。她的学生里有人已经当了妈妈，却不明白一个生命是如何形成的。荷西总是笑三毛："没有生产过的老师，教已经生产过的妈妈们孩子是如何来的。"

三毛的学生中，有个名叫法蒂玛的女子，她已经是一个三岁男孩的母亲，此刻又怀了孕，却因为不会数数，根本说不清自己怀孕几个月了，只是希望自己生产的时候，三毛可以来帮忙。三毛本打算拒绝，可法蒂玛说，她的母亲去世了，再也不能帮她生产了，医院的医生都是男人，也不能向他们求助。眼看三毛打算拒绝，法蒂玛几乎哭着恳求，三毛差一点就心软了，但理智总算战胜了情感，她坚决让法蒂玛去医院生产，因为三毛并不懂医术，很可能会断送法蒂玛的性命。

一个多月以后，到了法蒂玛临盆的日子，一个小女孩跑来向三毛求助。三毛虽然不懂接生，还是跑去法蒂玛家帮忙。法蒂玛的羊水已经破了，痛得躺在地上，三毛赶忙找来法蒂玛的邻居，邻居却将三毛责怪了一通，转身离去。

原来，在当地看到女人生产是不吉利的事情，肯帮助法蒂玛的只剩下三毛一个人。她飞奔着跑回家，去书架上找到一本书，飞快地翻阅了一遍描写女子生产的章节，同时在心里默念着接生需要准备的物品。她分明是紧张的，全身都在轻轻地颤抖，却还在强撑着要去救人。荷西得知三毛要去给人接生，坚决阻止她。三毛知道自己不懂接生，可是人命关天，她拼命想要从荷西的阻拦中挣扎出来，荷西却无论如何也不肯放手。

好在法蒂玛的丈夫及时赶回来，荷西对他说："三毛不能去接生，她会害了法蒂玛。我现在去找车，你太太得去医院生产。"

终于，法蒂玛在医院顺利生下一个男孩。因为她是附近第一个去医院生产的女人，法蒂玛出院之后甚至为此骄傲不已。

没能亲手为法蒂玛接生，成为三毛生命中一个小小的遗憾。好在没过多久，三毛又有了一次"大展身手"的机会。房东家的羊生了一对小羊，可是母羊生产后的衣胞一直挂在身上，三天都没有掉下来。房东说，母羊这样拖下去是会死的，不如杀了吃肉。三毛慈悲心又起，她担心杀死母羊，小羊也没办法活下来，于是恳请房东同意由她来为母羊医治。

其实，三毛根本不知道如何治羊，只是曾经听一个农夫讲过，给羊灌酒说不定有用。于是她找出家里的葡萄酒，捉住母羊硬灌了下去。第二天，母羊身上的衣胞竟然真的顺利掉了下来。

附近大部分居民几乎都成了三毛的病人，唯有荷西，坚决不肯让三毛在自己身上做试验。荷西曾经有一次胃痛，三毛找出一包药粉，让他用水吞下去。荷西警惕着不敢喝，被三毛强行灌了下去，胃果然很快就不痛了。

三毛没有胡乱医治，她只是胆子大一些，敢尝试一些别人没有尝试过的方法。她知道荷西不喜欢自己给人治病，也尽量劝说人们去医院里看病，撒哈拉威人却为此不太高兴。他们似乎并不懂得感谢别人，得到三毛的帮助，仿佛是理所应当的事情，如果遭到拒绝就老大不高兴。三毛并不介意，她同情当地人恶劣的生活环境，也理解一个没有被教化过的族群有天然的劣根性。她只将自己的善良默默释放出去，尽自己最大的努力给别人帮助。

她不是天生的慈善家，却是一个在爱中长大的孩子。父母的爱让三毛学会了善良，荷西的爱则让她心甘情愿地钻进围城，在里面种满玫瑰。当玫瑰的芬芳弥漫在贫瘠的荒漠，苦涩的日子也渐渐酿出了蜜糖。

最初来到沙漠定居，三毛与荷西一切都要从零开始。父亲给三毛的钱，被荷西强迫着存入了银行。生活中一切物品都要重新添置，为了省钱，三毛自己动手做着粗重的家务；为了赚钱，荷西没日没夜地替人代班。小小的房间被一点点充盈了起来，渐渐地，三毛发现，这个简陋的家，竟然成了她离不开的地方。

沙漠中的淡水是稀缺资源，需要三毛自己提着水桶去买，之后再提着盛满水的水桶艰难地走回来。每一次买淡水，三毛总是走几步就停下来喘气，邻居太太总是嘲笑她，三毛只能让她先走，自己则在后面一点一点朝家的方向挪动。

煤气用完了，三毛实在没有力气把空罐拖到镇上去换，只能借来邻居的铁皮炉子，蹲在外面烧火煮饭，眼睛被煤烟呛得不停流泪。

空荡荡的家里，只有一张放在地上的床垫勉强算件家具。吃饭时只能坐在地上，只有睡觉才能躺在床垫上。沙漠里的天气永远是恶劣的，白天的墙摸上去烫手，到了夜晚则凉得像一块寒冰。

没有衣柜，三毛把两个人的衣服放在箱子里；没有鞋柜，就用一个大纸盒来代替；没有桌子，就在膝盖上垫一块板子来写字。家里时常停电，荷西需要上夜班的日子里，三毛对着流泪的蜡烛，感觉周围阴寒得令人恐惧。

为了省钱，荷西打算亲自动手做家具。三毛拿着荷西事先写好的单子去镇上的五金店问材料的价钱，店里的人算了很久，给出的价格是两万五千块以上，并且木料还缺货。三毛的预算有限，就连买几块木板都不够。她谢了他们，走了出来，突然发现店外的广场上丢着一大堆装货用的长木箱，显然是不要了。三毛又跑回去，问他们可不可以把这些空木箱送给她。

这是三毛有生以来第一次为几块木板求人，她的脸羞得通红。好在老板很大方，让她随便拿几个都可以。三毛一口气要了五个木箱，又买了许多做家具的工具，雇了两辆驴车一起拉回家。

从小到大，三毛过惯了衣食无忧的日子，就连她自己都不曾想过，几个不值钱的木箱子竟然会让她的心情如此愉悦，这是沙漠生活为她带来的改变，只用了短短几个月时间。

巨大的箱子进不去家门，只能放在门口。因为担心邻居把箱子拿走，三毛几乎每隔五分钟就要出门去看一下箱子还在不在。直到荷西下班回来，两个人才忙着把木箱拆分成一根根木条。

三毛没办法像当地的撒哈拉威人一样生活在席子上，她需要一个有家具的家，却又不愿意这么快就回到充满现代文明的世界里去，只能亲自动手制作家具。她说："生命的过程，无论是阳春白雪，青菜豆腐，我都得尝尝是什么滋味，才不枉来走这么一遭……没有什么了不起，这世上，能看到——'长河落日圆，大漠孤烟直'的幸运儿又有几个如我？"

荷西不用上班的日子，就是两人亲手制作家具的日子。其实三毛并不会做什么，只是坐在木条的一端，压住木条，方便荷西把木条锯成想要的尺寸；或是帮荷西的背上涂防晒油，偶尔拿冰水给荷西喝。做这些几乎不消耗体力的工作，已经让三毛被晒得天旋地转，荷西却始终一声不吭地埋头苦干。就这样，家里慢慢有了桌子、书架、衣架、茶几……三毛忽然觉得，有荷西这样一个丈夫简直是令人骄傲的事情。

直到家具全部做好，三毛才知道，自己辛苦运来的五个大木箱竟然是装棺材的箱子。她回想起向五金店讨木箱那天，老板非常和气地问她家里有几个人，原来是另有含义。三毛在心里偷笑，两个住在坟场区的活人，用着棺材箱改造成的家具。一想到这些，三毛反而因为自己的家具与众不同而更加兴奋，对那些家具更加喜爱了。

就连结婚蜜月的最后一个星期，荷西和三毛也是在布置房子的过程中度过的。三毛打算请工匠来糊墙，荷西执意不肯，买来石灰、水泥，又借来工具，自己动手干起来。三毛不明白荷西为什么要精打细算地过日子，荷西却说，他要把钱省下来，给三毛的父母养老。等他们离开沙漠，安定下来，就把三毛的父母接过来同住。

无论父母是否愿意搬到一个没有亲人和朋友的陌生国度来居住，荷西的这份心意却足以让三毛眼睛湿润。

最真的爱情，从不是说给你听，而是做给你看。荷西身体力行地为三毛打造一个温馨的家，每赚到一点钱，都会为三毛添置一些新东西：一床毯子、一个枕头、一个新锅、一顶新的帐篷……他几乎将赚来的每一分钱都花给了这个沙漠中的小家，自己身上永远穿着一套破旧的衣服，还有一双鞋底有洞的皮鞋。

即便如此，沙漠中的居住环境还是没办法跟从前相比。三毛的艺术天分和对拾荒的热爱有了用武之地，一些废旧的材料经过她的改造，竟然也成为一件件沙漠中罕见的艺术品。

　　她用空心砖在房间里铺成一排，上面放上一块棺材外板，用荷西的薪水买了两个厚海绵垫，一块平铺在木板上，一块竖起来靠在墙上。海绵垫子上，盖了一块和窗帘一样的彩色条纹布，三毛再用线把布结结实实地缝起来，浓重的色彩搭配上雪白的墙壁，这个沙漠中的陋室竟然有了一张美丽的沙发。

　　桌子的布置简单而雅致，三毛只铺了一块白色的桌布，又将母亲寄来的细竹帘铺在桌布上，再摆上一套陶土制成的茶具。桌子上方，低低地悬挂着母亲寄来的棉纸糊的灯罩，墙上则贴着好友林怀民手书的"灵门舞集"四个龙飞凤舞的书法字。中国韵味与沙漠风情在这里碰撞出独特的情调，三毛说："这样的家，才有了精益求精的心情。"

　　荷西去上班时，三毛就一个人忙着为家具刷漆。深褐色的涂料让所有的家具都多了一种厚重感，伴随着油然而生的成就感，三毛突然开始感叹，自己终究还是无法逃离曾经熟悉的生活。撒哈拉威人从不需要任何一件家具，三毛却在拼命努力让自己居住的地方和从前一样。她并不讨厌这样的自己，人活着不能只追求柴米油盐的琐碎，风花雪月的缥缈与浪漫才能体现出活着的意义。

　　家对面那座巨大的垃圾场，为三毛提供了大量的灵感与材料。一个旧的汽车轮胎，被三毛捡来洗干净，平放在席子上，里面填上一个红布坐垫，像个鸟巢一样，却成为最受朋友欢迎的座椅。

　　一个深绿色的废旧大水瓶被三毛当作花瓶，一丛怒放的野地荆棘插在里面，用三毛自己的话说，那是一种"强烈痛苦的诗意"。

　　一张快要腐烂的羊皮，被三毛用盐和明矾硝出来，摇身一变，成了一张坐垫；捡来的汽水瓶，被三毛刷上不同颜色的油漆，仿佛印第安人脸上的图案；荷西捡来的那只骆驼头骨成为书架上最特别的装饰；在三毛的"逼迫"下，荷西还用铁皮和玻璃做了一盏风灯。

圣诞节时，三毛跟着荷西回马德里探望公婆，回来时又带回荷西从童年到大学的书，家里的书架彻底丰满了起来。

三毛布置家里的欲望似乎永远不会满足。她渴望家里拥有一丝绿意，可沙漠中的植物稀少，三毛竟然带着荷西去总督家里"偷"花。他们把挖出来的植物连带泥土一同装进塑料袋里，正准备离开时，突然被看门的卫兵发现了。情急之下，三毛把塑料袋塞在荷西胸前，让他抱紧自己，两人用力地亲吻。

卫兵把他们当成一对谈情说爱的情侣，用上了膛的枪驱赶他们。两人逃跑时还保持着相互抱紧的姿势，生怕夹在中间的花掉下来。家里就这样有了绿植。

三毛又生出了对音乐的渴望。买录音机的钱只能从菜钱里面省，三毛得知"外籍兵团"的福利社能买到很便宜的菜，宁可走很远的路也要去买。来自文明社会的她，习惯了有秩序地排队，可当地的妇女们却习惯了乱挤乱抢。三毛往往是排了几个小时的队，才能买到一点蔬菜。到后来，卖菜的军人们都在为三毛的教养打抱不平，只要看到三毛来买菜，他们就会隔着人群问三毛要什么，再按照三毛写好的单子把她要的蔬菜装好，甚至还有健壮的军人帮三毛把盒子扛进计程车。就这样，从军营福利社里，三毛一点点省出了录音机和录音带的钱。

从家里去到镇上，必须途经一片坟地。一次，三毛看到一座坟的旁边坐着一位撒哈拉威老人，有些好奇，便上前去看他在做什么。原来，那位老人正在雕刻石头，他的脚下已经堆放了许多刻好的石雕，有人脸、有鸟、有站着的小孩子，还有正在生孩子的妇女，以及形态各异的动物。三毛惊叹自己竟然在这片贫瘠的荒漠中偶遇了伟大的艺术家，她被老人雕刻的作品牵住了，既不敢相信自己的眼睛，也无法驱使双脚从他身边离开。

三毛拿起一件石雕，抚摸着粗糙的质感，心里在感动着。她决定要把这些艺术品收为己有，忙问老人这些东西卖不卖。老人简直不敢相信有人会出钱买这些他眼中再寻常不过的东西，满脸都是茫然。等不到回答的三毛索性挑了三件石雕，往老人手中塞了一千块钱，如获至宝般向家的方向跑去。老人仿佛突然想起了什么，朝三毛嚷了一句，步履蹒跚地追了上来。

三毛以为老人不肯卖这些石雕，自己又舍不得还回去，只能将它们紧紧抱在怀里不肯放手。老人走上前，拉住三毛往回走。三毛不断地说："是不是不够？我现在手边没有钱了，我再加你，再加——。"老人并不说话，弯下腰挑了两只鸟的石像，塞进三毛怀里，这才放手。

这下轮到三毛茫然了。她竟然用一千块钱买到了五件令人感动的艺术品。那一天，三毛兴奋得忘记了吃饭，整整一天都躺在地上把玩这几件艺术品。邻居们为此嘲笑她，觉得她竟白痴到用钱买这些东西。三毛懒得解释，有时候，言语是无法让不同层次的灵魂进行沟通的。

第二天，三毛带着钱再次去往坟场，可惜再也没有遇到那位老人。仅有的这五件手工雕刻的石像，成为三毛的无价之宝。

她和荷西的家，一天天变得美丽、舒适而洁净起来。从此以后，三毛再也不肯让邻居的撒哈拉威女人们来自己家里做客了。她们之所以喜欢来三毛家，并不是为了上课，而是为了借三毛的衣服、鞋子、口红。从没有睡过床的她们，最喜欢集体躺在三毛的床上，没过一会，家里就会被她们搞得乱七八糟。

三毛当作宝贝的那些杂志，动不动就会被她们撕掉一页带走。她们还会经常拿走三毛的衣服去穿，甚至不会请求三毛的同意。过了几天，还回来的衣服已经又脏又破，衣服上的扣子也被剪掉了。

三毛用"灾难电影"形容撒哈拉威女人们来家里做客的情景。于是，自从荷西买了电视，哪怕这些女人拼命骂着敲门，三毛也不肯将门打开了。

沙漠中的小屋被三毛布置得比画报上还要美丽，可荷西那些同事的太太们却不理解三毛为什么要住在坟场区。她们说起坟场区的口吻满是嫌弃，甚至有人说自己从来没去过那里，因为怕得传染病。

三毛的自尊被触痛了，庸俗的人永远走不进浪漫的世界。住镇上的房子虽感受不到沙漠的窘困，但三毛宁愿回到沙漠中去，那里有她精心布置的家，如同沙漠中盛放的玫瑰，倔强地在沙地上盛放，惊艳了一片荒凉。

一个精心布置的家，是三毛在恶劣的生存条件之下送给自己的一片净土。她没有预料到，这间小屋竟然会在某一天突然变成人人争相参观的景点。

一次，三毛与荷西在镇外遇到一辆陷入沙地里的车，便帮助他们将车救了出来。对方是通讯社派来的记者，为了感谢三毛与荷西，他们特意带着鲜花登门拜访。一进门，两位记者简直不敢相信自己正身处沙漠之中，他们说这是他们见过的最美丽的沙漠家庭。三毛从撒哈拉威老人那里买来的石像，被他们爱不释手地摸了又摸，最终软磨硬泡，从三毛那里带走了一只石鸟。他们本打算付钱，三毛拒绝了，对不懂得欣赏艺术的人，艺术一文不值；对懂得欣赏艺术的人，艺术是无价的。

几个星期之后，在镇上等着看电影的三毛，突然被一个陌生人认了出来。对方是荷兰人，他说自己是受西班牙政府委托，来沙漠建造一批给撒哈拉威人住的宿舍区，希望能去三毛家里参观一下作为借鉴。

荷兰建筑师在三毛的房子里拍了很多照片，当他见到这座房子最初的照片时，简直为三毛的妙思和妙手而惊叹。他赞叹地说："请转告你的先生，你们把美丽的罗马造成了。"

外人的称赞，让三毛为之陶醉。这间沙漠中的小屋已经变成三毛心目中的城堡，她就是亲手打造这座城堡的女王。

突然有一天，房东登门造访。自从荷西租下这座房子，房东很少过来。可是这一次，他大摇大摆地在房子里巡视了一圈，之后语带傲慢地说："我早就对你们说，你们租下的是全撒哈拉最好的一幢房子，我想你现在总清楚了吧！"

按照房东的意思，这座房子的价值已经远远超过从前，他打算涨房租。三毛懒得和他争执，索性拿出租房合约，丢在房东面前，告诉他："你涨房租，我明天就去告你。"房东竟然有些生气，说三毛是在欺负撒哈拉威人。

三毛不理他的咆哮，将他赶出自己的城堡，关紧房门，打开德沃夏克的《新世界交响曲》，把房东的咆哮声隔绝在门外。她自己则仿佛女王一般，走到轮胎做的椅子边，慢慢地坐下去，仿佛打赢了一场保卫城堡的战役。

猝不及防的告别

若将人生看作一段旅程，有相遇就会有别离。漂泊的脚步，无所谓在哪里驻足。当品过人生百态，看过繁华，一个愿意陪伴自己的人，一颗深爱自己的心，就足以抵过一座城。

为心爱的人洗手做羹汤，把大好的光阴交给厨房，也是一种爱的体验。三毛与荷西的跨国婚姻，因为文化的巨大差异，有许多难以融合的地方。唯有食物，两人几乎没有过分歧，在荷西眼中，心灵手巧的三毛已经将下厨打造成了一种艺术。

三毛向来讨厌做家务，唯独对下厨还有些兴趣。最初来到沙漠，两人只能吃西方的菜肴，后来，家人不断从台北寄来各种各样的中国食材，三毛突然找到了在家里当"大厨"的感觉。

对于没有吃过中国菜的荷西来说，三毛的厨艺仿佛是一种魔法，那些他根本叫不出名字的食材，被三毛用他从来没见过的烹饪方式变出一道道美味佳肴。舌头与胃的满足，会让心安定下来。在荒凉的沙漠中，三毛用爱为荷西建起一座"中国饭店"，荷西安然地流连其中，心甘情愿地被三毛"欺骗"。

曾经，三毛煮了一道粉丝煮鸡汤，从没有吃过粉丝的荷西叫它"中国细面"。三毛否定了荷西的答案，她说，那是春天下在高山上的第一场雨，被一根一根冻住了，山民把它们扎成一束一束，背到山下来卖钱换米酒喝，是很难买到的食材。

荷西知道三毛在骗自己，却爱上了"春雨"的味道。自始至终，荷西也没能搞懂"春雨"到底是什么，多年以后，荷西这种笨笨的可爱，竟成为驻扎在三毛心底的哀伤。

在中国随处可见的粉丝，被三毛变化着不同的名称。她把粉丝放在平底锅内一炸，撒上肉末和汤汁，便是一道"蚂蚁上树"。荷西没能认出换了模样的"春雨"，这一次，三毛告诉他，这种既像毛线又像塑胶的东西，是钓鱼用的尼龙线，被中国人加工成白白软软的了。

荷西依然不肯相信，却依然吃了很多。第三次再吃粉丝，荷西自己为它取了一个昂贵的名字——"鱼翅"。那一次，三毛做的是东北人常吃的"合子饼"，薄薄的面皮里包着用菠菜、肉末、粉丝做的馅，放在平底锅里用油一煎，满屋飘香。

荷西坚信面皮里包着的就是"鲨鱼的翅膀"，因为这种东西很贵，所以只放了一点点。他还要三毛告诉妈妈，以后这种很贵的鲨鱼翅膀不要再买了，还要亲自谢谢妈妈。这下轮到三毛笑躺在地上，原来，生活中最大的快乐，就藏在最简单的两人三餐当中。

偶尔，三毛也会把美味私藏。她趁荷西不注意，把猪肉干剪成小小的方块，装进瓶子，藏在毯子里面。她不是个藏东西的高手，很快就被荷西发现了。三毛挣扎着辩解，撒谎说那是专治鼻子不通的中药，荷西根本不肯相信，塞了一大把入口，又带走大半瓶分享给同事。

从此，荷西不再是"中国饭店"唯一的食客，客人越来越多，食材很快就告急了。餐桌上又重新恢复了西式菜肴，荷西起初见到牛排还很高兴，连吃了三天之后，就再也没有胃口了。他委屈巴巴地向三毛抱怨"吃得不好"，三毛惊得跳了起来，沙漠中的牛排贵得堪称奢侈品，荷西竟然抱怨吃得不好。荷西却说："不是的，太太，想吃'雨'，还是岳母寄来的菜好。"

中国的食材，彻底征服了西班牙的胃，三毛有些洋洋得意。为了安抚荷西的西班牙胃，三毛决定，"中国饭店"每周开张两次。荷西最爱的"雨"，每隔几天就会准时降临。

三毛曾经对婚姻进行过精确的总结："夫妇生活总是在吃饭，其他时间便是去忙着赚吃饭的钱……"这的确是大部分夫妇的常态，三毛觉得着实没有意思。既然一日三餐不能避免，那就把一饮一食都制造成快乐。

她骗荷西说紫菜包饭是用蓝色的复写纸卷起来的，荷西坚决不肯吃，三毛自己享用了好多，还张开嘴巴让荷西看，用"反面的复写纸"卷的饭真的不会把舌头染成蓝色。

荷西终于意识到三毛又在骗自己，却还是对这个不明物体包起来的饭卷有些戒心。最终，荷西还是抵挡不住美食的诱惑，夹起一个饭卷送进口里。一个饭卷下肚，荷西终于尝出外面的那层"纸"是海苔。看着他脸上悲壮的神色，三毛几乎又笑倒在地上。

荷西的同事们几乎成了"中国饭店"的常客，唯独荷西的大老板不在三毛的邀请名单上面。直到大老板主动请荷西邀请自己，三毛还要在荷西面前宣扬中国人的气节，觉得请上司吃饭太没骨气。

　　一大堆关于气节的理论宣扬完毕，三毛还是败给了荷西委屈的表情。大老板点名要吃笋片炒冬菇，为了给荷西在大老板面前赚足面子，三毛"狠狠"地布置了餐桌：白色的桌布配上红布铺成的斜角，桌上点着蜡烛，朦胧的烛光晕染在一桌色香味俱全的菜肴上。三毛还特意穿上了长裙，足够表达自己对客人的重视。

　　三毛的一桌中式菜肴彻底征服了大老板，尤其是那道"笋片炒冬菇"，甚至让大老板想为她在公司安排一份工作。其实，那根本不是什么笋片，只是三毛用黄瓜和冬菇炒出的代替品，却被荷西的大老板当成人生中吃得最好的一次"嫩笋片炒冬菇"。

　　一篇题为《沙漠中的饭店》的文章，记录了三毛与荷西在沙漠中轻松诙谐的一饮一食。平淡的日常，是最缠绵的浪漫，三毛把这篇亲自创作的文章寄回中国发表，一夜之间，每一个中国读者都知道在遥远的撒哈拉沙漠，有一个名叫三毛的中国女子，敢走别人不敢走的路，敢去别人不敢去的地方，敢过别人不敢过的生活。

　　自从脚步开始流浪，她便正式化身"三毛"。有人说，三毛寻遍世界，没能寻到一处归宿。或许，在这个世界，她根本不需要归宿。于世界之外，她自有来处，来到这个世界一遭，就是为了流浪。

　　在沙漠中的每一个生活点滴，都被三毛记录成故事，编辑成册，取名《撒哈拉的故事》。人们将三毛这段时期的文字称为"沙漠文学"，那是三毛少有的轻松笔调，读者们随着这些文章时而欢喜，时而大笑。她的文字中，终于寻觅不到忧愁的部分，那是因为在撒哈拉的烈日之下，在那间荒漠中的小屋里，荷西的爱是一道温润的光，照亮了黑夜，晒干了潮湿。

　　多怀念那时的三毛，无忧无虑地甘愿成为一个沦陷在爱情与婚姻中的小妇人，同时又是震惊文坛的"台湾知名女作家"。她曾说："能在苦难和烦躁的生活中写小说的是浪漫人，还能总结出真理箴言的是哲学家。"于是，那时的她，是个浪漫的哲学家，生活中的苦辣酸甜，被她信手拈来当作人生的调味，就像那间沙漠中的"中国饭店"，最平凡的食材，也能调配出刻骨铭心的滋味。

在撒哈拉的岁月里，三毛与荷西几次共同经历过生死，他们的生命已经融为一体，任何一个人遭受痛苦，另一个人也无法安然度日。

三毛把沙漠中的日子过得津津有味，拾破烂也被她过成一种生活的艺术。她向来认为，每一件破烂都是被埋没了价值的宝物，从未想过，一件随手捡来的小物件竟然险些要了她的命。

一个星期天，三毛在家门口看到两个小男孩在打架，便出去把两个扭打在一起的男孩子分开。一串用麻绳穿起来的项链就掉在地上，当地人几乎人人都有一条这样的项链，三毛以为是打架的男孩不小心掉落的，便随手捡了起来。

两个男孩看到那根项链，一下子跑得老远，脸上露出惊恐的表情，异口同声地说不是自己的，甚至都不敢上前来确认一下。

三毛有些奇怪，只好把项链放在门口。直到下午，还是没有人把那条项链认领回去。三毛再次把项链捡起来，拿在手中仔细端详着。这不是一条值钱的项链，不过是一个心形的果核、一个小布包、一块铜片串在一起而已，难怪没有人会为它刻意找上门来。

她早就想要一个这样的铜片，索性把项链捡回了家。项链上的小布包和果核闻上去都有怪味，三毛把它们丢掉，只留下那块四周镶着白铁皮的锈红色铜片，用去污粉仔细刷洗干净，穿上一条丝带，做成一条很有现代感的项链。

戴着这条项链，三毛躺在地上，一边听音乐，一边思考该用这条项链搭配什么样的衣服。没过一会儿，三毛觉得有些困倦。她有些奇怪，明明刚刚起床没多久，竟然又开始觉得累。她把录音机抱在胸口，项链上的铜片就贴在录音机上，录音机突然好像疯了一样乱转起来，录音带全部缠在了一起。

就在荷西去取修录音机的工具的当口，三毛开始疯狂地打起了喷嚏，眼睛也开始不舒服，有些发红。她本以为是过敏性鼻炎发作了，可是直到接连打了一百多个喷嚏，三毛突然意识到有些不对劲。

她的眼睛已经肿起来了，一个惊天动地的喷嚏过后，三毛竟然喷出了鼻血，一阵天旋地转过后，三毛倒了下去。

她被自己这短短半个小时之内的经历搞得莫名其妙，任由荷西把自己抱到卧室的床上。可是躺了没几分钟，三毛感觉胃里一阵翻滚，立刻从床上爬起来，冲进浴室剧烈地呕吐。三毛从来没像这样呕吐过，全部的内脏仿佛都要被呕吐出来。胃里所有的东西全部吐了个干净，到后来就连胆汁都吐了出来。

剧烈的呕吐过后，三毛突然觉得刚刚所有不适的感觉全部消失了。只是身体还有些虚脱，右眼睛也肿得老高。三毛本打算去照照镜子，胃里却突然仿佛遭受鞭打一样痛了一下，之后便如同有一双手抓住三毛的胃，疯狂地扭绞它。三毛的身体缩成了一团，胃却越来越痛，她在床上不停地打滚，眼前一片黑暗，嘴里发出野兽嚎叫一般的声音。嗓子很快就被喊哑了，肺里面也在抽痛。三毛觉得有一个看不见的东西正在将她的身体一片一片撕碎，可她的神智却是清醒的，他拼命挣扎，却毫无用处。

终于，三毛再也没有喊叫的力气，汗水湿透了全身，枕头和床单几乎被她抓破。荷西焦急地跪在她的旁边，不知如何是好，只得不停用中文叫她的小名——"妹妹"。

三毛耳朵里仿佛有炸药在爆炸，胃里还在剧烈地抽痛，痛得她开始乱喊乱叫："姆妈啊！爹爹啊！我要死了！我痛啊——"

荷西再也不敢耽搁，抱起三毛就向外走。三毛咬住自己的嘴唇，不让自己叫喊出来。室外强烈的光线打在脸上，三毛竟然开始畏光。她尖叫着用车里的毛巾盖住自己，整个人蜷缩在座椅上。

沙漠里的医生是绝不会在星期天上班的，荷西径直把车开向沙漠军团。直到躺在军团的医疗室里，三毛才渐渐觉得好了一些。她把自己一整个下午的奇怪经历讲给医生听，医生为她做了例行检查，除了觉得她心跳有些快，其他部位一切正常。

三毛的眼睛依然肿着，医生只说是化脓了，一定已经发炎好多天了。当得知这只眼睛在短短一个小时之内就肿成这个样子，医生只能推测是食物中毒或者过敏。三毛知道医生的诊断都是不对的，自己却又说不出病因。她在军团医疗室休息了半个小时，整个人近乎虚脱。开车回去的路上，三毛趴在荷西身上，脖子上的那块铜牌就搭在荷西腿上。

突然之间，他们的车子沿着下坡路快速地滑了下去，荷西用力地踩着刹车，刹车竟然失灵了。荷西立刻拉上手刹，调整档位，还不忘让三毛抱紧自己。那并不是一条很斜的陡坡，三毛不明白车子为什么能滑得那么快。眼看正对面出现一辆军队的大卡车，几乎就要撞上去了，荷西用力一打方向盘，他们的汽车冲出路边，滑行着。荷西操纵着方向盘，撞向一个巨大的沙堆，车子这才停下来，两个人几乎瘫软在座位上，冷汗浸透了全身。

对面车上的军人跑下来帮忙，三毛已经吓得几乎不会说话。过了好久，荷西才说，是刹车的问题。可是那些军人反复试了许多次，刹车都是好的。荷西再去试，也没有任何问题。刚刚一场惊心动魄的车祸，简直就像一场噩梦。两人回到了车上，慢慢地开回去，直到把车停在家门口，依然沉浸在刚刚的恐惧中缓不过来。

荷西扶着三毛下车，那块小铜片又碰在他的身上。他用双手扶着三毛，用脚大力关上车门，三毛扶着车门的手没来得及抽出来，被紧紧压在车门里，她痛得昏天黑地，荷西却没有发觉，依然将她向外拖。

听到三毛喊痛，荷西赶忙过来检查。她的食指和中指已经被压扁了，血一下子涌出来，浸湿了手掌。这一次，就连荷西都开始觉得恐怖了。恐惧加上心疼，他托着三毛的手都开始颤抖。三毛已经虚弱到无力恐惧，更无力关注流血的手指，她只想躺下来好好休息。

邻居家的一个撒哈拉威女人刚好经过，突然跑过来托住三毛的小腹。她说："她——小孩——要掉下来了。"鲜红的血顺着三毛的双腿流下来，裙子上已经湿了一片，地上也有一摊血，还有血不停地从三毛的小腹涌出来。

别人以为三毛是流产，可荷西确定三毛没有怀孕，大声地和人争辩着。三毛想要捂住耳朵，邻居突然发现她脖子上的那条项链，立刻退到了门边，问是谁给她挂上的那块牌子。荷西一心只想尽快送三毛去医院，邻居却执意要他先把那条项链摘下来，因为紧张和担心，邻居甚至朝着荷西大喊："快，快去拿，她要死了，你们这两个不知天高地厚的傻瓜。"

荷西赶忙帮三毛摘掉项链，三毛很快就觉得自己的精神在逐渐恢复，一个看不见的东西正在缓缓流进她的身体。她努力睁开沉重的双眼，却什么奇怪的东西都没有看到。好在，荷西和邻居同时发现，家里的煤气泄漏了，三毛刚刚感觉到的就是煤气的味道。

邻居捡来一堆小石子，让荷西把那块铜牌围在石子中间，荷西照做了。第二天，荷西的同事来探望三毛，他们说，三毛捡来的是"毛里塔尼亚"那边的巫术中最毒的符咒，还说如果三毛没丢掉果核和小布包，早就死了。

三毛不肯相信迷信。他们继续问三毛："你过去是不是有前天那些全部发作的小毛病？"三毛仔细回想，发现的确如此。她的鼻子经常过敏，眼睛经常生针眼，偶尔会头晕、呕吐、胃痛，剧烈运动之后下体会轻微出血，切菜时也会切到手指……

他们说，这些都不是大病，却被符咒恶化了。三毛沉默着不发一语，她觉得，也许是因为她潜意识里总有结束自己生命的欲望，所以这些疾病和符咒就找上门来了。自从来到撒哈拉，三毛一直在努力适应沙漠的日子，可是，如此恶劣的生活环境，已经让她的忍耐到了极限。或许，是到了该离开的时候了。

关于撒哈拉沙漠，三毛曾经写道："世界上没有第二个撒哈拉了，也只有对爱它的人，它才向你呈现它的美丽和温柔，将你的爱情，用它亘古不变的大地和天空，默默地回报着你，静静地承诺着对你的保证，但愿你的子子孙孙都诞生在它的怀抱里。"

那片荒凉而又热情的沙漠，是三毛前世的乡愁。她从未想过，有朝一日自己竟然会被沙漠当作仇人。

在当地的撒哈拉威人眼中，西班牙人和摩洛哥人是沙漠的侵略者。他们耀武扬威，长驱直入，夺走了埋藏在沙漠地下的石油，撒哈拉威人认为，那原本是应该属于他们的"黑色黄金"。

愤怒是火种，一点点火星都能将其点燃。白皮肤的荷西与黄皮肤的三毛，同样被划入侵略者的范围。与此同时，因为善良的三毛经常给撒哈拉威人无偿的帮助，西班牙人也将她当成敌人的朋友。

从不愿站队的三毛，被强行投入夹缝之中。当撒哈拉威人与西班牙人之间的矛盾开始激化时，仿佛一夜之间，所有接受过三毛帮助的撒哈拉威人就将她的好忘得一干二净。甚至连小小的孩童在见到三毛时，都会说着："杀掉 Echo，杀掉荷西。"那原本应该是一个纯净的灵魂，却硬生生被埋下了仇恨的种子，甚至不知那种子为何而生，便开始孕育复仇的果实。

渐渐地，黑人与白人之间已从精神上的仇恨转变为肉体上的冲撞。总有白人的尸体被挂在高高的井架上，那是黑人在向白人宣示主权，可三毛知道，一旦白人开始还击，黑人将再无还手之力。

她不明白，一个落后而又愚昧的民族，为什么不肯接受现代文明的洗礼；她同样不明白，一个拥有着现代文明的民族，为何又有着最原始的贪婪。

战争，有时候分不清谁对谁错。三毛只能确定一件事——这片沙漠，已经不适合外来人生存。

自从冲突进入白热化，荷西的同事们就纷纷把家属送回西班牙。沙漠中恶劣的生存环境让三毛患上了下身出血的毛病，有时一连几个月都止不住血。她的身体日渐虚弱，荷西不放心她独自离开。

可是，撒哈拉威人对西班牙人的仇恨在不断升级，墙上几乎随处可见鲜红的标语："让西班牙人像狗一样地滚出去。"

战争几乎一触即发，药品成为稀缺资源。三毛的病需要药物治疗，更何况，如果执意留在这里，说不定哪一天她和荷西就会成为另外两具悬挂在井架上的尸体。浪漫的乡愁与现实的生命，三毛不得已选择了后者。但是，她依然疯狂地迷恋着这片沙漠，是这里的烈日晒干她心底的潮湿，是这里的星辰点亮了她的生命。

在沙漠中的日子，是三毛人生中最快乐的一段时光。只可惜，所有的快乐总有结束的时候，三毛与沙漠的缘分，即将走到尽头。

当地的游击队闹得越来越凶，时不时便有爆炸声从各个方向传来。荷西开始四处托人帮三毛买离开的机票。因为工作原因，荷西必须暂时留下来，但三毛还是执意要买两张机票，她想带走一个人——她在沙漠中最好的朋友沙伊达。

沙伊达是美丽的撒哈拉威女子，在当地的医院做助产护士。三毛曾这样描述过沙伊达的美丽："灯光下，沙伊达的脸孔不知怎地散发着那么吓人的吸引力，她近乎象牙色的双颊上，衬着两只漆黑得深不见底的大眼睛，挺直的鼻子下面，是淡水色的一抹嘴唇，瘦削的线条，像一件无懈可击的塑像那么的优美，目光无意识地转了一个角度，沉静的微笑，像一轮初升的明月，突然笼罩了一室的光华……"

她的美丽吸引了太多男人，于是，在许多撒哈拉威女人眼中，沙伊达是个随便和男人睡觉的"婊子"。

三毛不喜欢沙伊达被这样诋毁，受过文明教育的沙伊达，却反而成了自己家乡的异类。三毛不明白该如何解释这奇怪的现象，只能在别人诋毁沙伊达时愤怒地用言语还击回去。可无论三毛如何替沙伊达辩解，在众人眼中，沙伊达还是个不三不四的女人。

只有三毛知道，沙伊达的丈夫就是游击队的首领巴西里，为了保护沙伊达的安全，巴西里不敢公开他们之间的关系，就连他们的儿子都不得不送进孤儿院寄养。三毛懂得沙伊达的孤独与无助，更钦佩她的坚强。只可惜，在广袤的沙漠中，能理解沙伊达的，只有三毛一个人。

一触即发的战争与挥之不去的流言，让沙漠的日子变得缓慢而又无奈。镇上的西班牙人大半都已经撤走了，曾经热闹的小镇荒凉得如同一座死城。三毛不想走，却也找不到留下来的理由。

这里仿佛是一座与世隔绝的国度，生长在这里的人，单纯却又残忍，愚昧却又冷漠。每当实在烦闷得不行，三毛就会开车去医院找沙伊达聊天。她们也会聊到战争，沙伊达说，如果这片土地独立，她就继续留下来；如果被摩洛哥瓜分，她就坚决不干了。

当战争的标语像鲜血一样涂满了整个小镇，三毛终于感觉到了恐惧。甚至每看见一个撒哈拉威人，她都要心惊肉跳一阵。

就在海牙国际法庭宣布西班牙准备和平解决冲突的当天，摩洛哥王国宣布向西属撒哈拉和平进军。原本只打算招募三十万人的军队，竟然短短一天之内就有两百万人报名。他们在镜头前宣告："十月二十三日，拿下阿雍！"他们并不是说说而已，每一天，摩洛哥军队都在朝着阿雍的方向步步逼近。

十月二十一日那一天，西班牙政府用扩音器在街头巷尾呼叫着，让西班牙妇女和儿童紧急疏散。三毛认识的每一个西班牙朋友都在忙着撤离，他们也在催促三毛赶紧离开这个地方。阿雍变成了一座空城，荷西这时反而变得更忙，忙着帮公司撤退，顾不上三毛。

一片慌乱之中，沙伊达被抓了起来。有人说，巴西里死了，是被沙伊达出卖的。三毛知道实情，却根本没有人愿意相信她的解释。

在审判场上，沙伊达身处险境，命悬一线。三毛拼命地想要挤上前去帮助沙伊达，却被身旁的人拉住。

沙伊达痛苦地想要躲开，却根本逃不出他们的魔爪。三毛听着沙伊达惨烈的呼救声，自己早已泣不成声，她对着那些人大叫"不要，不要……"喊到声音嘶哑，却根本于事无补。

就在这个时候，巴西里的弟弟鲁阿拿着枪冲进人群，要把沙伊达救出来。看到武器，围观的众人纷纷向外逃，只有三毛拼命向里面挤，却依然被向外逃走的人群挤着向后倒退。三毛眼睁睁地看着有人绕到鲁阿的身后扑向他，趁着鲁阿开枪的机会，其他人一拥而上。三毛再也看不清前面发生了什么，只能听到沙伊达的叫声。

三毛控制不住地大哭了起来，几声枪响之后，人们更加拼命地推挤着逃跑，三毛被挤得跌坐在地上，任由逃跑的人在她身上踩来踩去。直到周围的人群全部散开，审判场周围终于安静了下来。

四周一片死寂，三毛远远地蹲在沙地上，不停地发抖。天渐渐黑了下去，沙伊达和鲁阿的尸体在三毛的视线里越来越不清晰。三毛觉得自己什么都看不见了，甚至听不见风的声音，整个沙漠的上空，都环绕着骆驼的悲鸣。

那天晚上，三毛陷入了昏昏沉沉的梦中，她不知道自己究竟睡过去多少次，每一次醒来，都希望昨天发生的一切事情都是一场噩梦。可是她又无比清楚，两个鲜活的生命就在她的眼前消失了，生命竟然如此脆弱，生死相隔，不过是一瞬间的事情。

荷西的同事告诉三毛，九点钟送她去机场。三毛最后一次环顾这间住了三年的小屋，里面的每一件家具都是荷西亲手打造的，每一件饰品都承载着两人三年的欢乐点滴。三毛的视线在小屋的每一个角落停留，在记忆中定格成画面，留给日后翻看。

　　三毛永远都无法忘记自己离开沙漠的那一天，那是 1975 年 10 月 30 日，刚好三十岁的她，提着全部行李——两个旅行包，坐上了逃离沙漠的汽车。她从未想过，自己与这片沙漠竟然会以如此狼狈的方式分离，尚未走远，她已经开始了对撒哈拉沙漠的疯狂想念。沙漠的风在她耳边呜咽，三毛仿佛在风中听到一个声音，满怀悲伤，在对她说着"永别"。

第八章

告别：为爱的人，做一只不死鸟

各自珍重待春风

有些人想念却不能见，有些梦想做却来不及。"前世的乡愁""梦里的情人"，都是三毛对撒哈拉沙漠的爱称。沙漠中的一切，都融入了三毛的血肉里，当不得不扯断与沙漠的一切联系，一种割股剜肉般的疼痛几乎抽干了三毛的全部力气。

沙漠，成了再也回不去的过往。三毛无力地瘫坐在飞机上，任由它带着自己爬上三万英尺的高空。每升高一点，三毛都能感觉到心脏在抽痛。寂寥的撒哈拉沙漠就躺在远处，目送她离开自己的怀抱。三毛能感受到，此刻的沙漠是难过的，越是无声的忧伤，越是让人心痛。

三毛再也不忍心眼睁睁看着沙漠在自己眼前一点点消失，她无奈地闭上了眼睛，却依然不得安宁。

黑暗的世界里，一缕乐声在脑海中响起，那是异域的曲调，旖旎的旋律，曾在沙漠中听当地人演奏了千百次。一抹血红伴着乐声覆盖了眼前的黑，那是沙伊达和鲁阿的血，鲁阿直到死亡时依然大睁着的双眼仿佛还闪现在三毛面前。三毛拼命地摇头，想要从这肝肠寸断的痛苦中挣扎出来。可她的意识似乎被什么东西紧紧拉扯着，不肯回到她的身体里。

三毛好不容易睁开双眼，冷汗已经打湿了额前的头发。她大口地喘着气，脸色惨白，仿佛刚刚从死亡的边缘逃回来。她知道，在沙漠中居住的这三年岁月，自己一生一世都无法忘却了。

那片不知道已经穿行了几次的沙漠，依然牵动着三毛的悲喜。如果可以，她一定要在沙漠的怀抱里多停留一段岁月，即便离开，也不想以这种仓促的方式。这是三毛人生中一段苦行岁月，她却享受其中，甘之如饴。

隔着飞机舷窗，三毛轻轻向沙漠挥手。离开之前，她甚至没来得及向它说一声"再见"。那一刻，三毛也曾在心里默默许愿，有朝一日，自己还要踏上这片沙漠，拥抱这里的每一粒黄沙，亲口诉说自己对它们的想念。

可惜，这一天终究没有来临。三毛背上行囊，从此走遍万水千山，唯独没能再回到这里。只有在梦中，她将滚烫的沙粒攥在手心，朝着心口的位置送去，想要温暖心底的凄冷，却终究只是一场空。

三毛以为，当自己一觉醒来，飞机就会降落在西班牙的土地上。可是一走出舱门，三毛才知道，飞机已经带着他们来到了西班牙在北非的另一块殖民地——大加纳利群岛。

有人说，大加纳利群岛是大西洋中最美丽的珍珠。这里虽然与撒哈拉沙漠只有一水之隔，却没有沙漠的尖锐和凛冽，只有圆润与温和。或许，这里才是适合人类居住的地方。三毛被暂时安置在这里，等待与荷西会合。

大加纳利群岛的富饶与美丽，丝毫没能安抚三毛紧张的神经。

只要荷西一天不回到她的身边，她便没办法安心。等待的每一天都是漫长而煎熬的，三毛不断地在电话里催促着荷西赶快来，荷西总是柔声安慰："快了，快了宝贝。"

许多次在梦里，三毛见到摩洛哥士兵把刀架在荷西的脖子上，刀刃上凛冽的寒光晃得三毛睁不开眼睛。每一次从梦中惊醒，三毛都不停地在胸口画着十字，再双手合十，虔诚地祈祷。此时此刻，她已经不计较宗教之间的分别，任何一种能让她内心安定下来、能让荷西平安回来的宗教，她都愿意虔诚膜拜。

有时，三毛就呆呆地坐在岸边，看浪花撞碎在岩石上。如果荷西再不赶来，三毛觉得自己的精神世界也要像那浪花一样破碎了。不知从哪里听过的奇怪咒语浮现在脑海里，三毛跟着那些奇怪的发音碎碎念了起来，把荷西的平安全部寄托在那些她自己也说不出确切含义的咒语里。

三毛与荷西的性命早就联结在一起，她坚信，如果荷西死了，自己也没办法独自活下去。三年沙漠生活，不知不觉地改变着三毛的灵魂。曾经，她以为自己并不很喜欢荷西，荷西只是她众多追求者中最深情的一个而已。她甚至只打算将自己与荷西的婚姻当作一场甜蜜的梦，即便有朝一日注定梦醒，也没有遗憾。

然而，相濡以沫的岁月，已经让三毛与荷西的心紧紧地系在一起。他们经历过欢笑，经历过生死，也共同经历过战争带来的恐惧。任何一个时刻，只要三毛轻轻转头，荷西就会出现在她视线所及之处，那是一种无法言说的踏实感，一想到这种踏实感很可能再也不会出现了，三毛一下子沉浸到焦虑的情绪里。

等待，似乎将要无休止地进行下去。每天，三毛需要整整三盒烟来麻痹焦虑的神经。她不敢睡觉，因为梦里总是无边的黑暗，永远也走不到尽头；她不愿吃饭，任何食物在她口中都丧失了滋味。她索性只喝水，保证自己的生命能继续下去。

经历了十四天的漫长煎熬，荷西的身影终于出现。三毛想冲上去跳进他的怀里，却发现自己连站起来的力气都没有。她脸色苍白，喉咙发不出声音，只有眼泪顺着脸颊默默流淌，向荷西无声地倾诉着重逢的喜悦。

荷西快步走了过来，轻轻将她拥在怀里。他不敢用力，此刻的三毛就像一个易碎的瓷娃娃，一不留神就会支离破碎。三毛在心里轻声告诉荷西："我们再也不要分开。"

美丽的加纳利群岛用如火的热情迎接着这对从战火中走出的夫妻。直到荷西回来，三毛才终于有心情好好欣赏这里的美丽。岛上的阳光与沙漠中的烈日截然不同，照耀得整个群岛四季如春，每一天的气候都是相似的舒适。

附近各国的人们混住在这处群岛上，其中大多都是退休的老人，就住在海边的社区里。这的确是一处宁静安逸的住所，却并不适合三毛渴望流浪的个性。但她还是决定在这里定居下来，原因很简单，荷西已经圆了她的沙漠之梦，这一次，她要还给荷西一片海。

他们决定在沙滩旁边的山坡上买下一座西班牙建筑风格的别墅，闭门独居，再也不与周围的邻居有太多交集。那是沙漠惊魂留下的阴影，三毛情愿与荷西静静地在房间里看窗外的浪花与海鸟，也不愿再把自己的情感交给一些永远无法了解的陌生人。

买下这座别墅，几乎花光了三毛与荷西的全部积蓄。他们一边浪漫地憧憬着美好的未来，一边现实地为捉襟见肘的生活担忧。三毛本以为，荷西是优秀的潜水员，在海边一定能很快找到收入不低的工作。可是，荷西花了很久的时间，才找到一份勉强能维持生活的工作。

现实总是能让人及时从幻想中抽离。风花雪月的浪漫，终究要在柴米油盐的琐碎面前低头。三毛曾说自己是个"贪财好色"的女人，但实际并非如此。她可以忍受最简陋的生活，却忍受不了浪漫的缺失。与荷西的婚姻已经持续了六年，她却能让两人之间的情感一直保留住恋爱时的甜蜜。

都说婚姻是需要经营的，可是若没有发自心底的浪漫情怀，平淡如水的日子经营起来也是吃力。六年的光阴仿佛一眨眼便过去了，三毛觉得还有许多事情想与荷西一起做，还有许多地方想与荷西一起去探险。如果可以，她希望时光就此停留下去，在美丽的加纳利群岛，生命的意义，就是和有情人做快乐事。

只有在加纳利群岛的海边，三毛才能享受到海钓的乐趣。说到玩，三毛向来是兴趣十足的，只可惜耐心不够。她朝着海面远远地抛出鱼线，打算静静地享受等待的悠然。她的目光飘向远处的海面，海天连接之处，蒸腾着朦胧的水汽，她的烦恼仿佛也在随着水汽一同蒸发，灵魂正在一点点变得轻盈。

荷西就在三毛身旁静静陪伴，此刻的加纳利群岛仿佛美丽的伊甸园，三毛与荷西就是夏娃与亚当。只可惜，"夏娃"举钓竿的手正在微微发抖，她还是等不到鱼上钩就失去了力气与耐性，好在"亚当"接过了钓竿，将"夏娃"轻轻揽在怀中。

突然慢下来的生活节奏，拉长了时间的跨度，闲适的日子却并没能随着变慢的时间被无限延长。没过多久，荷西失业了。他的确是出色的潜水员，却并不被这里需要。整整一个月，荷西没能找到下一份工作，家里的财政状况陷入了危机。

浪漫的爱情终究需要面包和牛奶的加持，三毛与荷西住在美丽的海岛别墅里，却不得不忍受缺少食物的生活。最困窘的时候，两个人一天只能吃一顿泡面。三毛不敢抱怨，她知道一个男人在失去收入之后，自尊心会变得格外敏感。她瞒着荷西写信回台湾，恳请家人托关系帮荷西在台湾安排一份工作。

三毛何曾这样低声下气地求过人？为了保住荷西的自尊，只能舍弃自己的自尊。可惜，三毛的自尊没能为荷西换来一份工作。回信中说，台湾没有适合荷西的工种。

走投无路的人生，会逼得人忘掉恐惧。荷西决定回到战乱的沙漠中去，即便那里有时不时爆炸的地雷，有连绵不绝的枪声，至少那里还愿意为他提供一份工作。对于当时的荷西来说，只有冒险，他才有活下去的可能；固守安逸，只能等死。

无论三毛多么不情愿，但为了生存，只能放荷西去冒险。那时的撒哈拉沙漠已经成为摩洛哥的领地，大多数人员已经从那里撤离，唯有两家大型公司继续在沙漠中勘探开矿。为了吸引员工，老板开出了数字惊人的高薪，足够荷西在三毛面前找回丢失的自尊。

钞票能买来食物，却买不来快乐。两个人刚刚团聚两个月，又要面临分离。荷西每隔一个星期才能回一次家，每次发薪水，他都将大把大把的钞票塞进三毛口袋里。每当这个时候，荷西脸上的表情总是雀跃的，身为男人，养家的能力就体现在那些花花绿绿的钞票上。他希望三毛能分享他的喜悦，可是，三毛脸上的笑容越来越少。

死亡的诅咒

期待总是最美，等待却总能让人心碎。时间因为等待而变得格外漫长，时钟仿佛都停止了运转。每一次，三毛朝着荷西回来的方向翘首企盼，以为时间已过去许久，却发现时钟只不过走过了几分针。

孤独让心变得苍老，三毛独守着一座冷清的"城堡"，如同一个孤独的女王。她已经习惯了与荷西相伴的日子，最熟悉的人不在身边，身边的景色渐渐苍白。她开始变得难以入睡，总有时隐时现的梦境缠绕在意识里，这种毫无终点的等待，几乎慢慢将三毛的心熬得毫无血色。

三毛并非惧怕孤独，而是惧怕恐怖的战争让她永远失去荷西。在死亡线上讨生活，谁也不知道不幸会在哪一个时刻到来。长时间的惴惴不安，让三毛的精神变得恍惚。一次出门，心不在焉的三毛遭遇了车祸，她的右腿在车祸中骨折，好不容易攒下来的一点积蓄全部用作了医药费。

躺在病床上的三毛，仿佛又感受到年少时那段自闭岁月的恐惧，她开始害怕自己被抛弃，于是，她试着从上到下地打量自己，竟然找不出一丝优点。三毛就是这样一个神经质的女子，当生活的打击触碰到她脆弱的神经，她便会陷入绝对的自我否定当中。

不知为何，生活在这座空寂的小镇上，三毛总能感觉到一种死亡的气息。她觉得自己被某些不可见的东西盯上了，每当荷西离开之后，这些东西就围绕在她身边，释放出无形的压迫感，扭绞着她的精神，让她濒临崩溃。

许多次，在荷西即将离开的时候，三毛疯了一般冲向门口，死死拉住他的衣角不肯松手。那一刻，荷西几乎误以为两人正在经历一场生离死别。三毛脸上的表情甚至写满悲怆，即将盈出眼眶的热泪让荷西不忍心责怪她大惊小怪。

她曾将荷西紧紧抱在怀里，告诉他，自己有一种非常不好的感觉。她也曾伤感地问荷西，如果她死了，荷西会怎么办。荷西轻声安慰："你死了，我也跟着你死。"

他们之间的婚姻，似乎蒙上了一层悲怆的色彩。荷西的确愿意为了三毛放弃自己的性命，却不忍心眼睁睁看着三毛的生命被恐惧蚕食。他不得不辞去沙漠中的工作，用陪伴换来三毛精神上的安定。可是，少了这份收入，两个人的生活再次陷入困窘。

生活从来不易，永远没有两全其美。为了留住荷西，为了生存下去，三毛再次拿起笔开始写作。

曾经，三毛写文章只是出于兴趣，无论是赚取稿费，还是在中国拥有大批书迷，都是意料之外的收获。如今，再次创作，却是为了生存的不得已。当写作开始带着目的，就成了一件令人疲惫的事情。

为了赚更多稿费，三毛不得不夜以继日地创作。长期失眠让她的身体越来越虚弱，下身流血的毛病也越发严重。即便如此拼命，得来的稿费也只能勉强支付日常开支而已。

这样的生活让荷西脸上彻底失去了笑容。他并不介意生活得朴素，却介意自己要靠太太来养活。他的神情变得越发忧郁，三毛也渐渐开始思索，这样的生活，难道真的是他们想要的吗？

一次严重的下身出血，让三毛不得不暂时中断写作。为了让失血的速度慢一些，她大多数时间都需要平躺下来。流失的血液带走了身体的温度，三毛总是觉得冷，即便盖上最厚的被子也不觉得暖和。

她甚至觉得自己不是病了，而是中了某种巫术。一种死亡的预感萦绕在三毛心头，她觉得，自己说不定真的要回到自己生命的来处了，曾经，她那样想要逃离这个世界，如今，一想到死亡便意味着与荷西永别，她就开始恐惧死亡。

三毛坚持认为，常规的医学治不好自己的病，只能期待有一天巫术渐渐消解，到时候所有的病痛都会消散。在那一天到来之前，死亡的阴影时刻笼罩在她的周围。于是，三毛与荷西开始重新找回往日的缠绵。她一刻都不愿意从荷西身边离开，生怕下一个瞬间就是生死离别。

家人时不时会从台湾写信过来，每一次读信，三毛的眼泪都打湿了大半张信纸。荷西突然意识到，亲情有时是最好的良药。他准备把三毛送回台湾去，让亲人的爱治愈她身体和心灵上的病痛。

提起回家，三毛越发渴望依偎在父母怀中的温暖。她想回去，更希望荷西和自己一同回去。结婚多年，荷西从来没有见过三毛的家人，这是三毛的遗憾，她希望趁此机会让一家人团圆一下。

可是荷西拒绝了。他不能接受自己此刻的失败，觉得自己连好一点的医疗条件都无法提供给三毛，简直愧对三毛的父母。他害怕见到三毛家人的任何一种眼神，无论是同情的还是嘲讽的，都是对他自尊心的碾压。

这是荷西第一次没有在三毛面前退让，也是他们结婚后第一次爆发争吵。在三毛看来，夫妻本是一体，无论苦乐悲欢，都应该一起承受。这或许就是女人与男人之间最大的分别，在苦难面前，女人选择携手承担，而一个负责任的男人，则希望独自承受。

他们最终还是没能达成共识，一场激烈的争吵过后，三毛负气独自回到了台湾。去机场的路上，荷西一直沉默着，直到三毛登上飞机，荷西还是没有改变主意。这是三毛记忆中荷西最倔强的一次，她一直责怪这样倔强的荷西，直到多年以后，荷西再也不会回来，三毛突然意识到，荷西选择留下，只是为了不让三毛在家人面前感受到更大的委屈。他没有和三毛一同飞去台湾，心却一直留在三毛那里。

直到飞机降落，三毛还是沉浸在强烈的自我否定当中。她以为自己是个可笑的失败者，灰溜溜地逃回自己生长的这片故土。却并不知道，这片熟悉的土地有一群热情的人们，早已准备好了鲜花与旗帜，迎接她的回归。

走出机场的那一刻，三毛几乎惊呆了。她不知道为什么有这么多人热情地呼唤着自己的名字，有些人神态近乎疯狂，隔着老远，三毛也能清晰地看到他们眼眶中的泪水。

在异乡多年，三毛根本不知道自己的名字在国内能掀起怎样的轰动。她的人生在读者看来就是传奇，从撒哈拉沙漠到大加纳利群岛，这个狂放不羁的女子走了太多人不敢走的路，收获了太多人从不敢奢望的浪漫爱情。他们羡慕她，也崇拜她，得知三毛要回来，他们压抑不住心底的冲动，想要在第一时间见到这个忧伤而倔强的女子长什么模样。

那一天的三毛，依然是最简单的一身装扮。一头乌黑的头发被随意扎成两条粗粗的麻花辫，脸上的皮肤被沙漠的风沙揉搓得粗糙不平，眉心间因病痛和思念而纠缠出一缕忧虑……她身上的每一处都是与众不同的，有一种迷人的韵味。读者们为这样的三毛而着迷，三毛却因为面前狂热的人群而茫然。

在台湾，三毛没能找回久违的宁静。她的归来，如同热油中落入一滴水，整个台湾都随之沸腾起来。媒体的记者们甚至将采访到三毛当作炫耀的谈资，几乎每一天，三毛都要往返于各种各样的饭局之间。这样的日子让她有些疲倦，唯一的成就感，就是在一场饭局上认识了著名作家徐訏，并认他做干爸。

在忙碌的日子里，治病反而成了一件忙里偷闲的事情。三毛在国外看过许多西医，确诊她下身出血的毛病是因为子宫内膜异位引起的卵巢瘤，最好的解决办法就是开刀手术。可三毛不喜欢这样简单粗暴的治疗方式，于是她找到台北的朱士宗医师诊病，按照他的医嘱，定时服下一粒粒中药丸。当第六十粒中药丸服下之后，三毛下身出血的毛病终于治愈了。

身体上的疾病被治愈后，心灵上的煎熬便缓解了许多。三毛终于不再与荷西怄气，一想到他独自一人在远方过着贫瘠的生活，三毛觉得面前的珍馐美味都变得难以下咽。台湾的生活是安逸的，荷西却无论如何不肯与三毛共享。平静下来的三毛，渐渐能够理解荷西的自尊，与此同时，荷西也渐渐理解了三毛当初的无助与恐惧。

自从三毛回到台湾，荷西也离开了大加纳利群岛，远赴尼日利亚工作。无力养活三毛的那段岁月，成了荷西不堪回首的记忆。他再也不能允许这样的生活重演，于是他拼命工作，要给三毛一个更舒适的家。

每一天，荷西要顶着热带的阳光，在户外持续工作十几个小时，不到一个月，竟然瘦了十几斤。他的运气实在不好，遇到一个狡诈的老板，不仅扣下了他的薪水，还扣下了他的护照。

单纯的荷西从来没有遇到过这样的状况，他将自己的遭遇告诉了三毛，并说自己打算继续努力工作，期待老板的良心发现。

三毛觉得荷西简直傻得让人心疼，她气愤地赶到尼日利亚，打算替荷西讨回公道。再次见到荷西，三毛简直不敢相信站在面前的就是那个曾经满脸阳光的健壮男人。荷西的两颊已经完全凹陷下去，两只眼睛显得又大又凸出。三毛强忍眼泪，冲到那个狡诈的老板面前，一番唇枪舌剑之后，荷西的护照和几千美金终于讨了回来。三毛再也不允许荷西在这样的人手下工作，她把荷西带回了家，那一刻，她不像一个柔弱的妻子，更像一个保护孩子的坚强母亲。

从台湾回来的三毛，同时带回了好运。她的稿费与版税都在不断增加，生活上的窘迫总算告一段落，日子重新变得悠然安逸起来。似乎好运总是愿意降临在心态平和的人头上，当荷西终于不再为如何养活妻子而焦虑时，一份来自丹娜丽芙岛的工作机会悄然而至。

三毛总是热爱自己生活的每一片土地，"丹娜丽芙"，是三毛为这座生机勃发的岛屿自创的音译。这里常年都有着夏日的绚烂，年轻人喜欢在这里聚集，为这座岛屿增添许多生气。

这座岛上有一种怪异的植物，每当看到这种植物，童年时家里宰羊的场景便会在三毛眼前浮现。羊身体里的血在地面上大片大片地晕开，就如同这种植物的颜色一样，是一种陈旧的红。只要看到它，三毛就恶心想吐，她总觉得这种植物像一种古老的暗语，似乎正在向她传递某种隐晦而糟糕的信息，让她想要刻意回避。

除了这种植物，三毛几乎喜欢丹娜丽芙岛的一切。荷西在这里找到一份浪漫的工作——潜水考察海底地形，设计一片美丽的人工海滩。

闲来无事时，三毛喜欢静静坐在海边，双脚泡进海水里，等待大海把礼物送到自己面前。这一次，大海送来一块光滑平整的石头，一下子激发了三毛画画的欲望。她甚至来不及穿上鞋子，一路赤着脚跑回家，心底被一种莫名的幸福充斥着。

她将幸福画在石头上：一棵树上结满红红的果实，七只白鸟围绕着树飞翔，树枝浓荫处，坐着两个裸体的人，一弯新月挂在树梢，洒下点点银光。那极致的美，让荷西看到了三毛心中的伊甸园。他找来一根粗麻绳，盘成一个小托盘，将这块石头立在书架旁。

没过一会儿，荷西又找来一只精美的储物箱，把石头放了进去。他说，石头上的颜料不能在空气中暴露太久，他要用这只小小的箱子将他们的伊甸园永久地保留下来。

爱，催生了艺术的灵感。三毛重新开始拿起画笔，用颜色记录心情。在丹娜丽芙岛的这一年，是三毛与荷西婚后最甜蜜的一年。美丽的海岛让浓情蜜意尽情滋长，荷西获得了丰厚的酬劳，三毛则收到一笔笔高额稿费。他们还清了所有欠款，甚至还攒下一笔不小的积蓄。

最爱的人就在身旁，生活充满美好的希望，每一个人都渴望这样的人生。三毛也是"俗人"，希望这样的日子永远不要结束。可是随着海滩一天天变得美丽起来，荷西的工作也渐渐进入尾声。

1978年的除夕夜，三毛与荷西紧紧依偎在沙滩上，一朵朵绚丽的烟花在他们面前绽放，点亮了整片海滩。新年钟声敲响的那一刻，三毛迅速在心中许下愿望——"但愿人长久"。她在心中默念了十二遍，以为这便是世间所有相爱之人最完美的结局，却偏偏忘记了，这首词的下一句，是"千里共婵娟"。

岁月如同无情的流水，不管人是否不舍，依然奔流向前。建成后的丹娜丽芙海滩美得仿佛童话，结束了工作的荷西却不得不带着三毛离开这片心中的伊甸园。好在，下一份工作接踵而至，同样是一份建设海滩的工作，只是地点换成了拉芭玛岛。

三毛曾经去过拉芭玛岛，却并不喜欢那里。拉芭玛岛家家户户崇尚巫术，整个岛屿上空弥漫着一股诡异的氛围。岛上有两座古老的活火山，三毛觉得它们怎么看都像两座坟墓。岛上恣意生长着大片红色的植物，与丹娜丽芙岛上的一模一样，仿佛连石头缝里都流出暗红色的"血液"，让三毛身体的每个细胞都在抗拒这里。

她与荷西刚刚登上岛屿，一个身穿古怪装束的巫婆突然跳上三毛的背，从她头上揪下一大把头发。没等三毛缓过神来，巫婆口里发出古怪的号叫，又从荷西下巴上揪下一把胡子，之后带着头发和胡子扬长而去。

两人惊恐万分，又不知如何应对，愣在原地面面相觑。有人告诉他们，那是女巫正在练法术，因此需要异族人的毛发。三毛心底却弥漫出不祥的预感，她有一种直觉，那女巫在扯下他们毛发的同时，还在他们身上施加了诅咒。她不知道这样的诅咒意味着什么，更不知道诅咒什么时候会灵验。无边的恐惧，在未知的一切中渐渐蔓延。

所念之人，隔在暗夜

　　噩梦，拼命拉扯着意识。自从来到拉芭玛岛，三毛就陷入无边无际的噩梦之中。在梦里，她经常置身于一座空旷的大厦里，一群亲人如同影子般围绕在三毛四周，她却陷入一种莫名的恐惧。三毛看不清那些亲人的容貌，但是可以确定，里面没有荷西。

　　梦里似乎是离别的场景，却没有人说话，四周一片死寂。一个思想传入三毛的意识里——你要上路了。紧接着，一股无形的力量推着三毛一路向前走，前面已经无路可走，眼看就要一脚踏空，三毛怕极了，想要喊叫，却叫不出声。她控制不了自己的脚步，每一步都在踩空，她急忙向四周张望，想要寻求亲人的帮助，他们却在不断向后飘远。

　　三毛的意识里又出现一个声音——走的只有你。一片浓雾在眼前升起，又渐渐消散，突然间，三毛被猛地吸入一个弧形的洞里，不知飘了多久，身体才终于站定。她发现自己正站在一处火车月台上，月台上写着阿拉伯数字"6"。

　　那是一个欧洲老式车站，一股无形的力量在催促着三毛上车。

她顺从地走了上去，突然觉得自己的身体在上升，她俯身去看，竟然发现火车踏板上站着另一个自己。两个三毛茫然地相互对视，悬在上空的三毛猛然跌进下方的身体里。火车终于慢慢开动，一个红衣女子朝三毛跑过来，她边跑边向三毛挥手，三毛声嘶力竭地喊着"救命"，她却仿佛全然没有听见，笑吟吟地停了下来，目送着火车将三毛带走。火车快速地驶入幽暗的隧道，三毛紧紧抱住车厢外的扶手，就这样挂在车厢外面飘了起来。

梦到这里戛然而止，惊醒过来的三毛冷汗湿透全身，她是一个相信灵异的人，坚信这个梦反复出现，是一种暗示。三毛将这个噩梦称作"死亡梦魇"，她认为这是死神正在对自己下达通知，告诉她即将离开这个世界，永久地与荷西诀别。

她越想越怕，恳求荷西放弃这里的工作，早点离开这里，荷西温柔地嘲笑三毛神经质。于是，她不再挣扎，默默来到公证处，立下遗嘱，为荷西安排好她死后的一切。

萦绕在心底的幸福被死亡的恐惧代替，三毛给远在台湾的父母写信，请他们来一趟。她让父母来的借口，是想带他们旅游，没有人知道，三毛是在把握最后向父母尽孝的机会，等于变相交代自己的后事。

生活中，她对荷西加倍体贴，几乎将全部心思都放在照顾荷西的日常起居上。荷西工作时，三毛整个人都惴惴不安，生怕他错过与自己见最后一面的机会。

许多次，三毛突然停下手头正在做的事，狂奔向海边，就是为了见荷西一面。荷西的助手只要看到三毛，就会拉响水底的信号，荷西刚刚浮上水面，就被冲上来的三毛紧紧抱住。他们不像是早晨才刚刚分别的夫妻，更像是分别了半生的恋人。同事们都为荷西和三毛的爱情感动，荷西却渐渐觉察到，越来越粘人的三毛有些不对劲。

他不知道三毛对自己隐藏了怎样的秘密，却莫名受到三毛感染，开始恐惧分别。只要有空闲，哪怕只有一两个小时的时间，荷西也要跑回家去，紧紧把三毛拥在怀里。有时半夜醒来，发现三毛不在身边，荷西也会疯了一般跳下床寻找，直到在书房中看到三毛正在勤奋写作的身影，才终于安定下来。他不再回房睡觉，而是默默搬来一张凳子，坐在三毛身边，欣赏她写作的样子，或是擦拭三毛捡回来的那些宝贝。

三毛究竟在写什么，荷西看不懂，也不去问。他知道那些文字承载着三毛的情绪，不需要别人去干扰，只要默默陪伴就好。

荷西工作的时间里，三毛一刻都不敢让自己闲下来。她生怕死亡的恐惧见缝插针地找上门来，便把自己的时间安排得满满当当。直到荷西四点钟下班，三毛才终于松一口气。他们手牵着手沿着海滩散步，没有主题地聊天，一直聊到太阳沉入大海，星辰洒满天际。

有时，三毛也会突然温柔地交代："要是我死了，你一定答应我再娶温柔些的女孩子，听见没有？"

荷西却笑着说："你最近不正常，不跟你讲话，要是你死了，我一把火把家烧掉，然后上船去漂到老死——"

三毛也笑，却不是发自内心。她没有办法向荷西解释自己的直觉与恐惧，有苦难言的滋味几乎将她逼疯。

好在，父母从台湾来了，在拉芭玛岛小住下来。久违的亲情让三毛紧绷的神经稍稍舒展了一些，荷西与三毛的父母相处得非常融洽，一家人团聚在一起，终于让死亡的阴影暂时消散。

通过三毛的文字，父母早就喜欢上了这个憨厚的女婿。荷西骑着摩托带着三毛的父亲在岛上四处游玩，用他独特的口音称呼着"爹爹"。母亲则帮着三毛收拾屋子，准备一日三餐。

一次，三毛与荷西和父亲一同去岛上游逛，直到很晚才回来。在路上，三毛和买菜回来的母亲偶遇了。那一天，母亲买了一大袋食物，吃力地扛在肩上，脚步都在颤抖。那一刹那，三毛突然觉得自己对父母竟是如此亏欠。

带着这样的亏欠，三毛决定带父母去英国旅行。荷西的工作不能暂停，只能把三毛和父母送到机场。分别的那一刻，三毛的心里突然仿佛压了一块巨石，一种说不出的压抑感让她喘不过气。从荷西身边离开，三毛觉得心里空落落的。她能感觉到荷西对自己的不舍，飞机起飞的瞬间，三毛还能远远地看到荷西在花丛间跳着奔跑，追赶着飞机向她挥手。

他们本以为这是一次再寻常不过的别离，不承想却成为永诀。1979 年 9 月 30 日，三毛生命中的阳光在这一天彻底熄灭了。那原本应该是快乐的一天，三毛正陪着父母在欧洲游玩，一封来自拉芭玛岛的电报让这次旅行被迫提前终止，电报上说：荷西在潜水的时候失踪了，疑为遇难。

三毛几乎记不清自己是怎样赶回拉芭玛岛的，一路上，她都在默默念着祈求平安的咒语，祈祷上天让自己一下飞机就能看到满脸大胡子的荷西在朝着自己憨厚地笑，她能接受他的一切残缺，哪怕是断了手或是断了脚，只要他能活着留在自己身边，三毛都觉得那是上天的恩赐。

可惜，她期望了一路的场景终究没能出现。荷西的同事遗憾地告诉三毛，荷西已经失踪了两天，依然没有任何音讯。

不祥的预感弥漫心头，三毛从未像现在这样无力过。"我说上帝，我用所有的忏悔，向你换回荷西，哪怕手断了、脸丑了，都无所谓，一定要把我的荷西还给我。陪我的西班牙老太太告诉我，她看着我的头发一夜间，一点点地都白了。"

三毛曾用这样的文字记录自己当时内心的煎熬，可惜，上帝没能听见她的祈祷。荷西终于被找到时，已经变成了一具冰冷的尸体。他浑身湿淋淋的，脸已经被泡得浮肿变形。三毛疯了一般朝着荷西扑过去，大声呼唤着他的名字，伏在他冰冷僵硬的尸体上大哭。

若是换作从前，只要三毛流泪，荷西一定会轻轻将她拥在怀中安慰。可是这一次，荷西再也没有任何回应。他就这样"无情"地从三毛的生命中消失，甚至懒得留下一句告别的话语。又或许，他"听见"了三毛的哭泣，他身体上的伤口突然裂开了，鲜红的血液流了出来，仿佛还是一个鲜活的生命。

三毛的哭声戛然而止，她呆呆地看着眼前的场景，身边的空气仿佛都凝滞了。令人窒息的安静持续了许久，久到让人几乎忘记了悲伤。三毛突然站了起来，疯狂地跑向远处。仿佛只要逃离这里，荷西的死就不会变成事实。鞋子从她脚上掉了下来，她顾不上去捡，她光着脚踩在嶙峋的石头上，留下一路带血的脚印。

她无论如何不肯相信，荷西的人生就这样过完了。这是荷西对三毛做过最无情的举动，将三毛的人生定格在悲痛里。

与荷西相处的最后一个夜晚，三毛赶走了所有人。她知道荷西的灵魂尚未走远，对着他的尸体痛骂他不负责任。她越骂越激动，围着荷西的尸体转圈，愤怒地在地上摔着东西。过了好久，三毛突然满脸泪痕地跑出来，她的视线几乎无法对焦，语调恍惚却又急切，她说，荷西没有死，他还在流血。

多希望荷西的灵魂真的能感受三毛的痛苦，可惜，那不过是炎热的天气让尸体腐烂、流血而已。曾经以为再寻常不过的美好乍然抽离，熄灭了生命里的半数光亮。从此，三毛生活在黑暗与光明的夹缝之中，纵然心向光明，却一不留神，又会跌入黑暗。

第九章

流逝：长的是磨难，短的是岁月

人远去，山水依旧

远去的是身影，结束的是尘缘。三毛将荷西安置在一片墓园里，那里曾是荷西生前与她经常来的地方。他们都喜欢那里方方的纯白厚墙，喜欢墓园中特有的丝杉，以及一扇古老的镶花大铁门。

他们从来没有进去过，只是每一次看着墓园中寂静的土地，都有一种莫名的依恋。三毛后来才知道，原来是冥冥中早已注定，这片墓园将成为荷西永远沉睡的地方。

荷西死后，三毛更频繁地光顾那座墓园。她总是从清晨一直痴痴地坐到黄昏，直到夜晚降临，整座墓园笼罩上死亡般的阴影。每一次，墓园的守墓人都好心劝慰着："太太，回去吧！天暗了。"

直到这时，三毛才会缓过神来，默默地跟着守墓人穿过一排又一排的十字架走出墓园。她还是不忍离去，只有亲眼看着守墓人锁上墓园的铁门，将生与死彻底阻隔，三毛才依依不舍地走入人间灯火之中。

正在人间承受折磨的，不只三毛一人。她的父母等在租来的公寓里，早已憔悴不堪。只有看到三毛回来，父母才能长舒一口气。

可三毛没有与父母交谈的心情，她总是径直走回卧室，躺下来，等待黎明的到来。因为到那个时候，墓园就会打开门，她又可以与荷西团聚。

三毛已经记不清自己有多久没有好好吃饭了，就连母亲送到嘴边的汤也没心情喝下去。她不在乎自己的身体，甚至不在乎自己的生死，只在乎荷西的墓前是否还有盛开的鲜花。只要墓前的花枯萎了，三毛一定要买来新鲜的花换上。只可惜，鲜活的花朵，丝毫不肯把生命的气息分给躺在墓地里的荷西。

荷西葬礼那一天，来了许多人，他们按照岛上的风俗亲吻三毛的额头，轻声地说着致哀的话语。三毛只是麻木地道谢，根本听不清他们在说什么。她心里有太多事，都写在一张纸上，等待她去处理：葬仪社的账要结、解剖结果要去看、荷西的身份证和驾驶证要交回警察局、要去海防司令部填写出事经过、去法院申请死亡证明、去市政府请求墓地式样许可……一件件琐碎的事情，都在提醒三毛，荷西再也不会回来了。

自从荷西出事，三毛的父母就没有出过门，他们每天最重要的事情就是等待三毛回家。葬礼这一天，他们顶着烈日出门了，在陌生的国度，一路从公寓走到墓地，又绕了许多路买来鲜花。他们执意要去与荷西告别，巨大的哀伤压弯了他们的背，站在烈日下的三毛看着他们的背影，感到一阵晕眩。她仿佛正在做一个哀伤的梦，眼睛里却流不出一滴泪。

三毛亲手为荷西设计了一座墓碑：一个简单的十字架，中间钉上一块厚厚的牌子。在墓志铭的位置，她只写下简单的几个字："荷西·马利安·葛罗——安息"。下面写着"你的妻子纪念你"。

　　三毛决定亲自为荷西做坟，不请工人。墓碑做好的那一天，三毛特意瞒着父母出门。她一个人把沉重的十字架扛向墓园，如同受难的耶稣。在墓园里，她用手指挖着荷西墓地的黄土，再将十字架和木栅栏钉进去。她感觉不到手指的疼痛，也暂时忘记了心里的悲伤，全神贯注地忙碌着。因为三毛知道，这是她在这个世界上能为荷西做的最后一件事。

　　从墓地回来的路上，三毛又看到步履蹒跚的母亲。那是一个大风天，海风把海水吹落在人行道上，三毛的母亲双手各提了两个很大的口袋，刚从超市走出来。因为腾不出手去拿皮包，只能吃力地夹在腋下。她的腿几乎被沉甸甸的购物袋压弯了，根本不能顺利走路，几乎是拖着购物袋在前行。

　　大风让母亲的头发在眼前翻飞，时不时遮挡住视线。看着那狼狈前行的身影，三毛简直不敢相信，那是几天前还像年轻人一样活泼的母亲。短短几天时间，她竟然迅速苍老，成了一个憔悴的老者。

　　三毛记得，即便是在熟悉的台北，母亲也是弄不清街道的。在异国的小岛上，她竟然能凭借手势和超级市场空口袋上的字，独自找到超市门口。拎着满满几大口袋的东西，还不懂得抄近路回去，只能原路绕远返回。

　　那一刻，三毛自责得恨不得去死。荷西离开的这些天，她几乎将父母遗忘了。她恨自己的自私，更感激母亲的无私。对于荷西的死，他们甚至比荷西的父母更加伤心。

　　三毛记得，那天葬礼结束后，她沉浸在悲痛中，疯狂地呼唤着"荷西回来"，就连镇静剂都无法让她安静下来。母亲却破天荒地没有进房间安慰她，因为母亲一直在忙着给荷西的母亲和兄弟姐妹做饭。

他们象征性地哭了一阵，又饱餐一顿就匆忙离开了，因为还急着上街去抢购岛上免税店的烟酒、手表和相机，就连荷西的母亲都没忘记买一块新手表。买完这些东西，到了登机的时间，一行人又匆忙离去。他们是欢乐地离开的，只把悲伤留给三毛一家三口。

这一次，母亲还是不肯让三毛帮自己提东西。母亲的脚步那么沉重，每一步都踩碎了三毛的心。她不明白，为什么爱是让人辛酸和痛苦的东西？久违的泪，再次流满脸颊，三毛觉得自己还有救，还没有变成没有情感的行尸走肉。她闭上眼睛，遮住母亲远去的背影，任由眼泪冲刷干涸的眼球。

如果说三毛还有想随荷西而去的念头，或许就是从这一刻开始打消的。曾经，有杂志社让三毛写一篇稿子，题目叫作"如果你只有三个月的寿命，你将会去做些什么事？"那时荷西也曾好奇地问过她，究竟会去做些什么？那时的三毛正在忙着揉面，用沾满面粉的手指去摸荷西的头发，慢慢地说："傻子，我不会死的，因为还得给你做饺子呢！"

荷西听了，眼眶竟然湿润了，从身后抱着三毛，直到饺子上桌才肯离开。那时的三毛的确这样想："我要守住我的家，护住我丈夫，一个有责任的人，是没有死亡的权利的。"

在这个世上，只有三个人与三毛的生命牢牢牵连在一起，就是她的父母与荷西。只要他们其中还有一个人活在这个世上，她都不可以死。可是，在荷西死后，三毛曾对父母说："如果选择了自己结束生命的这条路，你们也要想得明白，因为在我，那将是一个更幸福的归宿。"

母亲的眼泪立刻流了出来，她不敢说太过激的话，只能一遍又一遍重复："你再试试，再试试活下去，不是不给你选择，可是请求你再试一次。"父亲从未像此刻这样愤怒，他说："你讲这样无情的话，便是叫爸爸生活在地狱里，因为你今天既然已经说了出来，使我，这个做父亲的人，日日要活在恐惧里，不晓得哪一天，我会突然失去我的女儿。如果你敢做出这样毁灭自己的生命的事情，那么你便是我的仇人，我不但今生要与你为仇，我世世代代都要与你为仇，因为是——你，杀死了我最最心爱的女儿——"

说完这些话，父亲起身离去，只剩三毛和母亲泪眼相对。那时的三毛，被悲痛折磨到疯狂，当她终于清醒过来，才意识到在深爱自己的人心中，她的生命竟然如此重要。哪怕一个小小的错误念头，都能让他们濒临崩溃。

对荷西的思念，像虫子一样慢慢啃噬着三毛的身体。她觉得自己只剩一个空洞的躯壳，脸上的泪可以止住，心上的泪却一直不停地流。就像窗外的雨，仿佛永远都没有下完的一天。

想念荷西的时候，三毛在心里喃喃自语："感谢上天，今日活着的是我，痛着的也是我，如果叫荷西来忍受这一分钟又一分钟的长夜，那我是万万不肯的。幸好这些都没有轮到他，要是他像我这样地活下去，那么我拼了命也要跟上帝争了回来换他。"

她渐渐学会了与父母共情，如果死的是她，此时的父母与荷西想必会比自己更加痛苦。两位老人为子女辛劳了半生，付出了全部的爱与心血，如果让他们失去爱女，等于亲手毁掉他们所有的幸福。那简直太过残酷，三毛再也不忍心让父母承受这样的痛苦。

在这个世界，谁不是孤独地生，谁不是孤独地死？既然活着，便要学会承受孤独。为了父母的爱，她必须独自喝下这永别的苦酒。

一想到父母也要承受同样的苦，她即便死了，也是不会瞑目的。父母对她的爱有多深，她的不舍与牵挂便有多长。

她决定做一只折断了翅膀的不死鸟，哪怕她的心变成了碎片，依然是父母的珍宝。放弃生命的念头，被三毛彻底打消。她不再急着与这个世界作别，因为总有一天，在另一个世界，父母与荷西会张开双臂迎接她的到来。到那时，她的心将会是温柔平和的，与深爱自己的人一起进入永恒。

三毛希望另一个世界的荷西能给自己一个承诺——在那边等着自己。这将是她此生全部的盼望，只要荷西肯答应，她便安心留在这个世界，守住父母的幸福。

在那遥远的地方

生与死，永远让人迷茫不解。告别了荷西，三毛再次启程，开始人生的迷航。蓦然回首，她满眼伤痛与绝望，接下来的路，注定要她一个人走了。去往哪里？三毛没有答案，唯一能确定的，就是她将去往远方。

没有亲历过悲苦的人，永远不明白一颗心被剧烈的悲苦蹂躏是怎样的滋味。带着满腔伤痛，三毛回到了台湾，没过多久，又去了东南亚、香港，又绕回台湾。在每一个地方，她都不能停留太久，因为接下来的人生，她要在路上度过。

那一次，三毛打算再次离开台湾，开始一段漫长的旅程。她经过香港，飞过昆明，又去往日内瓦和苏黎世。三毛的女友早已等在机场，载着她从机场去往洛桑。当洛桑的火车站出现在面前时，三毛惊讶得忘记了呼吸——这座似曾相识的车站，曾经出现在她的"死亡梦魇"当中。

三毛以为自己又回到了梦中，可眼前的一切都是那样真实。她忍不住想问女友，是不是从洛桑车站的六号月台进去，下楼梯左转，经过通道再左转上楼梯，入口处有一个小小的书报摊，卖票窗口在右边，询问台在左边？可她最终什么都没有说。一个莫名其妙的梦，是不会有人能理解的。

直到几天后三毛从意大利回到洛桑，陪女友去车站接人，终于与梦中的车站第一次近距离接触。车站里的情形与三毛梦中所见一模一样，可她依然想不通，这个梦究竟有什么寓意。

送三毛离开洛桑的那天，女友挑了一件红色的衣服，那个梦突然又浮现了出来。三毛望着女友，愣愣地出神。

在车站，女友一边忙着替三毛寄箱子，一边催促着她去六号月台。三毛一路小跑着赶上火车，站在踏板上，看着女友向自己飞奔而来，手里举着一张行李票。火车已经缓缓开动了，挂在车厢外的三毛，愣愣地望着一袭红衣的女友奔向自己，梦境和现实竟然重叠了。

三毛甚至知道女友接下来要说什么，果然，女友边向三毛挥手，边笑着喊了一句："再见了！要乖乖的呀！"

一句话喊得三毛心惊，她向来相信一些科学解释不了的力量，这一次梦境在现实中重演，更让她相信，人间的悲欢离合、生死兴衰，在冥冥中早已有了定数。

三毛沿着那条早已在梦中被指定好的路，一路远去。身边的人上上下下，似乎唯有她才是唯一的乘客。列车带着她经过熟悉的景色，可三毛觉得自己这一生似乎对什么都没有熟悉过。人生匆匆，长路漫漫，原来到最后，真的只剩她一个人走。

只是，无论走到哪里，三毛都能感觉到，荷西似乎就在她的身边。在巴塞罗那的游乐场里，三毛坐在长椅上，望着面前的旋转木马出神。偶尔有路过的人打招呼："一个人来的？要不要一起去逛？"三毛总会回答："我先生结伴来的。"

游乐场里四处洋溢着欢乐的气氛，唯有这样的地方，才能让三毛从悲苦中暂时逃离。她要去探望荷西的父母，可是沉浸在这样疯狂的欢乐之中，她竟然有了一种永远留在这里的冲动。

三毛的身上穿着一袭黑衣，那是西班牙的传统，代表为刚刚死去的亲人服丧。荷西一家人中，除了小妹伊丝帖，似乎并没有人真正为荷西的死而伤心。伊丝帖悄悄告诉三毛，不要穿得像"乌鸦"一样，荷西不喜欢。三毛也认为，对逝者是否真的怀念，并不在于衣服的颜色，婆婆却执意要三毛穿满一年才可以脱下丧服。

婆婆那装模作样的悲伤，让三毛瞧不起。她根本不关心荷西死后三毛的心情与生活，只关心三毛日后要住在哪里。她生怕三毛来马德里长住，成为他们的累赘，又舍不得让三毛住在加纳利群岛的房子里，因为房子的一半是属于荷西的财产。

她迫不及待地和三毛讲好，如果三毛住在那座房子里，他们是不会赶她走的。如果她想卖掉房子，必须要征得他们的同意。他们坚持认为荷西赚了很多钱，三毛不想在这个时候探讨财产的问题，毕竟荷西刚刚离开不久，他们本应都是荷西最亲近的人。三毛不知道，如果荷西听到自己与婆婆的对话，会不会灵魂不安。

三毛打断了婆婆的话，一个人睡在伊丝帖的房间里。她知道，荷西从小并没有获得太多宠爱，七岁那一年，荷西捧着一本用完了的练习簿让妈妈买新的本子，妈妈却在埋怨荷西用得太快，板着脸让他去找爸爸要。小小的荷西，一个人走去爸爸工作的银行，嗫嚅着请求爸爸给钱买练习簿，爸爸却理都不理，一分钱也不给。

七岁的荷西捧着练习簿含泪走回家，用了整整一夜的时间，用橡皮擦去练习簿上的铅笔字，但老师用红笔批改的部分却怎么也擦不掉，他急得大哭起来。

那一晚，七岁的荷西走入三毛梦中，她多想立刻爬起来，买来各式各样的练习簿，在荷西坟前烧给他。他们婚后一直过着拮据的生活，直到荷西离世的前一年，生活才稍稍好转，可荷西却永远地离开了。

第二天醒来，三毛准备陪公公、婆婆去做弥撒。公公捧着一个小相框，里面放着荷西的照片，他反复对三毛说，这个相框花了六百五十块钱。三毛却在心中嘲笑："六百五十块可以买多少练习簿？"

在教堂里，三毛跪下来祈祷："神啊！请你看护我，给我勇气，给我信心，给我盼望和爱，给我喜乐，给我坚强忍耐的心——你拿去了荷西，我的生命已再没有意义——自杀是不可以的。那么我要跟你讲价，求你放荷西常常回来，让我们在生死的夹缝里相聚——我的神，荷西是我永生的丈夫，我最懂他，忍耐对他必是太苦，求你用别的方法安慰他，补偿他在人世未尽的爱情——相思有多苦，忍耐有多难，你虽然是神，也请你不要轻看我们的煎熬，我不向你再要解释，只求你给我忍耐的心，静心忍下去，直到我也被你收去的一日——。"

晚餐时间，三毛回到了婆婆家，她翻了好久，才翻出刻着荷西名字的盘子，放在自己的盘子旁边。餐桌上，荷西的姐夫代表荷西一家，与三毛商谈加纳利群岛那幢房子该如何处理。那一刻，三毛的心被撕成了碎片，他们本应是最亲密的一家人，却只在乎荷西留下来的财产。

三毛不想讨论这个问题，婆婆却戏剧性地大哭了起来，边哭边说："你们欺负我……荷西欺负我……结婚以后第一年还寄钱来，后来根本不理这个家了……"

这顿饭再也没办法吃下去了，三毛平静地向婆婆发誓："我用生命跟你起誓，荷西留下的，除了婚戒之外，你真要，就给你，我不争……"婆婆一下子平静了下来。公公却突然用力拍了一下桌子，大喊道："荷西的东西是我的！"

三毛笑了，坐在她面前的，是一群可怜人。他们不缺钱，光是南部的橄榄园就已经价值不菲。荷西的死并没有让他们明白，人生如梦。三毛不愿与他们争，因为他们是荷西的父母，她可以忍。

只是，那一袭黑衣，离开马德里之后她就要立刻脱掉了，因为荷西不喜欢。

三毛又回到了荷西安睡的地方，几个月前与荷西告别的场景又浮现在眼前：那一天，阳光正烈，墓园里一片寂静，耳边只有蝉鸣的声音。三毛坐在地上，双手环住荷西墓前的十字架，又用手指一遍又一遍轻轻滑过荷西的名字，就如同爱抚荷西的头发一般温柔。

她在心里对荷西说了无数遍"我爱你"，那是荷西生前没能从三毛口中听到的话。三毛决定，余生的岁月里，这三个字只讲给荷西一个人听。

离开的时间就要到了，三毛却舍不得放开抱着十字架的手，她在荷西的名字上亲了又亲，又轻声哄着荷西："荷西，你乖乖地睡，我去一趟中国就回来陪你，不要悲伤，你只是睡了。"

荷西那颗金子般的心，永远留在三毛那里。她拿出一只小布口袋，从荷西的坟上抓了一把黄土装进去，无论走到哪里，都要带在身上。三毛多希望自己也能与荷西一起躺在坟墓里，可惜父母还在苦等，她只能把自己的心交给荷西，一同埋进黄土里。

三毛带着眼泪从荷西坟前跑开，跑了一大段路，又忍不住跑回去，扑在坟墓上痛哭。她实在不舍得把荷西一个人留在黑暗里，于是，又开始哭着趴在地上挖土，十指都流出了鲜血。她想把荷西挖出来，再抱他一次。父母及时赶来将三毛带走了，她全身发着抖，任由父母将自己带得越来越远，而荷西就躺在坟墓里一动不动，甚至连一句告别的话都没有留下。

刚刚涂上新漆的十字架，在阳光下发着亮光，三毛知道，那十字架的重量，今生都要背负在她的身上，直到与荷西重逢的日子才会卸下。

再次来看荷西，已经是几个月后。三毛特意穿上荷西生前最爱的那件锦绣彩衣，抱着满怀的鲜花来到墓园。荷西的墓地越来越近，三毛的脚步越来越凌乱，终于，她疯了一般朝荷西狂奔而去，手中的花束早已散开了，三毛全然不顾，径直冲到荷西的墓前。

眼前的场景让三毛心痛，荷西墓前的十字架腐朽破旧了，荷西的名字也淡得认不出来。三毛丢掉手里的花，扑上去亲吻荷西的墓碑，心里却在承受万箭穿心般的痛。她觉得自己对不起荷西，因为她的远走，荷西的墓地才变得如此荒芜。

她不愿让荷西看到自己伤心的样子，强忍眼泪，捡起地上散乱的花，插在瓶子里，注满清水，之后重新下山买来刷十字架的油漆和签字笔。她将墓碑上的几个字描得更加清晰——"荷西·马利安·葛罗。安息。你的妻子纪念你。"等它们全部干透，三毛又用小刷子一点一点给十字架刷上油漆，认真得仿佛正在打造一件艺术品。

这一次，三毛没有再流泪。她不断地告诉自己，荷西永远活在她的心里，此时此刻，她不过是在做一个妻子应该做的事情——照顾丈夫。

直到十字架被刷成全新的样子，三毛用双手环绕住它，如同环绕着荷西的脖子，沉沉睡去。

愈灿烂，愈孤独

一颗居无定所的心，只有在荷西身边才能找到归宿。一刻不停地旅行，的确可以暂时逃避孤独，可孤独迟早都是要来的，怎么躲也躲不掉。

三毛又回到了加纳利群岛，抵达时已是夜晚，看着月光下自家屋顶的红瓦，三毛再度哽咽到无法言语，胃里一阵抽痛。

朋友甘蒂一家不肯让三毛独自居住，坚持把她拉到自己家里，热热闹闹地度过一个晚上，第二天白天才放三毛回去。邻居早已替三毛把院子打扫干净，外面的玻璃也擦过了，三毛只需要打扫房子里面的部分。

为了让房子恢复成昔日的样子，三毛花了整整一个星期。可是这幢小房子已不再归三毛所有，公婆坚持不肯放弃继承权，催促着三毛尽快把手续办清楚。那是一个冗杂繁复的过程，三毛无数次请求神灵赐予勇气和智慧，帮她度过这最艰难的时刻。

她常常在半夜惊醒，茫然四顾，不知身在何处。一想到荷西已经死了，三毛的心就一阵狂跳，再也无法睡去。白日里，总有朋友来探望，三毛觉得有些累，却不忍拒绝别人的一番好意。

她曾经想要永远流浪下去，可是一回到加纳利群岛，又改变了想法。她实在太爱这里的海洋，也爱对岸的撒哈拉沙漠。荷西的坟墓就在临近的岛屿，只有在这个地方，三毛才能找到家的感觉。

三毛时常安慰自己："人生的聚散本来在乎一念之间，不要说是活着分离，其实连死也不能隔绝彼此的爱，死只是进入另一层次的生活……"

心中的伤没办法医治，索性就不再去想它。这幢房子里依然充满着过去的温馨回忆，只要想起荷西，三毛仍然能感觉到幸福。

可没过多久，那幢房子被婆婆卖掉了，三毛在一处怪石林立的地方重新买了一座房子，就是为了避免有人打扰。可还是有人不断为三毛介绍各种各样的男士，甚至还有人愿意为了三毛放弃自己的婚姻。这让三毛感到恶心，这样的日子也令她感到厌倦。她再一次决定离开，1981 年，在《联合报》的支持下，三毛开始了前往美洲的旅程。

这是一次全然未知的旅程，三毛已经做好了走遍万水千山的准备。两条麻花辫，一条牛仔裤，是三毛最常见的装扮，她就这样行走在墨西哥城的林荫大道上，在地图上搜索最经济实惠的旅馆；乘坐四通八达的公交车，穿越墨西哥城的大街小巷。

三毛眼中的墨西哥人，如同上帝捏出来的粗泥娃娃，没有上釉，只等太阳晒干便放到世上来了。她喜欢在平民生活的地方穿梭，有时候，因为太想多看几眼那一张张艺术到极致的脸，三毛情愿坐过了站，再回头去原计划目的地。

或许三毛从心底里就不喜欢墨西哥的神像，总觉得它们有一种邪气的气场，并不像其他宗教的神像那样给人祥和与希望。它们的样貌并不慈祥，看久了甚至有些像魔鬼，让三毛心里很不舒服。她从来没有听说过有哪个宗教允许人自杀，即便在墨西哥，自杀神也是一个在书上都不曾被提起的小神。

因为挂念亲友，三毛在墨西哥的教堂里祷告，求神保佑远方的家人平安。因为那一天是"主日"，还没走近教堂，三毛就看到汹涌的人潮，一群光着上身的男人在教堂外的广场上跳古代祭祀大神的舞蹈，教堂里每个角落都挤满了人，整个教堂周围都是喧闹的，让人根本静不下心来做祷告。

就在这个时候，教堂外面的一对夫妇引起了三毛的注意。他们看上去是从乡下来的，因为人多，已经挤不进教堂里面，只能面向教堂里的圣母，跪在门外。他们一动不动，安静地跪着，丈夫的手一直搭在太太的肩上，太太的一只手绕着丈夫的腰。整整十几分钟，他们依然保持着这样的姿势，站在他们背后的三毛热泪盈眶。这对永恒的夫妻，让她无比思念荷西，她在心里默默祈愿："但愿圣母你还我失去的那一半，叫我们终生跪在你的面前，直到化成一双石像，那也是幸福的吧。"

离开墨西哥，三毛又前往洪都拉斯。她从不喜欢用"先进"或是"落后"这样的字眼儿来形容一个国家，她眼中的洪都拉斯，是"寂寞而哀愁"的。

即便是在洪都拉斯的首都，也找不到几家像样的旅馆。三毛住的旅馆房间只有一张床，其余家具一概没有，至于洗澡更是不用去想。

虽然那里的街道是脏乱的，但灰尘下的建筑却是美丽的，三毛觉得那里的建筑是一种令人悲伤而又气闷的艺术。尤其是到了夜晚，走在街道上，仿佛走入一个浓得化不开的梦境。

三毛尤其喜欢那里的公交车，只因它有一个童话里的名字——青鸟。只可惜，三毛从没有乘坐过"青鸟"，因为她要去的是"青鸟"去不到的地方。

在哥斯达黎加的首都圣何塞，三毛走断了一双凉鞋。属于洪都拉斯的叹息，仿佛还压在她的心里，增加了身体的重量，走出一脚的血泡。

好在，三毛眼中的圣何塞是美丽的，如同动画片中的乐园，美得如梦境一般。在这里也有一种叫作"青鸟"的公交车，三毛很容易便坐上一辆，简单的幸福，竟如此猝不及防。

在巴拿马，三毛遇到了久违的亲情。一个很少联系的表妹嫁去那里，因为三毛没有叫她去接机，在电话里责怪着表姐。那一刻，三毛竟然哽咽了，她忽然发现，原来自己竟然一路孤单。

去哥伦比亚之前，三毛无数次在书中以及朋友的口中听说，那里治安不太好，经常有抢劫、暴行和危险发生，即便如此，三毛还是冒险去了。她身上已经没有值钱的东西，唯有婚戒舍不得摘下，戴着它走遍万水千山，就仿佛荷西陪在身边。

在抵达哥伦比亚之前，三毛还是把婚戒摘下了，藏在贴近心口的口袋里。一枚小圈在手指上套了八年多，手指突然空了，除了不习惯，三毛更多的是哀伤。

哥伦比亚当时确实治安堪忧，三毛住的旅馆就在不久之前发生过枪杀案，首都波哥大的街上，每个人走路时都紧紧把皮包抱在怀里。三毛有些担心，一直生活在抢劫压力下的人们，会不会很容易就神经衰弱。

虽然明知道自己身上没什么东西好抢，三毛还是感到一种随时会被抢劫的压迫感。一天，助理带了相机出门拍照，直到夜里还没有回来，三毛越发担心他是被抢了相机。到后来才知道，那个下午，她的助理莫名其妙被警察抓了两次。

从机场出来领行李时，才发现每一只包都被打开，衣物都被翻乱，就连锁着的皮箱都被划开一个大口子，许多零碎的小物件都不见了。三毛知道，一定是波哥大机场的工作人员干的，算是一种特殊的"临别纪念"。

站在安第斯山脉一处印第安部落中的湖畔，三毛觉得自己找到了归处。只可惜，那片青草连天的乐园，她一生只能来一次，下次再回来，或许便是来世。

一路上，三毛总被错认成印第安人，或许是因为她与印第安人相似的那两条粗麻花辫，或许是因为她那被阳光晒成小麦色的皮肤，以及那双明亮得丝毫没有杂质的眼睛。每当被错认，三毛总是开心地笑，她已将这当成一种恭维，却总是神秘地不谈自己从哪里来。

在高原的印第安部落里，三毛生活了一个多月，将自己的所见所闻变成文字，发表在《联合报》上。可惜，一种叫作"索诺奇"的高原症让三毛不得不结束美洲之行。

或许，这样的离开也是一种圆满。有些地方虽是"故乡"，却不是最终的"归处"。三毛注定是个流浪者，她的人生永远都在旅程之中。

第十章

传奇：荒芜土地开满希望之花

光影的正面与背面

一场美洲之行，历经半年，三毛走遍了墨西哥、洪都拉斯、哥斯达黎加、巴拿马、哥伦比亚、厄瓜多尔、秘鲁、玻利维亚、智利、阿根廷、乌拉圭、巴西等国家，见证过美好，也亲历过残酷，她几乎已经身心俱疲，却还不得不忙着将旅途中的见闻整理成书。

再次回到台湾，三毛的身份变成了老师。她给学生们讲自己流浪的故事，告诉学生们，文学创作的灵感，就散布在大千世界当中。

在学生们的心目中，三毛是大名鼎鼎的作家，可她自己从不这样认为。三毛喜欢和学生讲自己小时候的故事，讲自己成长的历程。再次回忆那段自闭岁月，她发现自己已不知不觉淡然。那是岁月教会她的能力，当年那个倔强的少女，已年近不惑，不再因苦痛而执着。

离开大陆多年，三毛对自己长大的地方始终保有留恋。当得知台湾当局允许台湾居民回大陆探亲，三毛立刻打点行囊，再次上路。

在浙江舟山的陈家祠堂里，三毛按照祖辈习俗，在供桌前点燃六炷清香，插在祖宗牌位前，再双手合十，举过头顶，郑重施礼。

在祖父坟前，三毛泣不成声。她从未见过自己的祖父，但血浓于水，这是亘古不变的真理。

这场声势浩大的祭祖活动，吸引了众多媒体。有人说三毛是在哗众取宠，她却不在意纷扰红尘之中的闲言碎语。大陆的土地，让三毛找回一份归属感，她开始频繁地往返于台湾与大陆之间，流浪的脚步又带她走上丝绸之路，来到寸草不生的戈壁。

三毛求了一位朋友，准许她独自进入莫高窟的一个洞窟中。在手电筒昏黄的光晕下，一幅幅灿烂辉煌、歌舞蹁跹的壁画出现在三毛面前。她觉得那些壁画好像动了起来，在她的视线中交叠出一个少女坐在床沿割腕的画面。那个少女并没有死，她的一生都与壁画缠绕在一起，如同电影般在墙上流过，最终流到三毛身上，吓得她一下子把手电筒关上。

她听说，人在受到极大冲击的时候，会很自然地把自己的一生从头算起。三毛匍匐在巨大的弥勒佛像面前，哭着说道："敦煌百姓在古老的传说和信仰里认为只有住在兜率天宫里的你——下生人间，天下才能太平。是不是？"

说到此处，三毛仰望菩萨，看着菩萨慈爱的眼神，仿佛能感觉到菩萨的手正抚摸着她的头顶，微笑着问："你哭什么？"三毛说："苦海无边。"菩萨又问："你悟了吗？"三毛不能回答，伏在菩萨脚上泣不成声。

菩萨又说："不肯走，就来吧。"三毛毫不迟疑，回答："好。"她恳请菩萨让自己留下来做一个扫洞子的人，菩萨却说："你去人群里再过过，不要拒绝他们。放心放心，再有你回来的时候。"

从洞窟里出来，三毛觉得自己好像换了一个人，心上的尘埃被冲刷干净，人间的生死已然看透。

莫高窟壁画上流转的光影，进入了三毛的身体，结下与大银幕之间的缘分。一段光影，就是一段人生，三毛从未想过，有朝一日，自己笔下的故事，也能变成大银幕上的光影。

其实，三毛曾经是反对作家涉足电影界的。她曾在公开的文章中规劝好友琼瑶："你再拿自己去拼了电影，你拼了一部又一部，不懂享受，不知休息，不肯看看你的大幅霓虹灯闪在深夜东区的中国台北高墙上时，琼瑶成功背后那万丈光芒也挡不住的寂寞，谁又看见了？"

对于三毛来说，除了写作，其他工作都是不得已而为之。她甚至坚信自己此生都不会从事与电影相关的工作，可有些机会偏偏主动登门。

1986 年，著名导演严浩无意中看到了三毛《哭泣的骆驼》一书，立刻被其中情节紧凑、跌宕起伏的故事打动。他当下便萌生了想与三毛合作的想法，他坚信自己的电影艺术加上三毛的文学才华，能拍出一部堪称艺术杰作的经典电影。

严浩的盛情邀请，遭到了三毛的拒绝。她已下定决心不进电影圈，并且执拗地不肯改变主意。三毛并不讨厌电影，只是讨厌被商业化了的电影。文字对她而言，是一种情感上的寄托，而不是谋生的手段。

直到法国导演贝特朗·布里叶邀请三毛编写一部反映越南难民生活的电影剧本，三毛才渐渐改变了对电影编剧的看法。后来，三毛又与百老汇导演史丹利合作编写了一部歌舞剧，从那以后，独立完成一部电影剧本的编剧工作，不知不觉种在三毛的潜意识里。

好在，严浩是个不肯轻言放弃的导演。他明白三毛不愿在电影界沽名钓誉，也没有享受读者追捧的虚荣心。可是，他希望有更多人看到三毛心里的故事，将一段凄迷纠葛的往事，用电影的语言讲给更多人听。

　　于是，在遭到三毛拒绝的四年后，严浩再次登门了。这一次，他不是一个人来拜访，还带来了两位影视明星——秦汉与林青霞。

　　那时的秦汉，已经主演过《汪洋中的一条船》《庭院深深》等著名影视作品，也曾获得"金马奖"最佳男主角和"金狮奖"最佳男主角的荣誉；至于林青霞，19岁就因主演电影《窗外》而成名，更是获得数不清的电影奖项。带着这两位"说客"登门拜访三毛，足以见得严浩的诚意。

　　三毛礼貌性地与他们共进晚餐，席间，三人把酒劝盏，想尽一切办法劝说三毛帮他们写一则故事。然而三毛接下来的行程已经安排好，她打算去欧洲旅行，没有时间再接写剧本的工作。

　　或许正如三毛所说，一切冥冥中早已注定。那一天，严浩依然没能成功劝说三毛，可喝得酩酊大醉的三毛回家后突然在楼梯上一脚踩空，摔断了四根肋骨。碎骨刺入肺膜，三毛险些丧命。她整整昏迷了三天三夜，最后不得不将左肺切除才保住性命。

　　肺部切除后需要漫长的康复期，三毛在家休养了三个月，电影《滚滚红尘》的剧本正是在这期间酝酿而成。再见严浩时，三毛递上厚厚一沓稿纸，封面上的标题叫作《滚滚红尘舞天涯》，便是《滚滚红尘》的剧本初稿。

　　提及创作这部剧本的过程，三毛曾说："痛彻心扉地开始，一路写来疼痛难休，脱稿后只能到大陆放逐，一年半载都不能做别的事。"

如获至宝的严浩立刻开始筹备电影的拍摄工作，三毛曾将创作剧本的过程当作孕育孩子的过程。剧本里的每一个字，都是她的心血凝聚而成。如今，到了这个孩子出世的时候，三毛不仅要陪伴他来到这个世界，更要亲自守护他的成长。

整部电影拍摄时，三毛一直在片场跟随。只要拍摄过程遇中到剧本上的障碍，三毛立刻进行必要的修改。人们曾经以为，洒脱不羁的女作家三毛，不屑于应付凡尘俗事。可是这一次电影的拍摄，让每一个工作人员都见识到了她的勤恳敬业，有才华的女人认真工作起来的样子，值得所有人尊敬。

常人很难想象片场工作的艰苦，电影只要开机，所有工作人员便进入了没日没夜的工作状态当中，一刻都不能停下来。每天，三毛都要从开工跟到收工，连续十几个小时的拍摄之后，仅剩下的几个小时还要用来完善电影镜头。

三毛的绘画功底派上了用场，她的脑海中总能想象出最具感染力的画面，为了将画面直观地呈现出来，三毛将所有的画面都画在纸上，几乎每个镜头都要创作十几张画，一部电影拍摄结束，光是画稿就攒了厚厚一摞。

电影的拍摄工作结束，并不意味着三毛的工作就完成了。或者说，她与这部电影有关的工作，刚刚开了个头。

作为编剧，三毛必须参与电影的宣传工作。为了配合媒体采访，三毛几乎每天都奔波在路上，顾不上休息。肚子饿了，只能在转场的路上吃几块饼干。七天的宣传工作结束，三毛粗略计算了一下，平均每天都要辗转四五个场地接受采访。

那段时间，三毛几乎为这部电影倾注了全部心血，可惜，浪漫的剧情以及知名的男女主演都没能让观众买账。许多观众觉得《滚滚红尘》是一部太过文艺的电影，那是一个武侠片盛行的年代，男女主演虐心的恋情比不上正邪两道决一死战来得痛快。

于是，《滚滚红尘》成了一部叫好不叫座的电影，观众们不愿花钱买电影票，专业电影人却给予了这部电影极高的评价。1990年，《滚滚红尘》参加了台湾电影金马奖的评选，获得了包括最佳女主角、最佳导演、最佳影片在内的十项提名。有人猜测，顶着著名女作家头衔参与编剧工作的三毛，一定会捧个奖杯回家。

在金马奖颁奖典礼上，《滚滚红尘》的确成了当天的大赢家：最佳女主角、最佳导演、最佳影片、最佳摄影、最佳女配角、最佳美术设计、最佳造型设计、最佳电影音乐等八项大奖被这部电影收入囊中，可惜，在诸多奖项当中，唯独没有"最佳编剧"奖。

投资人上台领奖时，为三毛遭受的冷遇打抱不平。站在台上，她说道："如果没有最佳的编剧，亦不可能有最佳的电影。"世上最难觅的是知音，坐在台下的三毛脸上带笑，眼里却有泪光闪烁。

这段时间，她承受了太多委屈……她只想通过电影好好讲述一个故事，只想把自己心里的话说给观众听。

可惜，没有人愿意给三毛证明自己的机会，再多的解释都会在恶意的曲解下越描越黑。

三毛还是没能学会隐藏自己的情感，在当晚的庆功晚会上，几乎人人都能看出三毛的尴尬与局促。人们都在忙着为电影获奖而庆祝，唯有三毛在落寞地自语："你们都获了奖……"

从此红尘是路人

红尘阡陌里的一抹浅笑，足以让人夜以继日地感动。一帘幽梦种在心头，每一夜的梦里，都有一双柔情的眼眸。也唯有在梦里，一段缠绵悱恻的情缘才能延续。

三毛一生经历了数不清的颠簸，也迎来了数不清的相逢。她从未刻意去找寻什么，丢下的是过往，遗忘的是沧桑，因缘聚散皆是因果。那些走入她生命的，她微笑着欢迎；那些离开她生命的，她含泪相送。

至于那些在她生活内外边缘徘徊的，三毛淡然处之，从不执着。其中，唯有一个例外，那就是与三毛远隔千里，年龄相差整整三十岁的王洛宾。

对于三毛而言，远赴新疆，是一段美丽的追寻。她曾在《台湾日报》上看到过几篇关于王洛宾先生的报道，为他年少时与美丽的卓玛姑娘的故事而痴迷。那首著名的《在那遥远的地方》，就是王洛宾用了短短三天时间写给卓玛的。这样的浪漫与痴情最能打动三毛，她想要见一见故事中的人，看一看他的浪漫是否被残酷的生活消磨殆尽。

报道中说，王洛宾一生命运多舛，曾先后两次被关入监狱，十八年的大好时光在囚禁生涯中度过，好在并未荒废。他利用监狱里的时光创作了六十三首作品。出狱之后，王洛宾在中国广袤的大西北扎下根来，六十年光阴流逝，他几乎将自己的一生都奉献给那里。

热爱艺术的人，总能找到灵魂上的共鸣。对文学痴迷的三毛遇上对音乐痴迷的王洛宾，注定要碰撞出艺术的火花，这火花竟一路蔓延，险些燃烧成爱情。

在见到王洛宾之前，三毛曾说："这个老人太凄凉太可爱了！我要写信安慰他，我恨不得立刻飞到新疆去看望他！"

于是，她来到美丽的乌鲁木齐，专门腾出一天时间登门拜访王洛宾老先生。出现在王洛宾面前的三毛风尘仆仆，却依然有着无法掩饰的美丽。她的眼睛仿佛天生就是用来说情话的，一头长发如同海藻般披散下来，当她笑起来，浑身上下都散发着淡淡的光。

三毛的名字对于王洛宾老先生来说有些陌生。他隐约记得有谁提过，台湾有位女作家名叫三毛。至于三毛究竟有哪些作品，王洛宾并不知道。

出于礼貌，王洛宾老先生与三毛简单地寒暄了几句。三毛不是一个自来熟的人，可是在王洛宾老先生的面前，她却丝毫没有陌生感。他们如同两个前世就已相熟的灵魂再度重逢，迫不及待地想要走入彼此的世界。

初次见面，三毛就在王洛宾老人面前一展歌喉。她不怕被嘲笑是班门弄斧，用一腔深情浅吟低唱着自己的《橄榄树》："不要问我从哪里来，我的故乡在远方……"

那一天，他们促膝长谈，相见恨晚。两颗热情的心，向彼此打开了门扉；两个艺术的灵魂，相互欣赏着。三毛说，自己很快就要离开新疆了，王洛宾特意在当天晚上赶到三毛下榻的宾馆为她送行。

三毛这次来新疆本不想暴露行踪，特意用本名"陈平"在宾馆登记入住。没想到王洛宾老先生刚刚在问询处报出三毛的名字，立刻引起一阵轰动。整座宾馆上下因为三毛的到来而沸腾了，工作人员奔走相告，忽然之间，三毛便被蜂拥而来的人群包围了。人们争先恐后与她合照，请她签名，直到此刻，王洛宾老先生才意识到，这位美丽的女作家竟然如此闻名遐迩。

热情的人群没能让王洛宾老先生与三毛好好地道别，仓促之间，三毛只留下一句话："九月份我一定再来看您，请给我写信。"之后便仓促离开乌鲁木齐。

一场短暂的相逢，让三毛打开了尘封多年的心门。她喜欢王洛宾身上的一切，包括他额头上刀刻般的纹路，以及脸上被岁月烙印下的痕迹。三毛觉得，这位老者就像大漠中的侠客，眼神里饱含沧桑，皱纹里写满故事。不知为何，她竟然对王洛宾老人心生依恋，那不是一种晚辈对长辈的依恋，三毛清楚得很，那是女人对男人的依恋，是爱情降临的滋味。

漂泊的脚步突然间有了想安定下来的欲望，不知为何，三毛偏执地认为王洛宾就是那个能让自己安定下来的人。她的思念，透过书信，在海峡两岸之间传递。大多数时候，他们只是在信中闲话家常，这种淡淡的倾诉，让三毛觉得踏实。他们无须刻意寻找话题，说不完的话仿佛自己就在笔尖流淌。只是，他们之间保留了一份小小的默契，谁也没有捅破那层窗户纸，有些事情不说破，有些人便不会失去。

短短三个月，三毛给王洛宾老先生写去十五封信。即便是隔着信纸，炽烈的情感也无法隐藏。王洛宾明白三毛的想法，可是他的年龄已经不允许他守护三毛的余生，与其让她再经历一次失去爱人的打击，不如不要让这段恋情开始。

王洛宾不忍心伤害三毛，思来想去，只能借用一段暗喻来让她死心。他说："萧伯纳有一柄破旧的阳伞，但早已失去了伞的作用，他出门带着它，只能当作拐杖用……我就像萧伯纳那柄破旧的阳伞。"

聪明如她，怎能看不出这信背后的含义？三毛立刻写去回信："你好残忍，让我失去了生活的拐杖。"她生怕彻底失去王洛宾，寄出这封信之后，便立刻整理行囊再次赶到乌鲁木齐。

三毛本以为，自己的到来会安慰王洛宾哀伤的灵魂，没承想，一下飞机，就遭到了"长枪短炮"的包围。媒体听说三毛重返乌鲁木齐，早就在机场"严防死守"。三毛一出现，一群人便蜂拥而上，镁光灯对着三毛的脸闪个不停，晃乱了她的视线。从人群的缝隙里，三毛隐约看到了王洛宾的身影，看他的神情，似乎对眼前发生的一切早已知晓。三毛有些气了，她日夜期盼的重逢本应是只属于两个人的事，他却带来媒体，将隐私暴露在大众的视野当中。三毛越想越气，索性转身返回机舱不肯出来。

王洛宾跟进机舱里面，向三毛解释，原来电视台正在为他拍一部纪录片，主要讲述他的音乐生涯。工作人员认为三毛的到来会为这部纪录片增添更多看点，他们虽然在未经三毛允许的情况下打扰了她的生活，但绝对没有恶意。王洛宾还对三毛再三保证，以后绝对不会再发生类似的情况。

看着王洛宾愧疚的神情，三毛不忍心再责怪他，从他手中接过鲜花，两个人并肩走出机舱。

不知从什么时候开始，三毛有了一个快乐的灵魂。生活中一些小小的不快，很快就能抛诸脑后。从机场到王洛宾家这一路上，三毛脸上重新绽放出孩子般的喜悦神情，一进家门，她立刻迫不及待地找出自己精心准备的藏族裙装换上，伴随着王洛宾的琴声，三毛翩然起舞。她在致敬他心中的卓玛，希望自己的出现能抚慰王洛宾那颗孤寂了多年的心。

在乌鲁木齐的大街小巷，几乎随处都能发现三毛与王洛宾结伴而行的身影。三毛想要的就是这种最寻常的生活，有那么一些瞬间，她几乎以为自己又找回了丢失的幸福。

可是，纪录片的拍摄工作还在继续，她与王洛宾之间的日常，不过是纪录片素材的一部分。三毛起初是不情愿的，却耐不住王洛宾再三恳求。她心软了，答应下来，即便卧病在床也不耽误纪录片的拍摄进度。王洛宾无暇照料三毛，便找来一个女孩子代替他去照料她。身体尚未完全康复的三毛，又要在导演的指挥下伪装出镜头前的生活，来来回回几次，她终于倦了。平静的表情之下，一颗心在愤怒嘶吼。

生命中会遇到各种各样的人，三毛忽然意识到，不要高估自己与任何人的关系，谁都不是谁的谁。他们注定是彼此生命中的过客，匆匆地来，匆匆地走，任何一个人的一厢情愿，都不能换来两个人的地久天长。

她曾经以为，年龄从来不是爱情之间的距离。可是，三十年的光阴，漫长得足够阻隔他们对彼此的认知。三毛永远也理解不了她尚未出生的那三十年里，王洛宾曾经历怎样的沧桑；王洛宾亦无法理解，在他决定扎根新疆的时候，三毛漂泊的脚步为何还在流浪。

爱情没有对错，只有是否遇到对的人。三毛终于明白，她对王洛宾的情感，更多的是敬仰，只是被她错以为是爱情。

有些人，适合朝夕相守；有些人，只适合远远祝福。离开乌鲁木齐那天，三毛一身轻松。当心里没有执念，转身也就无比容易。这一次分别，对于三毛而言并不是遗憾。她离开的背影洒脱到令人痴迷，王洛宾不禁也看呆了，那一刻，他终于正视自己的情感，可惜为时已晚。

回到台湾的三毛，再次收到王洛宾的信，他在信中细数自己对三毛的思念，三毛心底却再也掀不起波澜。她又恢复了往日的平静，也对远方的人回复了一个善意的谎言。她说，自己已经和一个英国人订了婚，希望他们以后能各自祝福，各自安好。

或许只有这样，才能让王洛宾不再内疚。三毛从来不觉得自己被谁辜负了，爱情总是在它想要发生的时候发生，无论时机，无论对错。爱上一个人，不过是生命里一段或美好或忧伤的回忆，无所谓是否蹉跎了岁月，因为那才是活着的证明。

时间自有安排

不要在夏天里想念春天，因为夏天不会提前离开，同一个春天也不会再来。趁时光正好，想经历的都去经历，活成自己想要的样子，才能无憾地淡然离去。

三毛曾说："我的一生，到处都走遍了，大陆也去过了，该做的事都做了，我已没什么路好走了。"

或许从那时起，三毛就已经萌生了离开的念头。人间的路，她已走了个遍，通往另一个世界的路，她想走上去看一看。

她曾经对记者说，自己打算一口气游遍整个中国，之后再开始走世界。所有人都没有意识到，三毛口中的"世界"，已不是普通人认知的那个"世界"。

一次，三毛突发奇想，请一位做舞台设计的朋友帮自己设计一场葬礼。她认为，自己的人生已经足够丰富，死亡的方式也要与众不同。

从1990年开始，三毛的行为渐渐开始古怪起来。除了请人为自己设计葬礼，三毛还提前一个月送给母亲生日贺卡。她留在贺卡上的祝福语，怎么看都找不到祝福的意味，反而更像是临别赠言。她写道："亲爱的姆妈：千言万语，说不出对你永生永世的感情。"

母亲搞不懂三毛为什么提前一个月送生日贺卡，三毛却淡淡地回答："再晚就来不及了。"

如果格外留意三毛当时的一言一行，一定不难发现她正在循序渐进地与整个世界告别。只可惜，身边的人都知道三毛是个神经质的人，她有太多古怪言行，大家早已见怪不怪。

1991年1月2日，三毛再度因病住进了台北荣民总医院。她住院的病因是"子宫内膜异位肥厚"，这并不算是多么严重的疾病，只需要接受一个小手术就能康复。

三毛的病房在中正楼A072室，那是一间单人病房，带有独立浴室卫生间。选择单人病房，原本是为了三毛能不受打扰，好好养病，没有人料到，正是因为没人打扰，才让三毛在寂静中离开了这个世界。

躺在病床上的三毛并不紧张，医生告诉过她，这是一台小手术，很快就能康复出院。可不知为何，三毛竟看到许多小孩子出现在她的病房里，有些小孩子背上长着一对翅膀，在地板上跳来跳去。她平静地把自己看到的画面讲给母亲听，可惜母亲并未当真。她已经习惯了三毛的天马行空，以为这又是三毛脑海中幻想出的画面，就像多年以前，还是个孩童的三毛对着玻璃窗，满脸喜悦地告诉母亲，自己正在举行一场盛大的婚礼。那时的母亲，满脸慈爱地看着那个爱幻想的孩子，或许此时此刻，母亲还有些欣慰，以为那个天真烂漫的女儿又回来了，丝毫没有意识到死神正向她心爱的女儿步步逼近。

第二天，三毛被推进了手术室，手术十分顺利，再住三五天院就可以回家休养。从麻醉中醒来的三毛，脸上还没有恢复血色，可是父母的脸色比她更加憔悴。她艰难地起身，请母亲帮自己梳洗打扮，为了打消父母的疑虑，她谎称自己一会儿要见一位心理医生，希望自己不要满脸病容。

到了傍晚时分，三毛的精神状态看上去的确恢复了不少，她告诉父母，自己的病已经好了，催促父母回去休息。三毛太知道父母有多了解自己，可以想象，为了让父母放下戒备，她演得多么辛苦。直到晚上八点多，父母才离开了医院，他们还是不放心，叮嘱了许多，告诉三毛如果感觉不舒服，一定要打电话告诉他们。

三个多小时后，父母果然接到了三毛打来的电话。不过她并没有不舒服，只是平静地向父母报平安。起初，三毛的语调还算平和，可是突然间，她看到病房的窗户被从外面推开，一群带着翅膀的小孩子从窗口飞了进来，有的在三毛床边蹦蹦跳跳，有的在半空飞来飞去，还有的朝三毛做着鬼脸。

三毛的语气急促了起来，说了许多让母亲费解的话，如同熟睡的人发出的梦呓。很多话母亲都没有听清，只能勉强听出三毛在说，那些长翅膀的小孩又来了。母亲柔声安慰："也许是小天使来守护你。"或许母亲还是把三毛当成小孩子哄，认为一个睡前的童话故事，能换来女儿一夜安眠。

电话那端的三毛只是凄惨地笑了一下，母亲没能读懂那笑声背后的含义，以为女儿得到了母亲的安慰，挂断电话准备入睡。

没有人能理解、也没有人能看到三毛眼前的画面，那些长翅膀的小孩子在病房里越聚越多，列着队在三毛床边走来走去，唱着军歌。他们似乎是在欢迎什么人，三毛缓缓看向门的方向，果然，门被轻轻推开了，荷西的脸庞出现在门口，他正用那双深情的眼睛心疼地看着三毛。

三毛立刻从床上跳下来，冲向门口，渴望扑进一个温暖的怀抱。可是，她扑了空，荷西的生命永远停在了十二年前，时空永远不可能为他们打开闸门，在这个世界上，他们再也不可能重逢。

当三毛意识到一切都是自己的幻觉，她的精神终于崩溃了。她再一次拿起电话，告诉母亲她不想再活下去了。这样的话，母亲每隔一段时间就会听到，她以为三毛老毛病又犯了，在电话里安抚了好一阵，三毛的情绪才渐渐平复下来，母亲这才放心地挂断了电话。

那天晚上，三毛病房里的灯一直亮着。午夜时分，值班人员来查房，提醒三毛早点休息。三毛说自己的睡眠质量不好，希望夜间不被打扰，工作人员照做了，整整一晚上，三毛的病房里一片安静。

那天晚上，三毛做了很多事，却尽可能不发出响动，以免引来别人。从挂断母亲电话的那一刻开始，三毛已经决定去另一个世界寻找荷西。她特意洗了澡，要干干净净地投入荷西的怀抱。

腹部的伤口还在疼，每动一下，缝线都会拉扯着被手术刀割开的部位。她咬牙忍着，不断安慰自己，过一会儿，所有的疼痛都会解脱，无论是身体上的伤口，还是心底的伤疤，都会彻底平复。

她在浴缸中放满了水，调成最舒适的温度，慢慢地坐了进去。她的眼神是平静的，即将解脱的快感随着水蔓延，包裹住她的全身……

1991 年 1 月 4 日早晨 7 点，清洁女工轻轻推开了三毛的病房。每天这个时候，她都会来这里打扫，可是这一天，病房卫生间里恐怖的画面让她呆立当场，甚至忘记了尖叫。她面前的三毛，穿着一身白底红花睡衣，被一条咖啡色的尼龙长丝袜吊在点滴挂钩上，已经没了气息。

医院立刻报警，法医勘察发现，三毛颈部有明显的勒痕，勒痕很深，已经发紫，从项前一直延伸到耳侧。所有的迹象表明三毛是自杀身亡的，并且自杀的念头十分坚决。在三毛的手边就是马桶边的扶手，但凡她有一点求生的欲念，只要稍微伸手扶住把手就能活命。

可是她没有，她就这样毅然决然地告别了这个世界，带着尚未康复的病痛上路。那道尚未痊愈的手术刀口，是她从这个世界带走的唯一纪念。

三毛的死，震惊了每一个认识她的人。她生前的好友琼瑶在报纸上为她写下讣闻："三毛是很有灵性和聪明才智的，也许她是抛下有病的躯体，步入另一种形式的生命。三毛的经历丰富，活了四十多岁仿佛活了四百多岁。"

她甚至没有为这个世界留下一句道别的话语，她的父母为此活在巨大的悲痛与自责当中。痛失爱女，是两位老人此生最大的遗憾，他们只能安慰自己，最让他们疼爱的那个女儿，已经去了另一个世界，活在一个没有病痛、充满了爱的空间当中。

他们强忍悲痛，将三毛生前住过的最后一间公寓布置成一间纪念馆。母亲亲手为三毛挑选了一件她生前最喜欢的衣服，又在上面缀上三毛最喜欢的黄玫瑰，她要让自己的女儿美丽地与这个尘世告别。

三毛生前曾经说过，她希望自己死后能够火葬，走得干干净净。

母亲照做了。三毛的骨灰，就安置在阳明山第一公墓的灵塔上。若她的灵魂执意离开，至少她的骨灰能成为父母最后的念想。

喜欢三毛的读者，没有见过她离开这个世界时的模样。留在他们心目中的三毛，永远一袭白衣，行走在沙漠中。

后 记

三毛写过一本书，书名叫作《梦里花落知多少》。那是一本悲伤的书，即便是她故作开心地描写自己走出阴霾的过程，字里行间依然透露着挥之不散的忧郁。她自己就像一朵风沙中飘零的野花，终究还是无声地零落了。

她的一生创作了大量文学作品，也曾翻译过几部外国文学。她将一笔数字不小的稿费全部捐献给了台东圣母医院，因为文字于她而言，并非赚取名利的工具。三毛喜欢看书，只有在书中的世界里，她才能得到愉快的时光，以及顿悟和启示。

三毛的死，让许多身边的好友伤心落泪。或许她根本就不适合活在这个世界，她的整个人生，仿佛都在主动追寻死亡的脚步。有人说，三毛的死是一种解脱，只有这样，她才能见到挚爱的荷西。也许事实的确如此，因为三毛曾经说过："我是一个像空气一样自由的人，妨碍我心灵自由的时候，绝不妥协。"只有死亡，可以让她实现对灵魂的放逐。

关于三毛的自杀，著名作家倪匡曾说："三毛的自杀，与肉身的病痛无关，最大的可能是来自心灵深处的空虚寂寞。三毛一直有自杀的倾向。三毛是一个戏剧性很强、悲剧性很浓的人物，三毛是因失去爱与被爱的力量才离开人世的。她对生命的看法与常人不同，她相信生命有肉体和死后有灵魂两种形式。她自己理智地选择追求第二阶段的生命形式，我们应尊重她的选择，不用太悲哀。三毛选择自杀，一定有她的道理。"

《红楼梦》是三毛生前最喜欢的文学作品，那一句"好一似食尽鸟投林，落了片白茫茫大地真干净"，曾让她在课堂上泪流成河。三毛的死，像极了《红楼梦》的结局，她的肉身与这个世界干干净净作别，她的灵魂获得真正的自由，去往她真正的归宿。

在人间，三毛留下了无法泯灭的印记。她的一本本文学作品，是她璀璨人生最好的见证。直到今时今日，三毛的"沙漠文学"还被无数读者争相追捧。只有在沙漠里做"家庭主妇"的日子，三毛才是真正快乐的。很难想象，凛冽的风沙竟然能滋养出一颗快乐的心灵。而温和的海洋季风，却吹来了忧郁。离开沙漠搬去海岛，三毛的快乐开始一点一点减少。海水浇灌不出快乐的种子，只能浸泡出苦涩。无情的海水带走了荷西，也带走了三毛生命里全部的阳光。

在遇见荷西之前，三毛也曾试图结束自己的生命。遇见荷西，三毛才终于找到活着的意义。荷西的离开，让三毛再也找不到活下去的理由。她在人间孤独挣扎了十二年，离开沙漠与海岛，行走于都市之中，却只剩一个落寞的背影。

她的哀伤最终还是没能在流浪中消解，走遍万水千山，伤痛依然无法消失。平静的外表之下，是三毛痛苦的悲鸣。只有在离开这个世界的刹那，她才终于找回内心的平静。

三毛已经毫无牵挂地离去，世间还在流传着她的故事。浮生若梦，那双清澈的眼睛，那副忧郁的神情，总能在某一句话、某一首歌过后浮现，之后，便是更加成熟。

洒脱的她，也曾尝试挽留些什么。只是该失去的总会失去，亲情、友情、爱情……看似充盈了人生，其实自己真正想要的，从来都未曾拥有。三毛体验过不被生活左右的人生，却从不敢轻言自己的人生已经完美。她的生命里，永远有一只哭泣的骆驼，而那只勇敢的不死鸟，却永远停止了翅膀的扇动。

有人曾大胆设想，若荷西不曾离去，三毛的结局会如何。可惜人生没有如果，她终究还是只能对着一轮孤月，轻叹心底的悲凉。人间不是归处，她虽静观世事繁华，心中依然只有落花。孤寂的灵魂游荡在人世，便是无穷无尽的折磨。

让她去吧。带着爱的信仰，超脱于凡尘俗世，踏着荷西的脚步，奔向最终的归宿。她永远是这个世间最有魅力的女子，能牵动世人的笑与泪。与三毛有关的故事，世人永远不会遗忘。人们依然津津乐道于她的喜怒哀乐，愿她若有来世，心不再飘零。

图书在版编目（CIP）数据

三毛传 / 朱云乔著. -- 武汉：长江文艺出版社，
2022.10
ISBN 978-7-5702-2613-9

Ⅰ. ①三… Ⅱ. ①朱… Ⅲ. ①三毛(1943-1991)－
传记 Ⅳ. ①K825.6

中国版本图书馆 CIP 数据核字(2022)第 049561 号

三毛传
SANMAOZHUAN

责任编辑：雷　蕾　　　　　　责任校对：毛季慧
封面设计：璞茜设计　　　　　责任印制：邱　莉　胡丽平

出版：长江出版传媒　长江文艺出版社
地址：武汉市雄楚大街 268 号　　　邮编：430070
发行：长江文艺出版社
http://www.cjlap.com
印刷：武汉市首壹印务有限公司

开本：640 毫米×970 毫米　　　1/16　印张：17.75　　　插页：8 页
版次：2022 年 10 月第 1 版　　　2022 年 10 月第 1 次印刷
字数：198 千字

定价：42.00 元